NORBERT
GOLLUCH

600 WISSENSLÜCKEN ENDLICH SCHLIESSEN

600

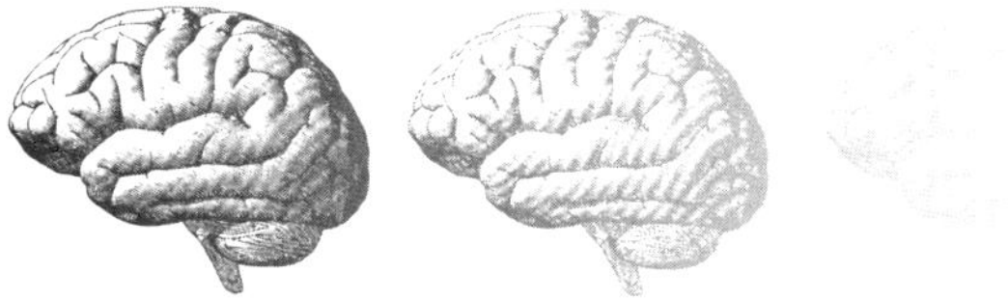

WISSENSLÜCKEN ENDLICH SCHLIESSEN

NORBERT
GOLLUCH

INTERESSANTE
FAKTEN
VON **ASTRONOMIE**
BIS **ZOOLOGIE**

riva

INHALT

LESESPASS MIT EINER PORTION ALLGEMEINWISSEN 6

ASTRONOMIE UND RAUMFAHRT 7

- Raketen und die Raumfahrt 8
- Außerirdische 12
- Der Sternenhimmel 15
- Warum funkeln die Sterne am Nachthimmel? 17
- Unsere Welt, das Weltall 19
- Das Sonnensystem 24
- Die Erde 31
- Die Sonne 34
- Der Mond 36

BIOLOGIE – PFLANZEN UND IHRE GEHEIMNISSE 41

BIOLOGIE – DIE TIERWELT KENNEN 49

- Giftig, gefährlich, eklig – oder doch nicht? 50
- Tiere brauchen Schutz 55
- Sehen, hören, riechen, sprechen 58
- Groß, klein, laut, schnell – Rekorde 64
- Überlebenskünstler 71
- Rätsel der Tierwelt 80
- Dinosaurier 91
- Vögel 93
- Insekten und Spinnen 97

BIOLOGIE – DER MENSCHLICHE KÖRPER 105

- Gesundheit und Krankheit 106
- Unsere Sinne 112
- Denken und Fühlen 117
- Die Eigenschaften unseres Körpers 122

GESCHICHTE – EIN BLICK IN DIE VERGANGENHEIT ... 135
In grauer Vorzeit ... 136
Griechen und Römer ... 140
Das alte China ... 142
Geschichte vom Mittelalter bis gestern ... 144
Forscher und Entdecker ... 151
Erfindungen und Erfinder ... 153
Alltag gestern ... 164
Seit wann ...? ... 169

PHYSIK, CHEMIE UND SACHKUNDE ... 181
Das Licht ... 182
Die Zeit ... 183
Wasser, Seen, Ozeane ... 187
Himmel, Luft und Wetter ... 197
Metalle, Steine und Kristalle ... 204
Urgewalten ... 209
Computer und Internet ... 213
Technik, Physik und Chemie im Alltag ... 217

RUND UM DEN ALLTAG ... 231
Gesundes Essen ... 232
Gesunde Getränke ... 244
Haus und Haushalt ... 247
Sport ... 250
Straße, Schiene, Luft ... 253
Wörter und Namen ... 262
Welche Sprache sprechen Kinder, wenn man ihnen keine beibringt? ... 269

MENSCHEN UND IHRE SITTEN ... 277
Feste ... 278
Zu Gast im Lokal ... 282
Kleidung ... 284

LESESPASS MIT EINER PORTION ALLGEMEINWISSEN

Liebe Leserinnen und Leser,

trinken Fische Wasser? Warum ist die Banane krumm? Warum ist der Himmel blau? Mit solchen Kinderfragen beginnt das Interesse an der Welt, in der wir leben, und es gibt erstaunlich viele davon. Auch solche, deren Antwort mancher Erwachsene nicht einfach so aus dem Ärmel schütteln kann. Ja, manches hat man in der Schule gelernt, anderes irgendwo gehört oder gelesen, aber vieles vielleicht auch wieder vergessen. Dabei geht es nicht immer um die ganz großen Fragen, deren Antworten jedermann beeindrucken oder sogar die Welt retten könnten, sondern oft um einfache Dinge, alltägliche Fakten, die man eigentlich kennen sollte. In diesem Buch finden sich Themen und Zusammenhänge, die zum Allgemeinwissen gehören, und es wird deshalb vielleicht im Kinderzimmer einen Platz im Bücherregal finden, in der Klobibliothek landen oder auf einem Nachttisch neben anderen Lieblingsbüchern auf Leser und Leserinnen warten, die vor dem Einschlafen noch ein paar Seiten durchblättern möchten. Es ist ein besonderes Buch: kein Ratgeber, kein systematisch aufgebautes Schulbuch, kein Lexikon, sondern eine unterhaltsame Sammlung, in der man stöbern möchte, die man erforschen kann und in der man sich vielleicht auch lesend verläuft – Lesefutter für künftige Genies und gelangweilte Schüler, für Familien im Homeschooling und für Eltern und Großeltern, die sich an die Welt von gestern erinnern und einen Blick in den neuen Kosmos von morgen werfen wollen. Am besten, so hörte ich von Menschen, die bereits darin gelesen haben, funktioniert es in kleinen Portionen.

Viel Spaß!
Ihr Norbert Golluch

ASTRONOMIE UND RAUMFAHRT

In diesem Themenbereich gibt es viel zu entdecken: Wie weit ist es bis zum nächsten Stern? Gibt es irgendwo grüne Männchen, die mit fliegenden Untertassen unterwegs sind? Warum besuchen uns keine Außerirdischen? Kann man auf anderen Planeten leben? Wie groß war das Weltall, als es entstanden ist? Kann die Sonne ausgehen? Stimmt es tatsächlich, dass es im Weltall unheimlich viel dunkle Materie gibt? Diese und viele andere Fragen beantwortet dieses Kapitel kurz und knapp, informativ und unterhaltend.

RAKETEN UND DIE RAUMFAHRT

Können Raumschiffe bremsen?

Bei Fahrrädern oder Autos wirken die Bremsen einfach auf die Räder und die Straße, bei Raumschiffen ist da nur luftleerer Raum. Da heutige Raumfahrzeuge von einem Rückstoßmotor angetrieben werden, brauchen sie einen Gegenschub, um ihre Geschwindigkeit zu verringern. Dazu müssen sie ihre Lage verändern, sich um 180 Grad drehen und die Haupttriebwerke in Gegenrichtung arbeiten lassen. Für Richtungswechsel oder Lenkmanöver ist das allerdings nicht nötig – in diesem Fall können kleinere Steuertriebwerke für den nötigen Steuerschub in die gewünschte Richtung sorgen.

Warum fallen Satelliten nicht vom Himmel?

Satelliten bleiben in ihrer Kreisbahn, weil sich die Schwerkraft (die Anziehung durch die Erde) und die Fliehkraft (welche durch den Flug der Satelliten auf der Kreisbahn entsteht) genau ausgleichen. Zu jeder Umlaufbahn gehört eine bestimmte Umlaufgeschwindigkeit: Je näher ein Satellit der Erde kommt, desto schneller muss er sie umkreisen, um nicht abzustürzen. In einer bestimmten Höhe und Geschwindigkeit steht ein Satellit über der Erde still – er umkreist sie genauso schnell, wie sich diese dreht.

Stimmt es, dass unheimlich viel Weltraummüll um die Erde kreist?

Schon seit Längerem beobachten Astronauten und Wissenschaftler mit Sorge kosmischen Sperrmüll in der Erdumlaufbahn. Über 8500 Tonnen

Schrott verunreinigen den erdnahen Weltraum. Zeit für eine intergalaktische Müllabfuhr! Solche unbekannten Flugobjekte können Raumfahrern sehr gefährlich werden. Auch kleinere Teile wirken wie Geschosse, wenn sie eine Raumkapsel oder eine Raumstation mit hoher Geschwindigkeit treffen.

Werden Menschen je den fernen Weltraum erkunden?

Nicht, bevor man mit Überlichtgeschwindigkeit reisen kann, und das ist nach gegenwärtigem Wissensstand physikalisch unmöglich. Mit unseren Verkehrsmitteln wären wir im Weltraum so langsam wie Schnecken unterwegs – oder noch langsamer. Um mit einem Auto von der Erde zum Zentrum unserer Milchstraße zu gelangen, braucht man etwa 360 Milliarden Jahre; mit einer Rakete, die hundertmal so schnell reist, immer noch 3,6 Milliarden Jahre. Und damit hätten wir die nähere Umgebung der Erde noch nicht einmal verlassen.

Könnte man mit einem Raumschiff einen Stern erreichen?

Selbst wenn man mit Lichtgeschwindigkeit reisen könnte, bräuchte man zur nächststehenden Sonne *Proxima Centauri* vier Jahre und drei Monate. Zum Vergleich: Unsere Sonne könnte man mit einer lichtschnellen Rakete in nur 8,3 Minuten erreichen. Für die Reise zu anderen Sonnen wäre man Tausende oder gar Millionen Jahre unterwegs.

Benutzen Astronauten einen besonderen Kugelschreiber?

Die amerikanische Weltraumagentur NASA hat 1967 erstmals spezielle Kugelschreiber für Forschungsaufträge im Weltall gekauft, und zwar von der *Fisher Space Pen Company*, die einen Hightech-Stift entwickelt hatte, der in der Schwerelosigkeit, unter Wasser, bei allen Temperaturen und auf vielen Oberflächen problemlos benutzt werden kann. Vorher hatten die Astronauten mit Bleistiften geschrieben, die aber in der Schwerelosigkeit wegen abbrechender Minenteile für die Astronauten nicht ungefährlich waren. Auch russische Kosmonauten verwendeten den Space Pen, der übrigens mit sechs Dollar pro Stück recht preiswert war.

Welches war das erste Lebewesen im Weltraum?

Das erste Lebewesen, das von der Erde ins Weltall reiste, war die russische Hündin Laika. Sie umkreiste die Erde 1957 mit der Raumkapsel *Sputnik 2*. Manche Länder haben sogar Briefmarken zu ihren Ehren gedruckt. Leider musste die Hündin den Ausflug mit ihrem Leben bezahlen.

Welcher Treibstoff wird für Raketen verwendet?

Kleinere Raketen, zum Beispiel für Wettermessungen, werden mit einem festen Treibstoff gestartet – so ähnlich wie Silvesterraketen. Raketen, die Satelliten befördern, benötigen dagegen Flüssigtreibstoffe, die aus mindestens zwei unterschiedlichen Stoffen bestehen. Diese werden zur Verbrennung in eine Brennkammer eingespritzt. Die genaue Zusammensetzung ist unterschiedlich, einer der Stoffe muss den Sauerstoff für die Verbrennung liefern.

Wie lange braucht man zum Mars?

Mit Lichtgeschwindigkeit etwa 13 Minuten! Mit einem so schnellen Raumschiff könnte man selbst den entferntesten Planeten Neptun in nur vier Stunden und 19 Minuten erreichen. Da heutige Raumschiffe aber allenfalls mit einem winzigen Bruchteil der Lichtgeschwindigkeit unterwegs sein können, muss man mit ungefähr 250 Tagen Flugzeit bis zum Mars rechnen – und auch nur dann, wenn man mithilfe anderer Planeten »Schwung holen« kann. Da aber eine solche Konstellation der Planeten selten auftritt, dürften zwei Jahre Flugzeit für eine Marsreise das Minimum sein.

AUSSERIRDISCHE

Gibt es Außerirdische?

Bisher sind sie nirgendwo gesichtet worden, und bei uns gemeldet, haben sie sich auch noch nicht. *SETI*, ein Programm zur Suche von Außerirdischen, ist bis zum heutigen Tag erfolglos geblieben: Weder gibt es Funksignale noch sonstige Hinweise. Dennoch ist es wahrscheinlich, dass irgendwo in den Tiefen des Weltalls intelligente Lebensformen existieren. Dafür spricht allein die Anzahl der Sonnen und Planeten, die es gibt.

Was ist ein Ufo?

Ufo steht für *Unbekanntes Flugobjekt*. Ursprünglich stammt der Name aus dem Englischen und ist die Abkürzung für *unidentified flying object*. Mit diesem Begriff bezeichneten Fluglotsen ehemals Signale auf dem Radarschirm, deren Ursprung unbekannt war. Heute wird das Wort Ufo als Bezeichnung für das Raumschiff Außerirdischer benutzt.

Gibt es Leben im All?

Vermutlich ist die Erde nicht der einzige Planet im Weltall, auf dem es Leben gibt, und zwar aus einem einfachen Grund: weil das Universum unendlich groß ist. Wissenschaftler schätzen, dass es zwei Billionen Galaxien gibt, von denen jede einzelne wiederum eine Billion Sonnen enthält. Etliche der 1 000 000 000 000 000 000 000 000 Sonnen könnten ein Planetensystem besitzen, und auf jedem dieser Planeten könnte Leben existieren. Diese Zahlen gelten nur für das von der Erde aus sichtbare Universum. Was sich in den unbekannten Bereichen des Weltalls verbirgt, wissen wir nicht. Vielleicht gibt es auch Lebensformen, die wir uns noch gar nicht vorstellen können.

Warum besuchen uns keine Außerirdischen?

Der Hauptgrund scheint offensichtlich: Unser Weltall ist einfach zu groß, um es in einem Raumschiff zu durchqueren. Viele Sterne sind so weit entfernt, dass es selbst mit einem lichtschnellen Raumschiff Millionen Jahre dauern würde, von einem Ort zum anderen zu reisen. Überhaupt, wie sollen uns die Außerirdischen finden? Unsere Sonne ist nur ein winziger Stern unter vielen Billionen anderer Sonnen. Warum sollten sie gerade auf unseren Planeten stoßen?

Wären die Besucher aus dem All freundlich zu uns?

Wenn wir Glück haben, ja. Allerdings sollte man Folgendes bedenken: Eine Lebensform, die imstande ist, solch riesige Entfernungen im Weltall zu überwinden, wird sich technisch auf einem sehr hohen Entwicklungsstand befinden – und unsere Spezies deutlich an Intelligenz übertreffen. Das könnte bedeuten, dass sie mit uns umgehen werden, wie wir es mit den Tieren tun. Denkbar ist aber auch, dass es sich um Eroberer handelt, die einen neuen Planeten für ihre eigene Art suchen. Dann wären wir Menschen nur im Weg …

Könnten uns Außerirdische verstehen?

Wenn sie uns ähnlich sind, haben sie vielleicht eine ähnliche Gestensprache ausgebildet. Oder sie sind technisch so hoch entwickelt, dass sie einen Computer besitzen, der unsere Sprache übersetzen kann. Vielleicht können sie auch unsere Gedanken lesen. Oder sie haben uns über Jahre und Jahrzehnte hinweg belauscht und unsere Sprache erlernt. Eigentlich sind die Aussichten gar nicht mal so schlecht … Nur ein Pessimist geht davon aus, dass wir uns nicht verstehen.

Gibt es kleine grüne Marsmännchen?

Ein idealer Wohnort für weiterentwickeltes Leben ist der Planet Mars jedenfalls nicht. Zwar gibt es Wasser, aber nur in sehr geringen Mengen. Auch die Temperaturen sind extrem. Sie schwanken zwischen 25 °C am Tag und an den Polen bis zu –120 °C in der Nacht. Die Lufthülle ist sehr dünn, enthält kaum Sauerstoff und bietet wenig Schutz vor der kosmischen Strahlung. Zwar mag es dort Bakterien oder andere einfache Lebewesen geben, aber bisher haben die Marssonden noch nichts entdeckt. Kleine grüne Männchen gibt es weiterhin nur in Science-Fiction-Romanen.

DER STERNENHIMMEL

Warum fallen die Sterne nicht vom Himmel?

Früher dachte man, dass die Sterne kleine leuchtende Punkte seien, die der liebe Gott an die Himmelssphäre geheftet hat. Und wer weiß, vielleicht hat er den falschen Klebstoff verwendet? Nein, keine Angst, die Sterne sind nirgendwo festgeklebt. Die meisten, die wir von der Erde aus sehen, sind Sonnen wie die unsere – nur viel weiter von der Erde entfernt. Sie bewegen sich durch das Weltall, in dem es kein Oben und Unten gibt. Da kann gar nichts herunterfallen.

Wem gehören die Sterne?

Noch wissen wir nicht, ob außerirdische Zivilisationen einen Stern für sich beanspruchen. Unter uns Menschen jedenfalls ist keiner Eigentümer von Sternen. Man kann diese nicht kaufen, auch wenn sie manchmal im Internet angeboten werden. Wer viel Geld bezahlt, damit ein Stern den Namen der Liebsten oder des Liebsten trägt, hat ebenfalls Pech. Heutzutage kann man Sternen keinen Namen mehr geben. Nur wer einen Kometen entdeckt, hat möglicherweise das Glück, den eigenen Namen danach in einem Himmelsatlas oder astronomischen Verzeichnis zu entdecken.

Wie viele Sternbilder stehen am Himmel?

Nach offizieller Zählung gibt es 88 Sternbilder. Neben diesen ist aber auch noch eine Reihe von Konstellationen bekannt, die man nicht in einem offiziellen Sternatlas findet. Übrigens: Welche Sterne zu einem Sternbild gehören, bestimmen wir Menschen. Im alten Ägypten oder Babylon wurde der Himmel mit (fast) denselben Sternen in ganz andere Sternbilder unterteilt.

Woher kommen Sternschnuppen?

Sternschnuppen sind nicht etwa kleine Sterne, sondern meist die Bruchstücke eines Kometen. Diese Schweifsterne ziehen eine riesige Schleppe kosmischen Staubes aus Eis und Gestein hinter sich her. Durchquert unsere Erde aus ihrer Bahn um die Sonne so einen Kometenschweif, so geraten einige der Bruchstücke in die Erdatmosphäre und verglühen dort. Wir können ihre leuchtende Bahn am Nachthimmel beobachten. Manche Sternschnuppen-Schwärme kehren mit großer Regelmäßigkeit jedes Jahr zurück.

WARUM FUNKELN DIE STERNE AM NACHTHIMMEL?

In einer klaren Sommernacht sehen die Sterne aus wie kleine, funkelnde Diamanten. Woher kommt dieses Funkeln? Es sind nicht die Sterne selbst, die wie Edelsteine glitzern. Es ist die Luft der Erdatmosphäre, die diesen Effekt verursacht. Aufsteigende Warmluft bricht die Lichtstrahlen der Sterne anders als eine kalte Luftmasse. Das Ergebnis für den Betrachter: Die Sterne funkeln. Das gefällt uns an einem romantischen Abend gut; den Astronomen und Astronominnen, die den Himmel beobachten wollen, dagegen weniger. Deshalb bauen sie ihre Observatorien auf hohe Berge.

Warum stehen Observatorien oft einsam auf hohen Bergen?

Einen Grund kennen wir bereits: Die Sterne funkeln dort weniger. Ein weiteres Hindernis bei der ungestörten Beobachtung von Sternen und Planeten ist das Streulicht der Städte. Besonders Großstädte leuchten nachts so hell, dass das Licht kleinerer Sterne dadurch nicht mehr wahrgenommen werden kann. Deshalb bauen Astronomen ihre Observatorien in menschenleeren Gegenden.

Kann man Galaxien am Himmel mit bloßem Auge sehen?

Die Milchstraße kann man leider nicht als Galaxie erkennen – die Erde steckt ja mittendrin. Unsere beiden Nachbargalaxien dagegen – die Große und die Kleine Magellansche Wolke – sieht man auch ohne Teleskop, allerdings nur, wenn man sich auf der südlichen Halbkugel der Erde befindet. Die einzige Galaxie, die wir von Europa aus mit bloßem Auge entdecken können, ist der Andromeda-Nebel mit der astronomischen Bezeichnung *M31*. An einem dunklen Nachthimmel ohne Mond- oder Streulicht erkennt man die Spiralgalaxie Andromeda als einen kleinen, verwaschenen Fleck oberhalb des Sternbildes Pegasus – sie ist unglaubliche 2,5 Millionen Lichtjahre von uns entfernt.

Wie viele Sterne stehen am Himmel?

Das hängt ganz davon ab, wie man den Himmel betrachtet. Mit bloßem Auge ohne ein Fernglas oder Teleskop kann man auf dem nördlichen Sternenhimmel etwa 6000 Sterne erkennen, wenn man normal gute Augen hat. Mit einem Fernrohr sind es ungleich mehr. Ein Beispiel: Im Sternhaufen der Pleiaden sieht man mit bloßem Auge sechs bis neun Sterne. Schon in einem kleinen Teleskop kann man über 300 einzelne Sterne erkennen.

Sind alle Sterne gleich hell?

Man mag annehmen, dass die Sterne unterschiedlich hell leuchten, weil sie unterschiedlich weit von der Erde entfernt sind. Das ist aber ganz und gar nicht korrekt. Es gibt winzig kleine und riesengroße Sonnen im Weltall – solche die nur matt leuchten und andere, die Millionen Mal heller als unsere Sonne erstrahlen. Allerdings sind viele von ihnen so weit von der Erde entfernt, dass sie nur als winzig leuchtende Punkte am Himmel erscheinen.

UNSERE WELT, DAS WELTALL

Wie ist die Welt entstanden?

Niemand war dabei, aber die Wissenschaftler haben sich lange Zeit Gedanken darüber gemacht und eine Theorie aufgestellt. Die Welt soll in einer einzigen riesigen Explosion entstanden sein – dem Urknall. Zuerst befand sich alle Energie dieses Universums in einem unvorstellbar kleinen Punkt, und dann flog alles auseinander und wurde größer und größer. Feste Materie bildete sich, aus der später Sonnen und Planeten, Milchstraßen, Nebel und schwarze Löcher entstanden – und irgendwann auch unsere Erde mit ihren Ozeanen und Gebirgen und Pflanzen und Tieren – und mit uns Menschen.

Wo hat es denn geknallt?

Man könnte vermuten, dass der Urknall irgendwo in den Weiten des Weltalls stattgefunden hat. Nur: Diese Weiten gab es ja noch gar nicht! Das gesamte Universum, wie wir es heute kennen, war in einem einzigen Punkt zusammengequetscht. Deshalb fand der Urknall überall statt – wobei überall noch ziemlich klein war … Seitdem dehnt sich das Weltall mit großer Geschwindigkeit immer weiter aus und hat mittlerweile eine unvorstellbare Größe erreich.

Wie alt ist das Weltall?

Vor einigen Jahren noch dachte man, dass unser Universum älter als 15 Milliarden Jahre ist. Jetzt weiß man es etwas genauer: Forscher haben aus

Satellitenmessungen errechnet, dass die Welt, in der wir leben, vor ziemlich genau 13,7 Milliarden Jahren entstanden sein muss. Herausfinden konnten sie das mithilfe von Messungen der Mikrowellenstrahlung aus den ersten Sekunden unseres Weltalls.

Welche Kräfte halten die Welt zusammen?

Die Sonne zieht die Erde an, und die Erde uns Menschen – was aber hält die Sonne an ihrem Platz? Und erst die Sterne – welche Kräfte ordnen das riesige Weltall? Die Wissenschaftler kennen vier Urkräfte, die sogenannten fundamentalen Kräfte. Es sind dies der Elektromagnetismus, die schwache und die starke Kraft sowie die Gravitation, die Kraft der Massenanziehung. Die ersten drei Kräfte wirken nur im Bereich der Atome und halten diese zusammen. Die Gravitation hingegen wirkt im gesamten Weltall zwischen großen Körpern. Die vier elementare Kräfte sind unterschiedlich stark: die schwache Kraft ist 1013-mal schwächer als die starke Kraft, der Elektromagnetismus 102-mal schwächer als die starke Kraft, und die Gravitation ist 1039-mal schwächer als die starke Kraft. Ganz schön rätselhaft, oder? Um das Rätselraten noch größer zu machen: Mittlerweile vermutet die Wissenschaft, dass es noch eine weitere fünfte Urkraft gibt, weil sich einige wenige Phänomene – etwa die Dunkle Materie und die Dunkle Energie – nicht durch die vier bekannten Kräfte erklären.

Warum kann man im Weltraum nicht leben?

Das Weltall ist aus verschiedenen Gründen ein sehr tödlicher Ort: Zum einen gibt es im Weltall keine Luft und daher auch keinen Luftdruck. Deshalb würde bei einem Menschen, der sich ohne Schutzanzug im Weltall bewegen will, augenblicklich das Blut zu kochen beginnen, und die Zellen seines Körpers würden zerstört. Wenig später würde er ersticken, weil er keine Atemluft hat. Den dritten Tod würde er sterben, weil die Außentemperatur bei –272 °C liegt – schneller könnte er nirgends erfrieren. Weitere Gefahren: die harte Strahlung der Sonne, Mikro-Meteoriten, die wie gefährliche Geschosse umher schießen, extrem starke Magnetfelder, die Schwerkraft eines Schwarzen Loches …

Warum ist es so kalt im Weltall?

Obwohl die Strahlen der Sonne auch im erdnahen Weltall vorhanden sind, kann es dort nicht warm werden. Das liegt daran, dass es dort nichts gibt: keine Atome oder Moleküle, welche die Energie der Sonnenstrahlen in Wärme umwandeln. Wärme entsteht nämlich durch schwingende Moleküle. Wo nichts ist – und im Weltall kommt auf einen Würfel mit 1000 Meter Kantenlänge nur etwa ein Wasserstoffatom –, kann es auch nicht warm werden. Warme Körper verlieren ihre Wärmeenergie sofort.

Besteht das Universum aus denselben Stoffen, die wir von der Erde kennen?

Ganz und gar nicht! Nur etwa 4 Prozent – also vier Teile von 100 – bestehen nach Meinung heutiger Wissenschaftler aus den Atomen und Elementen, die wir kennen. Etwa 23 Prozent unseres Weltalls macht die sogenannte Dunkle Materie aus, eine rätselhafte Substanz, die man mit keinem unserer Sinne wahrnehmen kann. Noch nie hat jemand Dunkle Materie gesehen, denn sie strahlt kein Licht aus und hat auch sonst keine Wechselwirkung mit der Welt der Atome. Und jetzt wird es noch rätselhafter: Mehr als zwei Drittel des Universums, nämlich 72 Prozent, bestehen aus Dunkler Energie. Niemand weiß, was das eigentlich ist. Die Bezeichnung ist nur der Versuch der Wissenschaftler, etwas zu beschreiben, über das es noch keine wissenschaftlichen Erkenntnisse gibt.

Wie weit kann man in den Weltraum sehen?

Das hängt von der Lichtstärke des verwendeten Teleskops ab. Es gibt ein Spiegelteleskop mit zwei 8,4-Meter-Spiegeln, das eine Kerzenflamme aus 2,5 Millionen Kilometern Entfernung wahrnimmt – das entspricht etwa der siebenfachen Monddistanz. Mit diesem Teleskop kann man Milchstraßen und Sonnen in vielen Millionen Lichtjahren Entfernung beobachten, die vielleicht sogar Sonnensysteme mit Planeten besitzen. Die sind allerdings zu klein und einfach zu weit entfernt für eine Beobachtung mit einem Teleskop selbst dieser Größe.

Stimmt es, dass unser Universum immer weiter auseinander fliegt?

Das ist richtig. Wie Punkte auf der Oberfläche eines Luftballons, den man aufbläst, so entfernen sich alle Sterne und Galaxien mit großer Geschwindigkeit voneinander – je weiter sie von uns entfernt sind, desto schneller. Aber keine Angst – diese Erscheinung hat nur Auswirkungen, wenn es um Himmelskörper und um riesige Entfernungen geht. Obwohl das Universum sich ausdehnt, ist deine Schule morgen noch an derselben Stelle und nicht weiter weg.

Wird sich das Universum irgendwann wieder zusammenziehen?

Vermutlich nicht, niemand lässt die Luft aus diesem riesigen Luftballon. Im Gegenteil, die Fluchtgeschwindigkeit – so nennt man das Tempo, mit der sich die Objekte im Weltall voneinander entfernen – nimmt immer weiter zu. Früher dachte man, dass diese Bewegung sich irgendwann verlangsamen und sich das Universum wieder zusammenziehen würde, um mit einem neuen Urknall wieder auseinanderzufliegen. Diese Theorie nannte man Englisch *Big Bounce* (das Große Hüpfen). Daran glaubt aber heute kaum noch jemand unter den Wissenschaftlern.

Wie geht es mit dem Weltall weiter?

Hier gibt es wieder zwei Theorien: *Big Chill* (die Große Kälte) sagt den Kältetod des Universums voraus. Irgendwann ist alle Energie verbraucht und zurück bleibt nichts als Kälte und Leere. Oder kommt es zum *Big Rip* (das Große Zerreißen)? Das würde passieren, wenn sich die Objekte im Weltall mit mehr als Lichtgeschwindigkeit voneinander entfernen würden und deshalb nicht mehr miteinander in Verbindung treten könnten – das Weltall würde auseinandergerissen. Das passiert aber nicht schon morgen. Mach du nur die Schule zu Ende und für Studium und Berufsausbildung hast du auch noch reichlich Zeit – so ungefähr 30 Milliarden Jahre.

Ist das Weltall eine riesige Kugel?

Das weiß niemand, aber es könnte so sein. Die Wissenschaft stellt gerade Untersuchungen dazu an. Außer der Kugel sind aber auch ein paar andere Formen im Gespräch: der Ellipsoid, eine Ringform oder – und jetzt wird es ganz verrückt – ein dodekaedrischer Poincare-Raum, eine Art vierdimensionaler Fußball. Aber das musst du nicht verstehen, nicht einmal die Wissenschaftler können sich so etwas wirklich vorstellen. Ganz schön kompliziert, unsere Welt!

DAS SONNENSYSTEM

Gibt es irgendwo andere Planeten wie die Erde?

In der näheren Umgebung unseres Sonnensystems finden sich solche Planeten nicht. Da es aber Billionen von Sonnen im Weltall gibt, von denen viele auch Planeten haben, ist es sehr wahrscheinlich, dass es irgendwo einen Himmelskörper gibt, der unserer Erde in ihren Eigenschaften sehr ähnlich ist. Wo diese zweite Erde sich befindet, können wir nicht wissen, denn das Weltall ist viel zu riesig, um sie zu entdecken und dorthin zu reisen. Deshalb gibt es auf die folgende Frage auch keine wirklich befriedigende Antwort …

Kann es vorkommen, dass alle Planeten am Himmel in einer Reihe stehen?

Weil nicht alle Planeten in einer Ebene um die Sonne kreisen, können sie nie ganz genau wie die Perlen an einer Schnur aufgereiht sein. Immerhin ist es aber möglich, dass sie alle oder zumindest viele von ihnen, von einem menschlichen Betrachter von der Erde aus gesehen, in etwa derselben Blickrichtung stehen. So standen am 5. Mai 2000 die Himmelskörper Merkur, Venus, Mars, Jupiter, Saturn, Sonne und Mond für einen irdischen Beobachter sehr dicht beieinander und somit fast in einer Reihe. Clevere Astronomen haben ausgerechnet, dass am 8. September 2040 alle Planeten von Merkur bis Saturn aufgereiht sein werden, und auch am 12. Februar 18604 (also in etwa 16 600 Jahren) alle Planeten in etwa eine Reihe bilden werden.

Warum stößt die Sonne nicht mit dem Mond zusammen?

Ganz einfach: Erde und Mond kreisen gemeinsam auf einer festen Umlaufbahn um die Sonne – der Mond ist »nur« etwa 380 000 Kilometer von der Erde entfernt. Bis zur Sonne sind es dagegen 150 Millionen Kilometer. Diese Entfernung ändert sich auch im Laufe eines Jahres so gut wie gar nicht. Die beiden Himmelskörper können sich also überhaupt nicht treffen.

Könnten Menschen auf den anderen Planeten leben?

Einmal abgesehen davon, dass es auf diesem Planeten keinen Sauerstoff gibt: Ein Tag auf dem **Merkur** dauert 88 Erdentage. Wenn man sich auf der Tagseite des Planeten befindet, würde man gebraten, auf der Rückseite tiefgekühlt. Die Temperaturen sind extrem: tagsüber 420 °C, nachts –170 °C. Etwa 590 °C Temperaturunterschied – wer soll das aushalten?

Die **Venus** kommt für uns Menschen nicht einmal im Traum infrage. Die Temperaturen schwanken zwischen 400 und 500 °C, und es herrscht ein irrsinnig hoher Luftdruck. Außerdem ist die Atmosphäre lebensfeindlich: Sie besteht aus Kohlendioxid, Stickstoff und Schwefeldioxid – von Sauerstoff keine Spur.

Nur der Planet **Mars** bietet eine Oberfläche, die nicht allzu lebensfeindlich ist. Allerdings ist es dort mit bis zu –133 °C kälter als in der Antarktis, und es wird bestenfalls 27 °C warm. Die Atmosphäre ist extrem dünn, der Sauerstoffgehalt extrem gering. Einen Vorteil allerdings hätte der Planeten: Man könnte riesige Sprünge machen, weil ein Mensch dort nur etwa ein Drittel seines Körpergewichtes auf der Erde wiegen würde. Ein Kind mit 50 Kilogramm Erdengewicht käme dort nur auf etwa 18 Kilogramm.

Jupiter ist ein Gasplanet, in den man quasi hineinstürzen würde, und irgendwo im Inneren würde man dann auf einen festen Kern aus Gestein und Eis krachen. Davon würde man vermutlich aber wenig merken, denn während des Fallens würde der arme Astronaut tiefgekühlt bei etwa –100 °C. Die giftigen Gase der Jupiter-Atmosphäre sind nicht zum Atmen geeignet, und ein Mensch würde von der gewaltigen Schwerkraft des Riesenplaneten geplagt: Ein 50 Kilogramm schwerer Kinderastronaut würde dort 130 Kilogramm wiegen.

Ähnlich wie Jupiter ist auch **Saturn** ein Gasplanet ohne feste Oberfläche. Seine Atmosphäre enthält ebenfalls giftige Gase. Mit der Schwerkraft hätte man keine besonderen Probleme, man würde nur 13 Prozent schwerer – dafür herrschen Temperaturen, gegen die ein Tiefkühlschrank geradezu tropisch warm wirkt: –140 °C.

Man müsste es schon ziemlich dunkel mögen, denn nur noch ein geringer Teil des Sonnenlichts erhellt **Uranus**. Außerdem müsste man mit eisigen Temperaturen von –200 °C klarkommen und irgendeine Lösung dafür finden, dass es auf einem Gasplaneten keinen Erdboden gibt, auf den man sich stellen könnte …

Und auch der nächste Planet **Neptun** ist alles andere als wohnlich: Er ist eine ziemlich finstere Gaskugel, –200 °C kalt, hat dafür aber 13 Monde. Da könnte man sich auch gleich entschließen, den fernen Ex-Planeten Pluto zu besiedeln. Er liegt in ebenso finsterer Nacht und eisiger Kälte. Die Sonne ist dort nur einer von vielen winzig kleinen Sternen am Himmel.

Gibt es Meere auf den Planeten?

Meere voller Wasser wie die unseren auf der Erde hat man noch nicht entdeckt. Aber vermutlich gibt es auf anderen Planeten ganz fremde Ozeane – solche aus flüssigen Gasen wie Methan oder Ammoniak. Zum Schwimmen laden solche Gewässer aber nicht ein, denn Methan und Ammoniak sind nur bei sehr tiefen Temperaturen und hohem Druck flüssig. Einem Schwimmer würde es nicht nur kalt – er wäre blitzschnell tiefgefroren.

Warum hat der Saturn Ringe?

Die Ringe des Saturn sind Gesteins- und Eisbrocken von der Größe eines Staubkorns bis zu der eines Einfamilienhauses, welche der Planet mit seiner Schwerkraft eingefangen hat. Während sie um den Planeten kreisen, sammeln sie sich rund um den Äquator in Ringen. Auch andere Planeten wie Uranus und Neptun haben Ringsysteme, welche aber wegen der großen Entfernung der Planeten zur Erde nicht mit einem einfachen Fernglas, sondern nur mit einem leistungsstarken Teleskop zu sehen sind und erst spät entdeckt wurden.

Wie lange dauert ein Jahr auf dem Pluto?

Dieser weit entfernte Himmelskörper braucht 247 Erdenjahre, um die Sonne einmal zu umrunden. Kein angenehmer Ort also für jemanden, der gern Geburtstag feiert. Einen Vorteil hat Pluto allerdings: Die Kerzen auf einer Torte würden fantastisch leuchten – weil es dort stockdunkel ist. Von Pluto aus gesehen, ist die Sonne nicht mehr als ein winziger Stern.

Wo im Sonnensystem könnte es Leben geben?

Dass es Menschen im Weltall schwer haben, wissen wir schon, aber wie sieht es mit anderen Lebensformen aus? Von den Planeten kommen nur Mars, Jupiter und Saturn infrage. Unter der Marsoberfläche könnte es Wasser geben, dort wäre vielleicht niederes Leben möglich; auf Jupiter könnten trotz der gigantischen Wirbelstürme in einer Atmosphärenschicht mit Wasser fliegende Mikroorganismen existieren, vielleicht kleine schwebende

Ballon-Bakterien; ähnlich könnte Leben auf dem Saturn aussehen. Kleine grüne Männchen wird man aber nirgendwo finden.

Gibt es auf den Monden der großen Planeten Leben?

Auf dem Jupitermond *Europa* wird unter einer oberflächlichen Eisschicht ein riesiger Ozean vermutet. Dort haben Forscher Anzeichen für mögliches Leben entdeckt. Auch der Saturnmond *Titan* kann für bestimmte Lebensformen infrage kommen. Er ähnelt der Urerde und hat eine dichte Atmosphäre, in der organische Verbindungen nachgewiesen wurden. Allerdings ist er im Augenblick extrem kalt. Sein großer Moment mag kommen, wenn die sich langsam ausdehnende Sonne eines Tages auch die fernen Planeten mit mehr Energie versorgt.

Ist eigentlich schon einmal ein Asteroid gegen die Erde gekracht?

Und ob! Seine Aufschlagstelle fand man anfangs der 1990er-Jahre auf der Halbinsel Yucatan, Mexico. Vor etwa 65 Millionen Jahren führte seine Kollision mit der Erde zum Aussterben der Saurier. Sie starben durch die Klimawirkungen von Rauch und Staubmassen in der Atmosphäre – es wurde für Jahre dunkel und kalt. Das Geschoss aus dem All hatte einen Durchmesser von 10 Kilometern und hinterließ einen Krater von 200 Kilometern Durchmesser.

Kann die Erde mit anderen Sternen zusammenstoßen?

Sterne sind Sonnen wie unsere Sonne, und sie sind so weit von der Erde entfernt, dass ein Zusammenstoß sehr unwahrscheinlich ist. Würde ein anderer Stern auf seinem Weg durch das Weltall in die Nähe unserer Sonne kommen, so würden sich diese beiden Sonnen um die Planeten »streiten«. Eine Sonne mit größerer Schwerkraft würde »gewinnen« und unserer Sonne ihre Planeten entreißen. Eine Sonne mit kleiner Anziehung könnte aber die Planeten in ihrer Bahn beeinflussen und die Lebensbedingungen auf der Erde entscheidend verändern. Doch keine Angst: Die nächste Sonne steht in einer Entfernung von unglaublichen 40 Billionen Kilometern von unserer Sonne und macht keine Anstalten, sich in unsere Richtung zu bewegen.

Woher kommen Kometen?

Kometen sind der Müll aus der Zeit der Entstehung unseres Planetensystems, denn sie sind gemeinsam mit der Sonne und den Planeten vor etwa 4,6 Milliarden Jahren entstanden. Man vermutet, dass es etwa 1000 Milliarden Kometen gibt, die noch immer durch das Weltall kreisen. Kometen entstanden dort, wo der Staub nicht dicht genug für die Bildung von Planeten war: am Rande der kosmischen Staubscheibe. Dort befinden sich auch die meisten von ihnen – in bis zu 1500 Billionen Kilometer Entfernung von der Sonne. Kommt ein Komet in die Nähe der Sonne, wird er für die Menschen auf der Erde sichtbar. Der Sonnenwind – die kosmische Strahlung der Sonne – bringt Eis- und Staubteilchen zum Leuchten, und der Komet bekommt seinen Schweif.

Könnte man die Weltbevölkerung evakuieren?

Gibt es Ersatz für die Erde? Können wir zu einem neuen Planeten reisen, wenn auf der Erde keine Menschen mehr leben können? Eine zweite Arche Noah für eine Reise ins Weltall kann es nicht geben. Selbst ein kleines Raumschiff mit nur wenigen Astronauten hätte Probleme, weite Strecken zurückzulegen. Wenn die Weltbevölkerung oder nur ein Teil davon umziehen wollte, würden sie ein Riesenraumschiff benötigen, für dessen Bau sich auf der Erde nicht genügend Material finden würde. Aber das wäre noch immer das kleinste Problem. Für eine endlos lange Reise über viele Millionen von Lichtjahren würden solche Mengen Energie benötigt, dass der Treibstoff gar nicht auf dem Raumschiff unterzubringen wäre. Und woher sollte man ihn nehmen?

DIE ERDE

Ist die Erde wirklich eine Kugel?

Auf den ersten Blick ja, aber wenn man genauer hinschaut: Perfekt kugelförmig ist sie nicht. Unser Planeten dreht sich, und durch die bei der Drehung entstehende Fliehkraft bekommt er rund um den Äquator eine »Beule«. Oder anders gesagt: Die Erde sieht in etwa aus wie ein Kürbis, also an der Ober- und Unterseite etwas abgeplattet.

Und warum ist die Erde rund?

Das liegt an der Schwerkraft. Die versucht nämlich, die Masse der Erde auf möglichst kleinem Raum zusammenzuziehen. Die kleinstmögliche Form hat die Kugel. Deshalb sind auch andere Himmelskörper kugelförmig.

Wie viele Menschen leben auf der Erde?

1999 waren es noch etwa sechs Milliarden Menschen, die unsere Erde bevölkerten. Mittlerweile beträgt die Weltbevölkerung bereits 7,77 Milliarden, und laut UN-Prognose müssen sich im Jahr 2050 über neun Milliarden Menschen die Erde teilen. Nochmal 50 Jahre später – im Jahre 2100 – rechnen die Vereinten Nationen sogar mit 10,9 Milliarden Menschen. Andere Prognosen dagegen erwarten den Höchststand bereits im Jahr 2064 mit rund 9,7 Milliarden Menschen. Danach soll die Weltbevölkerung wieder schrumpfen. Es bleibt abzuwarten, welche Vorhersagen sich bewahrheiten wird.

Lebten immer schon so viele Menschen auf der Erde?

Im Vergleich zu heute war es früher geradezu menschenleer. Nur etwa 300 Millionen Menschen lebten im Jahre 0 auf unserem Planeten, als Christus geboren wurde, und diese Zahl stieg über die nächsten 1000 Jahre auch nur wenig an. Erst 1250, so vermutet man, hatte die Bevölkerungszahl die 400 Millionen erreicht, im Jahre 1500 wurde die 500-Millionen-Grenze erreicht. Um das Jahr 1800 bevölkerten etwa eine Milliarde Menschen die Kontinente. Erst im vergangenen Jahrhundert vermehrte sich die Weltbevölkerung explosionsartig.

Wie weit ist es eigentlich bis zum Horizont?

Das hängt vom Standpunkt des Betrachters ab. Wenn sich unser Auge in einer Höhe von etwa 2 Metern über dem Boden befindet, kann man etwa 5 Kilometer weit sehen. Schon auf einem 250 Meter hohen Berg hat man eine Fernsicht von 50 Kilometern – wenn die Wetterlage dies zulässt und dem Betrachter nicht Dunst oder Nebel im Weg sind. Je höher die Erhebung, desto weiter entfernt liegt der Horizont.

Warum gibt es Tag und Nacht?

Es gibt Tag und Nacht, weil die Erde sich dreht – in 24 Stunden einmal um die eigene Achse. Dabei wird immer nur die eine Hälfte der Erdkugel von der Sonne beleuchtet. Hier ist es Tag, während auf der sonnenabgewandten Seite Finsternis und somit Nacht herrscht. Alle Planeten, die sich um die eigene Achse drehen, haben einen Tag-Nacht-Rhythmus. Von der Geschwindigkeit der Drehung hängt es jeweils ab, wie lang ein Tag bzw. eine Nacht ist. Auf der Venus zum Beispiel dauert ein Tag 243 Erdentage. Auf dem schnell rotierenden Planeten Jupiter ist ein Tag in knapp zehn Stunden vorbei.

Wohin zeigt die Kompassnadel und warum?

Die Kompassnadel richtet sich entlang der Feldlinien des Magnetfeldes der Erde aus. Eine der Spitzen der Nadel zeigt nach Norden zum Nordpol, die andere nach Süden zum Südpol. Unser Planet besitzt nämlich zwei sogenannte magnetische Pole, die in der Nähe des Nordpols und des Südpols liegen – ein Glück für Seefahrer und Flieger vergangener Tage, die mithilfe eines Kompasses ihren Weg über die Ozeane finden konnten. Heute allerdings gibt es modernere Techniken wie etwa GPS, um Ort und Richtung zu bestimmen.

DIE SONNE

Warum leuchtet die Sonne so hell?

Die Sonne ist ein riesiges atomares Kraftwerk. Auf ihr verbinden sich Wasserstoffteilchen zu Helium – dabei entsteht Energie in Form von Strahlung und sehr hellem Licht. Ohne die Sonne könnte es kein Leben geben.

Kann das Sonnenlicht irgendwann heller oder dunkler werden?

Eines Tages wird die Sonne ihren Vorrat an Wasserstoff verbraucht haben und nicht mehr so hell leuchten. Ihr Licht erstrahlt dann nicht mehr weiß oder gelblich, sondern eher rot. Außerdem wird sie sich aufblähen, sodass es auf der Erde viel zu heiß wird. Doch das geschieht erst in einigen Millionen Jahren.

Kann die Sonne ausgehen?

Unsere Sonne kann nicht nur ausgehen, sie wird es sogar tun: Allerdings nicht morgen, nicht in drei Jahren oder in 1000 – erst in einigen Millionen Jahren wird das atomare Feuer im Inneren der Sonne erlöschen. Dann wird sie sich zu einem Roten Riesen aufblähen und die Erde verschlucken. Eines ist sicher: Wir werden das nicht mehr erleben, und ob es bis dahin noch Menschen auf der Erde gibt, ist ungewiss.

Warum bewegt sich die Sonne am Himmel?

Früher dachten die Menschen im alten Griechenland, das der Sonnengott Helios mit seinem Wagen über die Himmelskuppel fahren würde. Später nahmen die Menschen an, dass die Sonne um die Erde kreist. Heute wissen wir, dass es umgekehrt ist: Die Erde kreist um die Sonne. Aber es ist nicht diese Bewegung, welche die Sonne täglich über den Himmel laufen lässt. Vielmehr dreht sich die Erde um die eigene Achse – das macht für uns den Eindruck, als bewege sich die Sonne am Himmel. Dabei drehen wir uns in Wirklichkeit unter ihr weg …

Was ist eine Sonnenfinsternis?

Wenn sich der Mond zwischen uns und die Sonne schiebt, kommt es vor, dass er die Sonnenscheibe zum Teil oder ganz verdeckt. Das Licht der Sonne erreicht den Erdboden nicht mehr, man spricht von einer partiellen (teilweisen) oder totalen (vollständigen) Sonnenfinsternis. Eine Sonnenfinsternis dauert ein paar Minuten – dann zieht der Mond auf seiner Bahn weiter, und es wird wieder hell. Wichtig: Auch bei einer Sonnenfinsternis darf man nie mit ungeschützten Augen in die Sonne sehen.

Was hat die Sonne mit den Polarlichtern zu tun?

Sie haben ihren Ursprung bei der Sonne. Die sendet elektrisch geladene Teilchen zur Erde, den sogenannten Sonnenwind. Mit einer Geschwindigkeit von bis zu 800 Kilometern pro Sekunde prallen die Teilchen auf das Magnetfeld der Erde und werden entlang seiner Feldlinien abgelenkt. Wenn sie mit den Molekülen der Luft zusammenstoßen, entsteht ein Energieaustausch. Das Ergebnis: Licht in unterschiedlichen Farben.

DER MOND

Woher kommt der Mond?

Darüber haben Wissenschaftler lange Jahre gerätselt und viele Theorien aufgestellt. Nach einer davon könnte der Mond ein von der Erde »eingefangener« Asteroid sein, doch dagegen sprechen manche Fakten. Die meisten Wissenschaftler glauben heute, dass der Mond aus der Erde entstanden ist. Ein anderer Himmelskörper, etwa so groß wie der Mars, streifte die Erde vor etwa 4,5 Milliarden Jahren und riss ein Loch in den Erdmantel. Magma strömte ins All hinaus und formte dort einen neuen Himmelskörper: den Mond. Bis er ungefähr so aussah wie der Mond heute, dauerte es ungefähr 10 000 Jahre.

Warum sieht im Winter die Mondsichel anders aus als im Sommer?

Es kommt darauf an, aus welcher Richtung die Sonne den Mond beleuchtet – oder anders gesagt: wie der Mond und die Erde zur Sonne stehen. Im Winter steht er gegenüber der Sonne hoch und wird von unten beleuchtet. Deshalb sieht die Mondsichel aus wie ein Stück Melone, das auf einem Teller liegt. Im Sommer beleuchtet die Sonne den Mond eher von der Seite und wir sehen die aufrechte Sichel – wenn nicht gerade Vollmond ist.

Warum leuchtet der Mond manchmal rot?

Aus demselben Grund wie die untergehende Sonne: Die blauen Anteile des Mondlichts werden von der Erdatmosphäre mehr abgelenkt als die rötlichen. Deshalb sieht der Mond in der Nähe des Horizonts manchmal rötlicher aus. Die Farbe verändert sich wieder, wenn er höher am Himmel steht.

Dreht sich der Mond eigentlich um die eigene Achse?

Man könnte meinen, dass der Mond stillsteht, denn er wendet uns immer dieselbe Seite zu. Seine Rückseite hat von der Erde aus noch niemand gesehen. Dennoch: Der Mond dreht sich um die eigene Achse, und zwar im Monat genau einmal. Früher – das heißt irgendwann in ferner Vergangenheit – drehte sich der Mond etwas schneller und zeigte der Erde auch mal ein anderes Gesicht. Im Laufe der Zeit jedoch haben ihn die Kräfte der Gezeiten abgebremst und seine Umdrehung an die der Erde gekoppelt.

Warum verändert der Mond seine Form?

Ursache dafür ist die Bewegung von Mond und Erde um die Sonne. Wird der Mond seitlich von der Sonne beleuchtet, sieht er aus wie eine Sichel. Steht die Sonne im Rücken der Erde, so wird der Mond ganz beleuchtet, und wir sehen eine runde Scheibe. Steht der Mond gerade zur Sonne, sodass er uns seine unbeleuchtete Seite zuwendet, so sehen wir ihn gar nicht – man spricht vom Neumond. Die anderen Mondphasen heißen Halbmond und Vollmond. Die Veränderung im Aussehen des Mondes beschreibt man mit den Worten »zunehmender Mond« und »abnehmender Mond«. Mit einem Tennisball und einer Lampe kannst du die Mondphasen im Experiment simulieren. Lass den Tennisball um die Lampe kreisen und sieh dir seine »Phasen« an!

Könnten Menschen auf dem Mond leben?

Der Mond ist von der Erde aus einfacher zu erreichen als die benachbarten Planeten Mars oder Venus. Aber ohne großen technischen Aufwand könnte kein Mensch auf dem Mond überleben. Es gibt keine Luft: Entweder müsste ein »Mondmensch« immer einen Raumanzug tragen oder in einer schützenden Kuppel leben. Auf der Sonnenseite des Mondes ist es viel zu heiß. Dagegen herrschen auf der dunklen Seite sehr niedrige Temperaturen. Die Schwerkraft ist viel geringer als auf der Erde. Ein Kind, das auf der Erde 30 Kilogramm wiegt, wäre auf dem Mond ganze 6 Kilogramm leicht und könnte große Sprünge machen. Doch der »Mondmensch« müsste regelmäßig trainieren, ansonsten würde er unter Muskelschwund leiden. Also kein Ort, an dem es sich zu leben lohnt. Immerhin könnte man hin und wieder die Erde über dem Mondhorizont aufgehen sehen …

Werden die Menschen bald Urlaub auf dem Mond machen?

Auch das wird auf absehbare Zeit kaum möglich sein. Zum einen ist eine Reise zum Mond unvorstellbar teuer, zum anderen dürfte es Schwierigkeiten bereiten, dort eine Unterkunft für Touristen zu unterhalten. Alles, was der Mensch zum Leben braucht, müsste mit Raumschiffen gebracht werden. Und gesund wäre ein Urlaub auf dem Mond auch nicht: Die kosmische Strahlung trifft dort die Touristen ungeschützt – davon wird man nicht braun, sondern langfristig krank.

Gibt es Wasser auf dem Mond?

Wissenschaftler vermuteten lange Zeit, es könnte Wasser am Boden der Mondkrater existieren. Neueste Forschungen ergaben: Es scheint sogar größere Wasservorkommen zu geben als bisher angenommen und das, obwohl der Mond im Grunde nur ein staubtrockener Felsbrocken ist. In der Nähe der Pole, an Stellen also, an die nie Sonnenlicht dringt, wurde Wassereis entdeckt. Wie das Wasser dorthin kommt und ob es genutzt werden kann, ist noch ungeklärt.

Warum ist der Mond am Horizont größer?

Er ist es nicht wirklich – unser Gehirn gaukelt es uns vor. Wir sehen Gegenstände größer, wenn wir sie mit etwas vergleichen können – zum Beispiel den Mond mit den Bäumen oder Häusern am Horizont. Wenn der Mond hoch oben am Himmel steht, ist seine Scheibe genauso groß. Sie kommt uns nur kleiner vor, weil wir sie dort oben nur mit den winzig kleinen Sternen vergleichen können.

Warum hat der Mond Flecken?

Nein, er müsste mich mal geputzt werden, die dunklen Flecken sind die sogenannten Maria (lateinisch mare = Meer). Sie enthalten aber kein Wasser, sondern sind erstarrte, einfarbige Lavaflächen aus dunklem Gestein. Andere dunkle Stellen, meist kreisförmig, sind die Krater von Meteoriteneinschlägen. Der Mond hat im Laufe seines Lebens zahlreiche Treffer abbekommen. Hell leuchtende Bereiche auf der Mondoberfläche bedecken Hügel und Gebirge.

BIOLOGIE – PFLANZEN UND IHRE GEHEIMNISSE

Warum sind Blätter grün? Weshalb tragen manche Pflanzen Früchte, die man essen kann? Wozu sind ihre Blüten gut? Diese und viele andere Fragen beantwortet dieses Kapitel kurz und knapp, informativ und unterhaltend. Auch Pflanzen sind Lebewesen, mit denen wir uns diesen Planeten teilen. Sie sind überall um uns herum, erfreuen uns mit ihrem Anblick und tragen zu unserer Ernährung bei, und das nicht unerheblich.

Warum werden die Blätter der Bäume im Herbst bunt?

Wenn im Herbst die Kraft der Sonnenstrahlen nachlässt, stellen sich Laubbäume langsam auf die Winterruhe um. Der grüne Farbstoff Chlorophyll, der den Blättern bisher bei der Herstellung von Nahrung gedient hat, wird nicht mehr gebraucht und zerfällt. Übrig bleiben Farbstoffe, welche die Blätter gelb, braun oder auch rot aussehen lassen. Außerdem entziehen die Bäume ihren Blättern Mineralstoffe, denn die brauchen sie im nächsten Frühjahr. Die Blätter trocknen aus und fallen herab.

Warum sind die Bäume grün und nicht blau?

Das liegt an dem Farbstoff Chlorophyll. Mithilfe grüner Blattpigmente erzeugen Pflanzen aus Sonnenlicht und Kohlendioxid verschiedene Zuckerstoffe. Dabei entsteht Sauerstoff, den die Bäume an die Lufthülle abgeben. Man nennt diesen Vorgang »Fotosynthese«. Pflanzen können alle Farben des Sonnenlichts für diesen Prozess nutzen: die Farben, die du im Regenbogen sehen kannst, und noch weitere, für uns Menschen unsichtbare. Nur der grüne Anteil des Lichtes wird nicht verarbeitet. Dieser wird einfach zurückgeworfen – und deshalb sehen die Pflanzen grün aus.

Warum haben Baumstämme innen Ringe?

Unter der Rinde liegt eine Schicht von lebendigen Zellen, welche den Baum mit Nahrung und Flüssigkeit versorgt. Darunter im Holz sind zahlreiche Ringe zu sehen. Diese Ringe zeigen das Wachstum des Baumes an. Im Frühjahr, wenn der Baum kräftig wächst, bilden sich große Zellen, im Herbst zunehmend kleinere und im Winter, wenn der Baum das Wachstum einstellt, keine. So bekommt der Baum jedes Jahr einen neuen Wachstumsring, an dem man sogar sein Alter ablesen kann.

Warum behalten Nadelbäume im Winter ihre Nadeln?

Die »Blätter« der Nadelbäume haben einen besonderen Schutz vor Verdunstung: eine dicke Wachsschicht. Diese bewahrt die Nadeln vor Austrocknung, wenn sie bei gefrorenem Boden nicht mehr mit Wasser aus den Wurzeln versorgt werden können. Auch die schlanke Form und die geringe Oberfläche der Nadeln verhindern, dass Wasser verdunstet. Nur die Lärchen bilden eine Ausnahme: Wie die Laubbäume werfen sie ihre weichen Nadeln im Herbst ab, weil sie den Winter nicht überstehen würden.

Warum duften Kräuter so lecker?

Kräuter duften, weil in ihnen eine Vielzahl von ätherischen Ölen und Duftstoffen enthalten ist. Diese sind nicht nur für den guten Duft verantwortlich, sondern auch für den leckeren Geschmack. Außerdem töten ätherische Öle Krankheitserreger und fördern die Verdauung.

Warum richten sich Pflanzen nach der Sonne aus?

Grünpflanzen besitzen lichtempfindliche Stoffe in den äußeren Schichten ihrer Blätter und Stiele. Wenn eine Pflanze nur von einer Seite Licht bekommt, krümmt sie sich zum Licht hin. Woher weiß sie, woher das Licht kommt? Das funktioniert so: Die Pflanze schickt Wachstumsstoffe genau in die Teile, die kein Licht bekommen. Diese Stängel und Blätter wachsen daraufhin stärker, und die Pflanze richtet sich zur Lichtquelle hin aus. So geht es auch ohne Augen.

Warum wächst die Bohne immer in derselben Richtung um eine Stange?

Das ist genetisch so festgelegt. In den Erbanlagen befindet sich eine Gensequenz, welche der Pflanze sagt, in welche Richtung sie ihre Triebe um eine Kletterhilfe wachsen lassen soll. Bei den Bohnen und beim Knöterich geht es immer linksherum – die meisten Kletterpflanzen wählen diese Richtung. Rechtsherum wachsen der Hopfen, das Geißblatt oder der Japanische Blauregen.

Warum bleiben Kletten am Pullover hängen?

Pflanzen versuchen ihre Samen möglichst weit zu verbreiten. Einige tun dies, indem sie leckere Früchte bilden, die zum Beispiel von Vögeln gefressen und hinterher weit entfernt wieder ausgeschieden werden – zumindest die in der Frucht enthaltenen Samenkörner. Andere Pflanzen lassen ihre Samen vom Wind verbreiten. Es gibt aber auch solche, die ihre Samen für den Transport als blinde Passagiere ausrüsten, die Gattung der Klettenpflanzen. Ihre haftenden Samen, sogenannte Kletten, haben Borsten mit kleinen Widerhaken, die sich im Fell eines Tieres oder in der Kleidung von Menschen festhaken können. Irgendwann fallen die Kletten wieder ab – und aus den darin enthaltenen Samen entsteht eine neue Klettenpflanze, weit entfernt von ihrem Herkunftsort. Ein guter Trick, um ganz umsonst weit zu reisen.

Warum brennen Brennnesseln?

Das Brennen ist ein Schutz gegen das Gefressenwerden. Am Rand des Brennnesselblattes sitzen kugelförmige Zellen, die scharfe Ameisensäure enthalten. Wenn man sie berührt, werden sie zerstört, und die Säure kommt auf die Haut. Wer das weiß, kann mit der Brennnessel anders umgehen. Man kann ein Blatt ohne Weiteres anfassen, wenn man nur die Blattoberseite und die Blattunterseite berührt. Den Kontakt mit den Rändern sollte man allerdings vermeiden.

Warum haben manche Pflanzen Dornen?

Es gibt unterschiedliche Möglichkeiten für Pflanzen, sich vor dem Gefressenwerden zu schützen. Einige schmecken schlecht, andere sind giftig oder sehen sehr unangenehm aus, wieder andere entwickeln spitze Stacheln oder Dornen. Wer sie abreißen will oder gar hineinbeißt, bekommt sie zu spüren. Stacheln und Dornen unterscheiden sich übrigens dadurch, dass Dornen aus umgewandelten Blättern bestehen und wie diese von der Pflanze mit Nahrung versorgt werden. Stacheln hingegen werden nur von der obersten Zellschicht der Pflanze gebildet.

Warum sind Blüten bunt?

Viele Pflanzen haben bunte Blüten, die wie eine Visitenkarte sind: Mit ihrer Farbe oder dem Muster rufen sie sozusagen: »Hallo, hier bin ich, besuche mich, liebes Insekt!« Denn viele Pflanzenarten brauchen Insekten für die Bestäubung ihrer Blüten, damit diese zu Früchten heranreifen können. Die jeweiligen Insektenarten wissen genau, nach welcher Farbe oder welchem Muster sie suchen müssen, um an den Nektar der Blüten zu kommen. Blüten sind für diese Insekten sogar noch viel bunter als für uns. Die Farben reichen über den Bereich des sichtbaren Lichts hinaus – in das ultraviolette Spektrum. Eine solche »Farbe« vermögen wir nicht zu sehen – Bienen schon.

Warum duften manche Blumen?

Manchen Pflanzen genügt es nicht, mit farbigen Blüten um Insektenbesuch zu werben; sie senden noch zusätzlich Duftstoffe aus, um Insekten anzulocken. Die Pflanze braucht die Insekten, damit der Blütenstaub von Blüte zu Blüte getragen wird und aus den Blüten Früchte entstehen können. Aber die Düfte der Blüten locken meist nicht irgendwelche Insekten an. Zu jeder Blüte gehört genau der richtige Duftstoff, der genau die richtige Insektenart herbeiruft.

Haben Pflanzen Gefühle?

Selbst in der Wissenschaft glaubt man, dass Pflanzen auf ihre ganz eigene Art Gefühle besitzen. So kann man an ihnen Reaktionen auf Bedrohungen durch Schädlinge oder schlechte Umweltbedingungen beobachten. Manche Gärtner und Gärtnerinnen reden mit ihren Pflanzen – dadurch sollen sie besser gedeihen. Wie sich eine Pflanze allerdings fühlt, kann niemand genau sagen.

Warum sind die Früchte mancher Pflanzen essbar?

Viele Pflanzen bieten den Tieren – aber auch uns Menschen – essbare Früchte an. Äpfel, Orangen, Paprika und Zucchini, aber auch Nüsse, Beeren und viele andere Früchte mehr sind im Angebot des Supermarkts Natur zu haben – warum sind die Pflanzen so freundlich, den Tieren und uns frische und gesunde Lebensmittel zu liefern? Ganz einfach: Weil jede Frucht, die aufgegessen wird, zur Verbreitung ihrer Samen beiträgt – das Fruchtfleisch wird verdaut, die Samenkörner verlassen ziemlich unverändert den Verdauungstrakt von Mensch und Tier. Unter günstigen Bedingungen können neue Pflanzen wachsen, und das oft weit entfernt von der Mutterpflanze – ein gutes Konzept zur Verbreitung einer Pflanzenart.

Warum sind manche Pflanzen giftig und andere nicht?

Weil Pflanzen wie auch die Tiere unterschiedliche Überlebenstricks haben. Es gibt Pflanzenarten, die schützen sich mit Stacheln und Dornen vor dem Gefressenwerden. Andere sind ungenießbar hart oder schmecken höllisch bitter. Und manche sind eben giftig, damit sie von den hungrigen Tieren – und Menschen – in Ruhe gelassen werden. Bei den Pilzen ist das etwas anders …

Warum sind manche Pilze giftig und andere nicht?

Anders als bei sonstigen Giftpflanzen sind Pilze wohl nicht giftig, um sich vor Fressfeinden zu schützen. Sie sind nicht für alle Lebewesen giftig. Pilze, an deren Gift ein Mensch sterben würde, können Schnecken ohne Gefahr anknabbern. Selbst der gefährliche Knollenblätterpilz, für einen Menschen, der versehentlich etwas davon isst, fast immer tödlich, ist für Kaninchen weitaus schwächer giftig. Warum Pilze giftig sind, weiß man nicht genau. Auf jeden Fall sollte man keine Pilze essen, die man nicht ganz genau kennt. Übrigens: Sehr viele Pilzarten sind roh giftig – auch solche, die man gekocht essen kann.

Warum sterben einjährige Pflanzen nicht aus?

Die kalte Jahreszeit ist nicht nur für Tiere und Menschen schwierig. Auch die Pflanzen haben es nicht einfach, wenn der Frost kommt. Manche geben von vornherein auf: Sogenannte einjährige Pflanzen sterben komplett ab. Sie überleben nur in Form von Samenkörnern, die im nächsten Frühjahr keimen können.

Warum vertragen manche Pflanzen Frost und andere nicht?

Pflanzen mit sehr saftigen Stängeln und Blättern sterben im Winter ab, weil der Frost ihre Zellen sprengt: Das in ihnen enthaltene Wasser wird zu Eis und dehnt sich dabei aus – das ist das Ende der Pflanze. Frostharte Pflanzen wie die Bäume lassen nur wenig Wasser in die oberirdischen Teile. Wenn es gefriert, richtet es in den Zellen keinen Schaden an. Die Wurzeln sind im Boden gut vor dem Gefrieren geschützt.

BIOLOGIE – DIE TIERWELT KENNEN

Sterben Schlangen, wenn sie sich auf die Zunge beißen? Weshalb leuchten Glühwürmchen? Wie riechen Käfer ohne Nase? Brauchen alle Tiere Luft zum Leben? Was machen Ameisen im Winter? Warum heißen Fledermäuse Fledermäuse? Diese und viele andere Fragen beantwortet das Kapitel kurz und knapp, informativ und unterhaltend. Tiere teilen sich nicht nur unseren Planeten mit uns, sondern sind auch Teil unserer Vorstellungswelt von Kindheit an – wir sollten mehr über sie wissen.

GIFTIG, GEFÄHRLICH, EKLIG – ODER DOCH NICHT?

Wie giftig sind Schlangen?

Manche Schlangen wie die Ringelnatter besitzen überhaupt kein Gift. Das Gift der hiesigen Schlangen ist für uns Menschen nicht gefährlich. Nur selten stirbt ein Mensch am Gift einer Kreuzotter. Das Gift besonders gefährlicher Schlangenarten wie das der Kobra oder der Mamba wirkt hingegen schon in kleinsten Mengen absolut tödlich. Nur ein Gegengift kann ein Opfer retten.

Wie kommen Giftschlangen zu ihrem Gift?

Giftschlangen produzieren ihr Gift selbst – dies geschieht in einer Drüse. Von dort wird es in den Hohlraum der Giftzähne geleitet. Schlangen nutzen ihr Gift zum Beutefang oder zur Selbstverteidigung. Allerdings greifen Schlangen den Menschen nur an, wenn sie sich bedroht fühlen. Als Beute sind Menschen einfach zu groß für Giftschlangen.

Warum sind manche Schlangen giftig und andere nicht?

Schlangen haben unterschiedliche Methoden, um ihre Beute zu fangen. Giftschlangen lähmen oder töten ihren Fang mit einem Biss und verschlingen ihn dann. Würgeschlangen hingegen umschlingen ihre Opfer und ersticken sie, bevor sie diese fressen. Die größten Schlangen, wie die im

Wasser lebende Anakonda in Südamerika, sind übrigens Würgeschlangen. Die längste je gemessene Anakonda erreichte 11,5 Meter!

Sind Schlangen schleimig?

Viele Menschen glauben, dass sich Schlangen wie ein Wurm anfühlen, und halten den Glanz auf ihrer Haut für schleimige Feuchtigkeit. Schlangen fühlen sich trocken und glatt an; sie haben nichts Ekliges an ihrer Hautoberfläche. Auch ist ihr Körper nicht weich, sondern ausgesprochen fest. Besonders Würgeschlangen, die ihre Beute umschlingen, sind wahre Muskelpakete.

Kriegt man von Krötenschleim Warzen?

Ein altes Gerücht aus der Welt der Märchen und Sagen – nein, von Krötenschleim kriegt man keine Warzen. Höchstens einen Hautausschlag, denn es gibt Krötenarten, deren Hautschleim leicht giftig ist. Die ihnen nahe verwandten Unken haben eine recht giftige Haut, und der Feuersalamander gehört zu den giftigsten Amphibien überhaupt. Wenn du ein solches Tier angefasst hast, solltest du dir die Hände waschen, denn in den Augen brennt das Gift zum Beispiel sehr unangenehm. Auch essen sollte man mit »Krötenhänden« nicht.

Wie giftig ist eine Vogelspinne?

Sie sieht für manche gruselig aus, und viele glauben, dass ihr Biss tödlich ist. Aber: Es ist zwar nicht angenehm, von einer Vogelspinne gebissen zu werden, aber ihr Biss ist nicht schlimmer als der Stich einer Wespe. Viel giftiger hingegen ist die Trichternetzspinne in Australien. Ihr Gift ist tödlich, wenn nicht sofort ein Gegenmittel gespritzt wird.

Stimmt es, dass man in Japan giftige Fische isst?

Manche der Fische, die man in Japan als Delikatesse verzehrt, sind nicht einfach nur giftig, sondern lebensgefährlich giftig. Der Kugelfisch Fugu Sashimi zum Beispiel ist so gefährlich, dass er nur von bestimmten, besonders ausgebildeten Köchen und Köchinnen zubereitet werden darf. Wenn bestimmte Organe des Fisches beim Zerlegen verletzt werden, ist die ganze Mahlzeit vergiftet. Es gibt zwar ein Gegengift, aber dennoch sterben immer wieder Menschen auf der Jagd nach diesem Geschmackserlebnis.

Warum sieht der Rotfeuerfisch so farbenprächtig aus?

Kaum zu glauben: Sein beeindruckendes Aussehen ist eine Tarnung. Aus der Nähe betrachtet sieht er zwar recht auffällig aus, doch wenn er sich in seinem Lebensraum zwischen Korallen bewegt, verschwindet er aus einiger Entfernung – perfekt getarnt. Der Rotfeuerfisch hat übrigens noch einen anderen, sehr wirksamen Schutz: Er ist einer der giftigsten Fische, die es gibt.

Sind Haie wirklich so gefährlich?

Um es vorweg zu sagen: Zum normalen Beuteschema von Haien gehören Menschen nicht. Haie ernähren sich hauptsächlich von Fischen. Menschen greifen sie sehr selten an und meist nur dann, wenn sie sich bedroht fühlen oder den Menschen mit einem Beutetier – einem großen Fisch oder einem Seelöwen – verwechseln. Umgekehrt sieht das anders aus: Viele Haiarten sind unterdessen durch den Menschen vom Aussterben bedroht. Zum Verhängnis werden ihnen ein Kochrezept – Haifischflossensuppe – und der Glaube, dass ein Pulver aus Haiknorpel gut für die Gelenke sei. In einem Jahr kommen etwa fünf bis zehn Menschen durch Angriffe von Haien ums

Leben – aber über 100 Millionen Haie durch Menschen. Das sind über 11 000 Haie pro Stunde.

Ist der größte aller Haie wirklich völlig ungefährlich?

Nur etwa zehn Haiarten können dem Menschen von der Größe her gefährlich werden, aber ausgerechnet der größte ist auch der friedlichste: Der Walhai, der mit bis zu 20 Metern Länge größte lebende Fisch, ernährt sich in der Hauptsache von Plankton, den kleinsten, im Wasser treibenden Meeresbewohnern. Walhaie filtern mit geöffnetem Maul das Wasser, durch das sie schwimmen. Dabei geraten Planktonkrebschen, Sardinen, Makrelen und sogar kleinere Thunfische in das weit geöffnete Maul des Hais. Wenn der Walhai das Maul schließt, hat sich seine Nahrung in den Kiemen angesammelt, und er muss sie nur noch hinunterschlucken. Taucher schluckt er nicht – sie können neben dem gewaltigen Hai gefahrlos herumschwimmen.

Was ist denn ein Beutelteufel?

Irgendwie hört sich dieser Name lustig, aber auch gefährlich an. Steckt da ein Teufel im Beutel? Nein, der Teufel hat einen Beutel. Der Beutelteufel ist nämlich ein fleischfressendes Beuteltier, wie sie auf dem australischen Kontinent vorkommen. Während andere Beuteltiere wie die Kängurus friedliche Pflanzenfresser sind, ernähren sich der Beutelmarder, der Beutelwolf und eben der Beutelteufel von Fleisch. Seinen Namen verdankt er seinem wilden Temperament und schwarzen Fell. Und: Wenn der Beutelteufel sich aufregt, bekommt er leuchtend rote Ohren. Für Menschen wirklich gefährlich ist er wegen seiner Größe nicht – er ist nur etwa so groß wie ein kleiner Hund. Trotzdem sollte man sich vor seinen Krallen und seinen starken Zähnen in Acht nehmen. Beutelteufel kommen heute nur noch in Tasmanien vor.

Was stinkt so beim Stinktier?

Das Stinktier versteht es, sich zu wehren: Aus zwei Drüsen am Hinterteil spritzt es eine übel riechende Flüssigkeit auf jeden Angreifer. Opfer dieser Gestank-Attacke sagen, es riecht wie hochkonzentrierte Schwefelsäure und Knoblauch. Andere reden von riesigen Bergen alter Socken. Die gelblich-ölige Flüssigkeit, welche das Stinktier verspritzt, enthält sogenannte Merkaptane oder Thioalkohole. Sie enthalten Schwefel und kommen auch in der Petrochemie vor.

Auch der Iltis ist ein Stinktier!

Stinktiere gibt es nicht nur in Nordamerika: Ein bei uns heimisches Tier, der Iltis, wehrt sich auf dieselbe Weise gegen angreifende Gegner. Wenn ihm Jagdhunde nachstellen oder ihm ein Fuchs oder ein Wolf nach dem Leben trachtet, bekommen seine Feinde ein übles Sekret aus seinen zwei Stinkdrüsen zu schnuppern. Es stinkt so gewaltig, dass zum Beispiel ein Hund seine empfindliche Nase reibt und auf keinen Fall einen zweiten Versuch wagt, den Iltis zu packen. Nicht umsonst sagt man über jemanden, der sich selten wäscht: Er stinkt wie ein Iltis.

TIERE BRAUCHEN SCHUTZ

Warum brauchen Tiere Schutz?

Tiere aus fremden Ländern fühlen sich bei uns nicht wohl, werden krank und sterben. Zudem handelt es sich dabei meist um Tiere, die in ihrer Heimat selten geworden sind. Deshalb sind bestimmte Gegenstände, die aus Tierprodukten gefertigt werden, verboten: Krokodiltaschen und -schuhe, Gegenstände aus Elfenbein oder Bilder aus Schmetterlingsflügeln. Auch hier geht es darum, die Tiere vor der Geldgier der Menschen zu schützen. Gäbe es keine solchen Verbote, wäre manche Tierart schnell ausgerottet.

Wurde früher aus Schildkröten Suppe gemacht?

Das ist leider richtig. Viele Millionen Jahre lang lebte die Karettschildkröte ungestört im Meer und vermehrte sich über Generationen hinweg, bis der Mensch kam. Wenn die Weibchen an Land gingen, um ihre Eier abzulegen, wurden sie getötet – nicht nur, um das Fleisch zu essen oder Öl daraus zu gewinnen: Ihre Panzer lieferten das begehrte Schildpatt, Material für Knöpfe und Kämme. Auch die Eier wurden eingesammelt und teuer verkauft. So konnten nur wenige Schildkröten nachwachsen – bald war die Suppenschildkröte vom Aussterben bedroht. Heute gibt es zwar Schutzmaßnahmen, doch stören die vielen Touristen die scheuen Tiere oft bei der Eiablage am Strand.

Ist Hundefleisch im Hot Dog?

Hot Dogs gibt es vermutlich seit 1880. Tatsächlich hatte irgendwer die verrückte Idee, dass Hundefleisch in den Würstchen sein könnte. Dem Brötchen mit der Wurst darin wurde der ironische Name Hot Dog verpasst – heißer Hund. Natürlich war weder im 19. Jahrhundert Hundefleisch in der Wurst noch wird man es heute darin finden – hoffen wir wenigstens.

Warum ist der niedliche Koalabär bei uns kein Haustier?

Der Koalabär wäre für uns nicht nur ein unglückliches, sondern auch ein ziemlich teures Haustier. Koalas ernähren sich fast ausschließlich von frischen Eukalyptusblättern, und die kann man bei uns ja bekanntlich an jeder Straßenecke kaufen. Spaß beiseite: Das Futter für einen Koala müsste aus Australien importiert werden und das auch noch frisch, also als Luftfracht.

Mehr noch: Koalas fressen längst nicht alle Eukalyptusarten, sondern nur bestimmte – und von denen auch nur die jungen Blätter, weil die älteren giftige Substanzen enthalten. Die Ruhe, welche die gemächlichen Tiere brauchen, hätten sie außerdem bei uns auch nicht.

Warum sterben manche Tierarten aus?

Manche Tierarten verschwinden, weil ihnen eine andere Tierart den Lebensraum streitig macht oder weil sie mit einer plötzlich auftretenden, neuen Gefahr nicht fertig werden. Ein gutes Beispiel ist der Kontinent Australien, auf dem es viele Millionen Jahre nur Beuteltiere gab. Als Menschen aus Europa einwanderten und Katzen und Hunde mitbrachten, starben manche einheimischen Tierarten aus. Der vom Aussterben bedrohte Kiwi zum Beispiel, ein flugunfähiger Vogel, wurde leichte Beute für die zugewanderten Raubtiere. Von den Siedlern mitgebrachte Kaninchen verdrängten in Australien Beuteltierarten aus ihrem angestammten Lebensraum.

Warum darf der Jäger Tiere töten?

Förster töten Tiere in ihrem Revier, um den Bestand zu kontrollieren und gesund zu erhalten. Kranke Tiere werden von ihren Leiden erlöst und können gesunde Tiere nicht mehr anstecken. Es kann aber auch vorkommen, dass es zu viele Tiere einer Art in einem Revier gibt. Auch dann muss der Förster regulierend eingreifen. Viele Jäger allerdings töten Tiere, um mit Geweihen und anderen Trophäen anzugeben. Sie bezahlen sogar Geld dafür, dass sie auf ein Tier schießen dürfen. Tierschützer wehren sich zu Recht gegen diese Art von Jagd.

Was geschieht beim Klonen?

Klonen bedeutet: eine ganz genaue Kopie einer Pflanze, eines Tieres oder eines Menschen herzustellen. Bei der natürlichen Fortpflanzung vereinigen sich Eizelle und Samenzelle, und es entsteht ein Leben daraus. Beim Klonen werden die Erbinformationen aus Körperzellen eines Lebewesens im Laboratorium gewonnen und in eine fremde Eizelle hineingegeben. Es entsteht ein perfekter Doppelgänger des ursprünglichen Wesens. Geklonte Lebewesen haben also keine natürlichen Eltern. Das Klonen von Menschen ist fast überall auf der Welt verboten. Das Klonen von Tieren hingegen ist schon mehrfach gelungen; allerdings waren die künstlich erzeugten Tiere oft krank. Geklonte Pflanzen werden bereits in der Landwirtschaft verwendet. Wissenschaftler sollten allerdings beachten, dass jeder Klonvorgang und den daraus entstehenden Lebewesen ein Eingriff in den Haushalt der Natur darstellt, dessen Folgen man kaum voraussagen kann.

SEHEN, HÖREN, RIECHEN, SPRECHEN

Welches Tier kann am besten sehen?

Das beste Sehvermögen von Landtieren haben wohl die Raubvögel. Sie müssen ihre oft sehr kleine Beute aus großer Höhe erkennen können. Deshalb übertrifft die Auflösung ihrer Augen die des menschlichen Gesichtssinnes bei Weitem. Raubvögel können eine Maus noch aus 1500 Metern Höhe erkennen. Geier schaffen es sogar, ein totes Tier von nur 30 Zentimeter Größe aus 3600 Metern Höhe zu entdecken. Unter Wasser gehören die Haie und die Tintenfische zu den Tieren mit den besten Augen.

Warum sehen Tiere unterschiedlich gut?

Jedes Lebewesen hat Augen, die für seine Lebensführung geeignet sind. Einige Augen aber können mehr als andere: Die Augen des Zebras nehmen einen besonders großen Blickwinkel wahr, damit das Tier auch erkennen kann, was hinter ihm geschieht. Vögel haben schärfere Augen als Menschen und nehmen Farben wahr, die wir überhaupt nicht sehen können. Dasselbe gilt für Bienen – sie sehen ultraviolettes Licht. Manche Tiere kommen aber nahezu ganz ohne Sehen aus, zum Beispiel der Maulwurf oder bestimmte Schlangenarten.

Warum sehen Eulen nachts so gut?

Ihr Auge ist für das Sehen in der Dunkelheit in besonderer Weise ausgerüstet. Im Vergleich zu anderen Tierarten sind die Augen der Eulen sehr groß, und durch ihre Pupillenöffnung fällt viel Licht auf die dahinterliegende Netzhaut. Deswegen sehen Eulen auch bei fast völliger Dunkelheit noch ziemlich gut. Selbst bei Sternenlicht können sie Hindernisse in ihrer Flugbahn oder Beutetiere präzise erkennen. Auch tagsüber funktionieren Eulenaugen prima. Es ist ein Gerücht, dass Eulen bei hellem Sonnenlicht fast blind sind; es macht ihnen auch nichts aus, in den hellen Himmel zu sehen. Was Eulen hingegen nicht gut können: Gegenstände in der Nähe nehmen sie vermutlich nur unscharf wahr.

Warum leuchten Tieraugen nachts?

Das Licht, das im Dunkeln in das Auge eines Tieres fällt, wird von der Netzhaut zurückgeworfen. So können wir sie im Dunkeln aufblitzen sehen. Manche nachtaktiven Tiere haben allerdings auch eine spezielle Schicht im Auge: Diese wirft das Licht sogar ein zweites Mal auf die Netzhaut, damit die Tiere auch im Dunkeln gut und scharf sehen können. Besonders auffällig ist dies bei einem Haustier: der Katze.

Haben alle Tiere nur zwei Augen?

Mit zwei Augen auskommen müssen nur Amphibien, Reptilien, Vögel und Säugetiere. Manche Insekten wie die Biene haben fünf Augen oder wie der Schmetterling gleich 12 000 Einzelaugen, die zu zwei großen Augen zusammengefasst sind. Spinnen haben acht Augen. Bei den Fischen gibt es das sogenannte Neunauge: Auf den ersten Blick sieht es so aus, als hätte das Tier tatsächlich neun Augen. Wenn man aber genauer hinschaut, erkennt man, dass nur zwei echt sind. Die restlichen sind Kiemenöffnungen an der Seite des Tieres.

Haben manche Schmetterlinge Augen auf den Flügeln?

Was für uns so schön aussieht, dient in Wirklichkeit der Abschreckung – so wird zumindest vermutet. Die Augen auf den Flügeln sollen Feinden vortäuschen, dass sie ein großes, gefährliches Tier vor sich haben. Besonders gefährlich, nämlich wie ein Angriff, sieht es beim Schmetterling aus, wenn er die Flügel ruckartig bewegt. Andere Schmetterlinge sichern sich durch Tarnung. Wenn sie still sitzen, klappen sie ihre Flügel zu und zeigen nur die unauffällig gefärbte Unterseite. So können sie von ihren Feinden gar nicht erst entdeckt werden.

Womit guckt ein Regenwurm?

Schau mal nach, du kannst ruhig eine Lupe nehmen: Beim Regenwurm sind keine Augen zu sehen. Welches Ende ist überhaupt der Kopf? Regenwürmer sehen auch ohne Augen. Sie haben lichtempfindliche Sinneszellen an beiden Enden und können Helligkeit und Dunkelheit unterscheiden. Für ihr Leben in der Finsternis brauchen sie keine besseren Augen. Dort unten orientieren sie sich mit ihrem Tastsinn und weichen verschiedenen Hindernissen mühelos aus. Ob der Maulwurf hinter ihnen her ist, sagen ihnen Erschütterungen im Boden.

Wer kann besser sehen: Mensch oder Hund?

Was das Sehen angeht, sind die Menschen den Hunden überlegen. Hunde sehen zwar einigermaßen gut, aber sind weitgehend farbenblind. Die Welt vor ihren Augen erscheint Grau-in-Grau. Was die anderen Sinne angeht, übertreffen sie die Menschen aber deutlich: Hunde hören die leisesten Geräusche und auch sehr hohe Töne, die Menschen gar nicht mehr wahrnehmen. Zum Vergleich: Menschen hören Töne bis zu 20 000 Schwingungen pro Sekunde, Hunde solche mit 50 000 Schwingungen pro Sekunde. Auch beim Riechen hat der Hund die Nase vorn: Hunde nehmen Düfte hundertmal besser wahr als Menschen und können bis zu einer Million verschiedene Gerüche unterscheiden.

Sind Blindschleichen wirklich blind?

Erstens sind Blindschleichen keine Schlangen und zweitens können sie gut sehen. Ihre kleinen roten Augen haben sogar Augenlider – typisch für Eidechsen, nicht aber für Schlangen. Ihren Namen verdanken die Blindschleichen ihrem »blendenden« Aussehen: Ihr geschuppter Körper glitzert in der Sonne. Sie sind also keine »blinden« Schleichen, sondern blendende Schleichen.

Wer hat die besten Ohren?

In der Tierwelt kommt es darauf an, wie eine Tierart ihre Ohren nutzt. Elefanten benötigen sie zur Verständigung über lange Strecken. Sie benutzen sehr tiefe, für Menschen unhörbare Töne, den sogenannten Infraschall. Fledermausohren nutzen das andere Ende der Tonskala: Sie hören extrem hohe Töne aus dem Ultraschallbereich und verwenden sie als Radarsystem. Fluchttiere müssen besonders gute Ohren haben, damit sie ihre Feinde rechtzeitig hören. Das Ohr vieler Kleinsäugetiere verstärkt Schallsignale bis zu 100-mal.

Warum haben Fledermäuse so große Ohren?

Die Ohren der Fledermäuse gehören zu ihrem Orientierungssystem. Wenn diese in der Dunkelheit fliegen, stoßen sie sehr hohe, für das menschliche Ohr nicht hörbare Töne (Ultraschall) aus, deren Reflexionen sie mit ihren großen Ohren wieder auffangen. In ihrem Gehirn entsteht so ein sonnenklares Hörbild, auch in finsterer Nacht. Das Ultraschallsystem der Fledermäuse kann sogar winzige Insekten orten.

Warum haben Vögel keine Ohren?

Bis auf die Waldohreule, die Federbüschel am Kopf besitzt, haben Vögel keine Ohren – oder genauer gesagt: Ohrmuscheln. Ohren besitzen sie nämlich schon. Allerdings sind diese in der Regel unter dem Gefieder verborgen. Wozu sonst sollten die Männchen der Singvögel ihre überaus aufwendigen Lieder anstimmen, wenn sie die Weibchen nicht hören könnten?

Wie können Käfer ohne Nase riechen?

Wer sich einen Käfer mit einer Lupe oder unter dem Mikroskop anschaut, wird keine Nase entdecken. Trotzdem können Käfer sehr gut riechen – allerdings anders als wir Menschen. Ihre »Nasen« sind fächerartige Antennen, mit denen sie bestimmte Duftmoleküle aus der Luft herausfiltern. Es sind vor allem die vom Weibchen ausgesendeten Düfte, sodass sie von den Männchen auch über große Entfernungen hinweg gefunden werden können.

Wie orientieren sich Fische im trüben Wasser?

Viele Fische können zwar recht gut sehen, aber was sollen sie machen, wenn sie durch trübes Wasser schwimmen oder wenn es stockdunkel ist? In diesem Fall hilft ihnen ein besonderes Organ, das in ihrer Seitenlinie steckt, die vom Kopf bis zur Schwanzflosse reicht. Besondere Sinnesknospen nehmen dort Veränderungen des Wasserdrucks und der Strömung wahr. So können die Fische auch ohne Sehkraft Hindernisse, Beutetiere und Feinde wahrnehmen.

Haben Haie den sechsten Sinn?

Als Raubfische benötigen Haie feine Sinnesorgane, um ihre Beute aufzuspüren. Ihre Augen sind im Nahbereich zehnmal besser als die eines Menschen, und im Dunkeln können sie so gut sehen wie eine Katze. Ihr Geruchssinn ist noch besser: Sie nehmen einen Tropfen Blut in einer Million Liter Wasser wahr. Tiefe Töne erreichen einen Hai auch über Entfernungen von mehreren Kilometern, und selbst Veränderungen im Wasserdruck, die ein schwimmender Fisch verursacht, spüren sie sehr genau. Das Verwunderlichste an Haien ist aber ihr elektrischer Sinn: Mit speziellen Zellen an der Unterseite ihres Körpers erspüren sie die winzigen Ströme, die bei einer Muskelbewegung ihrer Beutetiere entstehen – selbst wenn ein Fisch im Meeresboden eingegraben ist.

Können Fische sprechen?

Eine Sprache wie wir besitzen sie nicht, aber einige Fischarten nutzen Geräusche, um sich verständlich zu machen. Sie verwenden dazu oft besonders tiefe Töne – vom Summen und Schnalzen bis zum Jaulen und Wimmern. Sie werben damit um einen Partner, geben Alarm, wenn eine Gefahr droht, oder unterwerfen sich einem stärkeren Konkurrenten. Leider stören Pumpen und Filter im Aquarium die »Unterhaltung« der Fische.

Können Papageien reden?

Es hört sich so an. Ob sie die Worte allerdings verstehen, ist fraglich. Papageien ahmen gern die Geräusche ihrer Umgebung nach, ob es nun die Laute von Affen oder die anderer Vogelarten sind. Wenn sie beim Menschen leben, imitieren sie nicht nur die menschliche Sprache. Manche der Vögel können auch das Telefon, das Handy oder die Türklingel perfekt nachmachen. Dass man »Hallo« sagt, um eine andere Person zu begrüßen, verstehen sie auf jeden Fall.

GROSS, KLEIN, LAUT, SCHNELL – REKORDE

Welches ist das kleinste Lebewesen?

Das kleinste Lebewesen auf dieser Erde ist vermutlich das Bakterium Nanoarchaeum equitans. Es ist ein Überlebender aus der Urzeit unseres Planeten und lebt im Wasser von heißen Quellen in 120 Metern Meerestiefe nördlich von Island. Auf besondere Weise ist es mit etwas größeren Verwandten verbunden: Nanoarchaeum equitans klebt immer auf der Oberfläche von Ignococcus-(»Feuerkugel«-)Bakterien. Beide Bakterienarten stammen vermutlich aus der Zeit, in der das Leben auf der Erde entstanden ist.

Warum sind Elefanten so groß und Mäuse so klein?

Die Tiere auf unserer Erde haben sich im Laufe der Zeit so entwickelt, dass sie perfekt zu ihrem Lebensraum passen. Jedes Tier lebt in seinem ganz eigenen Gebiet und hat sich dessen Möglichkeiten angepasst. Elefanten sind große und wehrhafte Tiere, die zum Beispiel in den afrikanischen Steppen leben. Sie brauchen sehr viel pflanzliche Nahrung und deshalb ein großes Gebiet, das sie durchstreifen können. Mäuse hingegen haben sich an andere Lebensbedingungen angepasst: Sie sind klein, brauchen wenig Nahrung und können auch dort überleben, wo andere Tiere keinen Platz fänden. Ihre geringe Größe schützt sie auch vor Feinden – sie können sich prima verstecken.

Wie schwer ist eigentlich ein Elefant?

Elefanten sind nicht die schwersten Tiere auf der Welt, aber zumindest auf dem Land: 4 bis 5 Tonnen bringen ausgewachsene Tiere auf die Waage.

Nashorn-Männchen erreichen 3,6 Tonnen, Flusspferde schaffen »nur« bis zu 3,2 Tonnen, und das Walross ist mit etwa 1,7 Tonnen schon fast ein Leichtgewicht. Das größte Tier lebt übrigens im Meer: Der Blauwal kann bis zu 30 Meter Länge und 160 Tonnen Gewicht erreichen – so viel wie fünf große Lastzüge.

Welcher ist der größte Affe?

Nein, nicht du bist gemeint! Das ausgewachsene Gorilla-Männchen wiegt bis zu 200 Kilogramm, das Gorilla-Weibchen ist nur etwa halb so schwer. Besonders kräftige Männchen sollen sogar bis zu 350 Kilogramm erreichen. Orang-Utan-Männchen bringen nur 100 Kilogramm auf die Waage und Schimpansen-Männchen bis zu 70 Kilogramm.

Wie groß ist das größte Nagetier der Welt?

Das allergrößte Nagetier der Welt ist leider ausgestorben. Es war tatsächlich ein naher Verwandter von Ratten und Mäusen und lebte auf den Inseln Anguilla sowie St. Martin. Das friedliche Tier hieß Quemi, erreichte die unglaubliche Größe von 2,20 Metern und ein geschätztes Gewicht von 200 Kilogramm.

Welches ist das größte Tier auf der Erde?

Der Blauwal dürfte mit über 32 Metern Länge und einem Gewicht von bis zu 200 Tonnen – so viel wie 2500 Menschen – vermutlich das größte Tier sein, das je auf der Erde gelebt hat. Bereits ein Blauwalbaby sprengt alle Dimensionen: Es kommt mit einer Länge von 7 Metern zur Welt! Das größte Lebewesen auf dieser Erde ist allerdings nicht der Blauwal: Konkurrenz macht ihm ein Pilz, der in einem amerikanischen Nationalpark in Oregon wächst. Sein unterirdisches Geflecht ist größer als 1200 Fußballfelder, über 600 Tonnen schwer und vermutlich 2400 Jahre alt.

Welches Tier legt die größten Eier?

Straußeneier sind bis zu 18 Zentimeter lang – nichts gegen das Riesenei, das man 1979 in Argentinien entdeckt hat. Es ist 1,60 Meter lang und hat einen Durchmesser von 80 Zentimetern. Welches Riesentier es gelegt hat, ist bisher unbekannt. Ach du dickes Ei!

Wie groß wird das größte Insekt?

Das schwerste zurzeit lebende Insekt auf der Erde dürfte der Goliathkäfer sein, der in Südamerikas Regenwäldern lebt. Er wird bis zu 15 Zentimeter lang und 110 Gramm schwer – so schwer wie ein kleiner Apfel. Doch nicht die Größe macht das Gewicht: Mit 16 Zentimetern Länge ist der seltene Langhornkäfer trotzdem deutlich »leichter« unterwegs. Bestimmte Heuschrecken (die zu den Gespenstschrecken gehören) werden über 55 Zentimeter lang, wenn man ihre Beine mitrechnet. Winzig sind diese heutigen Insekten allerdings gegen die Libellen der Kohlezeit: Die hatten eine Flügelspannweite von bis zu 75 Zentimetern. Ihre größte heutige Verwandte in Europa, die Königslibelle, erreicht gerade mal 12 Zentimeter. Schmetterlinge der Tropen, zum Beispiel Eulenfalter, können etwa 30 bis 35 Zentimeter breite Flügel besitzen.

Wie schwer ist ein Vogel?

Das Goldhähnchen ist 5 Gramm leicht, der Zaunkönig 8 bis 10 Gramm. Die Tannenmeise wiegt etwa 11 bis 14 Gramm, die Kohlmeise 16 Gramm. Mit 55 Gramm gehört der Seidenschwanz zur Mittelgewichtsklasse wie auch der Star mit durchschnittlichen 80 Gramm. Der Kuckuck legt für einen

110-Gramm-Vogel erstaunlich kleine Eier. Die Stockente schafft 800 bis 1500 Gramm, der Höckerschwan bis zu 13 Kilogramm und der Afrikanische Strauß sogar 150 Kilogramm. Ein Straußenei wiegt 1,5 Kilogramm – 300-mal schwerer als das Goldhähnchen.

Ist der Elefant das größte Landsäugetier aller Zeiten?

Nein. Das größte Landsäugetier lebte vor etwa 30 Millionen Jahren, war 5 Meter hoch, 7 Meter lang und trug den Namen Baluchitherium – Tier aus Belutschistan. Es war deutlich größer als ein heutiger Elefant und dürfte 15 bis 20 Tonnen gewogen haben. Ein vollständiges Skelett dieses Tieres wurde 1999 ausgegraben.

Wer taucht am tiefsten?

Das Meer ist ihr Lebensraum, und so wundert es nicht, dass die Wale Rekordhalter im Tieftauchen sind. Blauwale und Byrdewale erreichen 300 Meter Tiefe. Die Meister unter den Walen, was das Tauchen angeht, sind jedoch die Pottwale. Auf der Suche nach Nahrung erreichen sie normalerweise Tiefen von 300 bis 600 Meter. Sie können aber auch bis zu 110 Minuten unter Wasser bleiben und dann bis zu 3000 Meter in die dunkle Tiefe hinabschwimmen. Eine solche Leistung verlangt besondere körperliche Voraussetzungen: Der Herzschlag wird verlangsamt, nur Herz und Gehirn werden mit Sauerstoff versorgt, um die Vorräte des Körpers zu schonen. Zum Vergleich: Die besten menschlichen Tieftaucher ohne Sauerstoffgerät erreichen nur etwa 130 Meter.

Wer springt höher?

Mensch oder Wüstenspringmaus? Beide springen gleich hoch – oder doch nicht? Bei den Menschen schaffen Spitzenathleten etwa 2,40 Meter – genauso viel wie jede Wüstenspringmaus. Mit dem Unterschied, dass Menschen etwa 1,80 Meter groß sind, Wüstenspringmäuse aber meist nur 15 Zentimeter.

Welches Tier ist das lauteste?

Sicher doch ein brüllender Löwe oder ein trompetender Elefantenbulle, denkst du jetzt vielleicht. Nein, das lauteste Tier auf der Erde ist ein Wal. Buckelwale erreichen eine Lautstärke von etwa 190 Dezibel, Pottwale singen sogar mit 230 Dezibel. Damit übertreffen beide mit ihrem Gesang das Geräusch eines startenden Düsenflugzeugs. Löwen bringen es nur auf 114 Dezibel, Elefanten trompeten mit bis zu 117 Dezibel. Ebenfalls laut ist das Geschrei der Fledermäuse – bis zu 137 Dezibel. Allerdings ist es für menschliche Ohren nicht hörbar, weil die Töne im Ultraschallbereich liegen.

Welcher Vogel fliegt am weitesten?

Einige tausend Kilometer schafft so mancher Zugvogel, der Storch sogar 10 000 Kilometer. Doch die Küstenseeschwalbe schlägt sie alle: Dieser Vogel macht im Jahr hin und zurück bis zu 50 000 Kilometer Strecke und fliegt dabei vom Nordpol bis zum Südpol!

Welches Tier lebt am längsten?

Elefanten erreichen ein Alter von 70 Jahren, Papageien können bis zu 100 Jahre alt werden, Schildkröten sogar 150 Jahre. Das Alter der Seychellen-Riesenschildkröte Jonathan wurde 2020 auf 188 Jahre geschätzt. Aber es gibt noch andere Tiere, die ein hohes Alter erreichen können: Karpfen werden von manchen Leuten für unsterblich gehalten, können aber mindestens

100 Jahre alt werden. Außerdem könnten auch Flussperlmuscheln ihren 100. Geburtstag feiern – wenn sie denn wüssten, dass sie so alt werden.

Welches ist das schnellste Tier?

Das schnellste Tier auf dem Lande ist der Gepard. Diese Raubkatze der Steppen Afrikas kann bis zu 120 Kilometer pro Stunde erreichen, wenn auch nur für kurze Zeit. Das schnellste Säugetier im Wasser ist der Delfin – der flinke Meeressäuger schwimmt immerhin 90 Kilometer pro Stunde schnell. Übertroffen werden diese Tiere von einem Jäger der Lüfte: Der Wanderfalke kann im Sturzflug bis zu 350 Kilometer pro Stunde schnell sein.

Fliege mit Überschallgeschwindigkeit? Irrtum!

Ein Geschwindigkeitsrekord, über den mancherorts berichtet wurde, beruht wohl auf einem wissenschaftlichen Fehler: Der Insektenforscher Charles H. T. Townsend hatte 1927 »aufgrund visueller Schätzungen« behauptet, dass die amerikanische Hirschbremse (Cephenomyia pratti) eine Geschwindigkeit von bis zu 400 Yards pro Sekunde erreichen könne – 1317 Kilometer pro Stunde – das wäre Überschallgeschwindigkeit! Elf Jahre später widerlegte der Chemiker Irving Langmuir dieses »Messergebnis«: Die Fliege müsste in jeder Sekunde das 1,5-Fache ihres Körpergewichts fressen, um diese Geschwindigkeit zu erreichen.

Wie viele Fische sind in einem Schwarm?

Den größten bekannten Fischschwarm bildet der nur etwa 5 Zentimeter lange Dreistachelige Stichling. Vor den Küsten wurden Schwärme mit über 500 Milliarden Tieren beobachtet. Gezählt hat sie allerdings niemand – die Anzahl der Tiere wurde geschätzt.

Welches Tier hat das beste Gehirn?

Das im Verhältnis zur Körpergröße größte Gehirn haben Ameisen. Das bedeutet aber nicht, dass sie unbedingt die schlausten Tiere sind. Das komplizierteste Gehirn haben Wale und Delfine. Schon von außen betrachtet, zeigt es mehr Gehirnwindungen als das Gehirn des Menschen.

ÜBERLEBENSKÜNSTLER

Wie kommen Tiere durch den Winter?

Tiere haben viele Strategien entwickelt, um durch die kalte Jahreszeit zu kommen. Einige wie die Zugvögel suchen wärmere Regionen auf. Andere bleiben an Ort und Stelle und schaffen es trotz der kalten Witterung, am Leben zu bleiben wie zum Beispiel viele unserer Singvögel. Ameisen ziehen sich in ein spezielles Winternest unter der Erde zurück. Es gibt Tiere, die Wintervorräte anlegen wie zum Beispiel die Eichhörnchen, die Nüsse im Boden vergraben. Andere Tiere tragen den Wintervorrat gleich bei sich – als Winterspeck. Sie verbringen den Winter meist schlafend – im Winterschlaf eben.

Welches Tier wohnt in einem Haus aus Papier?

Die Wespen bauen ihr Haus aus einer papierähnlichen Substanz, die sie aus Holz- und Pflanzenfasern herstellen. Als Mörtel verwenden sie ihren eigenen Speichel. Je nach Wespenart wohnen in einem solchen kugeligen Haus aus Papier einige Dutzend bis zu Tausenden von Wespen. In Japan benutzen die Menschen auch Papier als Baumaterial. Trennwände im Innern eines Hauses sind manchmal aus auf Rahmen aufgespanntem Papier gemacht.

Gibt es Fische, die ohne Wasser auskommen?

Manche Fische können das – zumindest für eine ziemlich lange Zeit. Der afrikanische Lungenfisch zum Beispiel ist ein Tier, das halb im Wasser und halb auf dem Lande lebt. Seit 300 Millionen Jahren hat sich der Lungenfisch auf seine Umwelt eingestellt und ganz besondere Tricks zum Überleben entwickelt. Er atmet durch eine einfache Lunge, die in der Nähe des Darms liegt. Die Kiemen sind stark zurückgebildet. Wenn das Gewässer, in dem er lebt, austrocknet, so gräbt er sich in den Schlamm ein und schützt seinen Körper durch eine dünne, aber widerstandsfähige Schleimschicht. Dann verbringt er die Trockenzeit in einer Art Dämmerzustand und atmet Luft. So kann er es bis zu zwei Jahre aushalten. Er ernährt sich dabei von seiner Muskelmasse und schrumpft deutlich in der Größe.

Warum schlafen manche Tiere den ganzen Winter?

Winterschlaf halten besonders jene Tiere, die in Gebieten mit hartem Winter leben. Sie futtern sich im warmen und nahrungsreichen Sommer »Winterspeck« an oder sammeln Vorräte. Der Winterschlaf ist eine besonders tiefe Form des Schlafes, in dem der Körper nur sehr wenige Nährstoffe verbraucht. So sinkt der Herzschlag von Tieren im Winterschlaf auf wenige Schläge in der Minute. Manche Tiere ernähren sich den ganzen Winterschlaf über von ihrem Körperfett; andere wachen hin und wieder auf, um etwas zu fressen. Eine innere Uhr sagt den Tieren im Frühjahr, dass es Zeit ist, wieder aufzustehen.

Stimmt es, dass Eidechsen ihren Schwanz abwerfen können?

Ganz so ist es nicht: Das Tier kann seinen Schwanz nicht einfach irgendwo liegen lassen. Aber der Schwanz vieler Eidechsenarten hat eine Sollbruchstelle. Wird das Tier von einem Feind angegriffen und am Schwanz gepackt, so reißt dieser ab und zappelt munter weiter. Der Feind glaubt, seine Beute bekommen zu haben, die Eidechse läuft davon, zwar ohne Schwanz, aber quicklebendig. Im Laufe der Zeit wächst ihr ein neuer Schwanz nach, allerdings ein anders gemusterter.

Was machen Frösche, wenn es Winter wird?

Frösche sind wechselwarme Tiere, das heißt, ihre Körpertemperatur hängt von der Umgebung ab. Im Sommer sind sie lebendig und munter, weil der Stoffwechsel ihres Körpers gut funktioniert. Im Winter läuft alles langsamer ab, und wenn es zu kalt wird, sind Frösche sogar bewegungsunfähig. Die meisten Froscharten überwintern im Wasser. Ihr Teich muss so tief sein, dass er nicht komplett gefriert. Den Sauerstoff, den sie benötigen, beziehen jene Frösche im Winter aus dem Wasser: Sie atmen durch die Haut. Laubfrösche und Kröten machen es noch einmal anders: Um zu überleben, graben sie sich im Herbst rechtzeitig in die Erde ein, so tief, dass der Frost sie nicht erreicht. Dort verbringen sie die kalte Jahreszeit in einer Winterstarre.

Wo sind die Igel im Winter?

Igel gehören zu den Tierarten, die den Winter schlafend verbringen. Im Sommer und im Herbst futtern sie sich einen Fettvorrat an, von dem sie in der kalten Jahreszeit zehren. Im Spätherbst suchen sie sich ein gemütliches Versteck, zum Beispiel einen Laubhaufen oder eine Erdhöhle unter einem Holzstoß, wo sie dann in einen tiefen Schlaf fallen. Im Winterschlaf schlägt das Herz der Igel so langsam, dass der Körper wenig Energie benötigt. Dennoch sind die Vorräte verbraucht, wenn sie im Frühjahr aufwachen. Aus dem Winterversteck krabbelt ein ziemlich dünner und hungriger Igel.

Wie überwintern Ameisen?

Ameisen sind wechselwarme Tiere. Wenn es draußen zu kühl wird, funktioniert der Körper immer langsamer und sie können sich nicht mehr bewegen. Bei eisiger Kälte sterben sie sogar. Auch im Ameisenhaufen aus Tannennadeln und kleinen Ästen herrscht in der kalten Jahreszeit Frost – kein guter Platz für Ameisen. Deshalb ziehen sie für den Winter um: Sie verlegen ihr Nest unter die Erde. Dort ist es zwar dunkel, aber gleichmäßig warm – jedoch nicht warm genug für ein normales Ameisenleben. Die Tiere verbringen die Zeit bis zum Frühjahr deshalb in einer Art Winterruhe. Sie bewegen sich kaum und fressen nichts. Auch die Ameisenkönigin überwintert so. Ihre Haustiere nehmen die Ameisen mit in das Winterquartier: Blattläuse. Diese produzieren in der warmen Jahreszeit süße Ausscheidungen, welche die Ameisen sehr gerne fressen. Im Winterquartier allerdings werden die Haustiere nicht »gemolken«. Erst mit den ersten warmen Sonnenstrahlen des Frühlings kommen Ameisen und Blattläuse wieder an die Oberfläche.

Was machen die Fische, wenn der Teich zugefroren ist?

Die Oberfläche des Teiches gefriert, doch das Wasser darunter bleibt flüssig. Es ist sogar wärmer unter der Eisdecke als darüber. Das liegt daran, dass Wasser bei 4 °C über dem Nullpunkt am schwersten ist. Weil das schwere, 4 °C »warme« Wasser nach unten sinkt, herrschen auf dem Grund des Teiches also »angenehme« Temperaturen. Fast alle Fische verbringen dort den Winter. Sie führen in der kalten Jahreszeit ein gemächliches Leben, weil sie Kräfte sparen müssen und sich deshalb nur wenig und langsam bewegen.

Warum hecheln Hunde?

Hunde haben unter ihrem Fell keine Schweißdrüsen – sie können auch bei sehr heißem Wetter nicht schwitzen. Deshalb müssen sie sich – auch wegen ihres dicken Fells – anders Kühlung verschaffen. Mancher Hund springt an heißen Tagen in einen Teich oder Fluss und freut sich über das schöne kühle Wasser. Der normale Weg, sich Kühlung zu verschaffen, ist das Hecheln. Dabei streicht Luft über die feuchte Zunge des Hundes, und Flüssigkeit verdunstet. Das verschafft dem Hund ein wenig Erfrischung.

Pflanzen Eichhörnchen wirklich Nussbäume?

Nüsse sind die Früchte von Bäumen. In ihren harten Schalen sind die Samen besonders gut geschützt. Nur wenige Tiere können sie knacken. Auch ein harter Winter macht dem Samenkorn in der Nussschale nicht viel aus. Nüsse überwintern im Waldboden mühelos. Erst nach langer Zeit, wenn die holzige Schale der Nuss von den Bodenlebewesen zersetzt ist, keimt der Samen im Inneren der Nuss und ein neues Bäumchen wächst daraus. Eichhörnchen haben ein besonderes Verhältnis zu Nüssen: Sie fressen sie für ihr Leben gern und können die Nussschale mit ihren Zähnen problemlos knacken. Doch sie schaden dem Nussbaum nicht, wenn sie die Nüsse als Wintervorrat eingraben. Gut, einen Teil davon fressen sie auf, und es kann kein Bäumchen mehr daraus wachsen. Eine ganze Anzahl von Nüssen vergessen sie aber einfach oder finden sie nicht wieder. Auf diese Weise säen Eichhörnchen Nussbäume aus.

Warum bellen Hunde?

Das Bellen ist ganz einfach die Sprache der Hunde. Während ihre wilden Vorfahren, die Wölfe, nur etwa vier bis neun unterschiedliche Bellgeräusche kennen, können Haushunde sich untereinander und mit dem Menschen ihres »Rudels« mit viel mehr »gebellten Worten« verständigen. Ein kurzes, hohes Bellen kann zum Beispiel heißen: »Komm, spiel mit mir!« Bellen in einer tiefen Tonlage kann auch eine Warnung sein: »Pass auf, ich bin gefährlich!« Wer einen Hund verstehen will, muss aber auch wissen, was seine Körpersprache bedeutet. Das meiste sagt ein Hund nämlich mit Schwanzwedeln, Körperhaltung, Ohren und Maul.

Warum blöken Schafe in der Herde?

Aus dem gleichen Grund, aus dem andere Tiere ständig muhen, gackern, krähen oder bellen: Sie teilen den übrigen Tieren ihrer Herde, ihres Rudels oder ihres Schwarms etwas mit. Was sie sagen? Zum Beispiel, dass sie ganz in der Nähe sind oder dass sie sich wohlfühlen. Oder dass sie Gefahr wittern. Auch wenn sich das Geräusch der Tiere für uns Menschen nahezu gleich anhört: Die anderen Tiere verstehen es.

Warum sehen manche Fliegen aus wie Wespen?

Das hat folgenden Grund: Die Schwebefliege ist ein völlig harmloses und nahezu wehrloses Tier. Wenn sie nicht gefressen werden will, muss sie einen Trick anwenden: Der Frosch oder Vogel, der nach ihr schnappt, schreckt im letzten Moment vor Angst zurück – eine Wespe kann ihm sehr gefährlich werden, wenn sie ihn in den Schlund sticht. Dieser Schutztrick nennt sich Mimikry (Nachahmung) und ist sehr beliebt. Allein in Europa gibt es 300 Insektenarten, die vortäuschen, Wespen zu sein. Auch unter den Schlangen ist Mimikry verbreitet. Ungiftige Schlangen sehen gefährlich giftigen Artgenossen täuschend ähnlich.

Warum frieren Pinguine nicht an den Füßen?

An Kopf und Körper schützen dicke Fettschichten und das wasserfeste Federkleid die Pinguine vor Kälte. Ihre Füße allerdings stehen direkt auf eiskaltem Fels oder sogar auf dem Polareis. Eigentlich müssten Pinguine doch immer eiskalte Füße haben? Das ist richtig, die haben sie auch: Der Blutkreislauf eines Pinguins sorgt sogar dafür, dass die Füße des Tieres kühler bleiben als der übrige Körper. Ein spezielles Wärmetauschsystem (das sogenannte Wundernetz) entzieht dem Blut Wärme, bevor es durch die Füße fließt. So geht weniger Energie verloren.

Warum unternehmen Lachse Wanderungen ins Meer?

Wenn Lachse etwa zwei Jahre alt sind, brechen sie zu einem großen Abenteuer auf: Sie unternehmen eine Wanderung ins Meer – den ganzen Fluss hinab, durch die Nordsee bis nach Grönland. Wenn sie fünf Jahre alt sind, wandern sie zurück, um an ihrer eigenen Geburtsstätte Eier zu legen. Der Grund für diese scheinbar nutzlose Wanderung: Um zu stattlichen Fischen heranzuwachsen, fänden sie nicht genug Nahrung in einem Fluss. Im Meer dagegen gibt es genug Fressen für alle Lachse.

Woher bekommen Fische ihre Luft?

Aus dem Wasser. Anders als wir Menschen, besitzen sie keine Lungen, sondern Kiemen – Organe, die ihnen die Atmung unter Wasser ermöglicht. Beim Schwimmen strömt Wasser durch das Maul des Fisches in die Kiemen, die den darin gelösten Sauerstoff aufnehmen und an das Blut des Fisches abgeben. Manche Fischarten atmen aktiv, das heißt, sie saugen Wasser ein; andere Fische, wie zum Beispiel die Haie, müssen schwimmen, damit Wasser durch ihre Kiemen strömt und sie Luft bekommen.

Brauchen alle Tiere Luft zum Leben?

Zumindest die meisten. Fast alle Tierarten auf der Erde brauchen Sauerstoff als Brennstoff für ihre Ernährung und können nur kurze Zeit ohne dieses Gas auskommen. Zum Glück ist es in ausreichender Menge in der Lufthülle der Erde enthalten und wird von den Pflanzen immer von Neuem abgegeben. Es gibt aber auch einige wenige, winzig kleine Lebewesen, die ganz ohne Sauerstoff auskommen und in ihrem Nährstoffkreislauf zum Beispiel das Element Schwefel verwenden. Sie leben in heißen Quellen in vulkanischen Gebieten.

Warum ist das Zebra gestreift?

Kaum zu glauben: Die Musterung des Zebras ist eine ideale Tarnung. Im hellen Sonnenlicht der Savanne zwischen hohem Gras und Bäumen löst das schwarz-weiße Muster des Fells die Umrisse des Tieres auf. In einer Zebraherde tritt ein anderer Effekt ein: Das verwirrende Schwarz-Weiß macht es für Raubtiere schwierig, ein einzelnes Tier als Opfer auszuwählen.

Warum können Fliegen an der Decke gehen?

Stubenfliegen können mühelos auf Fensterscheiben landen und sogar kopfüber an der Decke entlanglaufen. Auch wir könnten das, wenn wir wie die Fliegen sechs Füße mit speziellen Haftlappen und Hafthaaren hätten. Diese Hafthaare sondern eine Flüssigkeit ab, die das Tier besonders gut an glatten Oberflächen »kleben« lässt. Allerdings hat die Fliege noch einen Vorteil: Sie ist relativ leicht. So genügen kleine Haftkräfte, um sie auch an den merkwürdigsten Stellen festzuhalten.

Warum haben Giraffen einen langen Hals?

Sie sind Nahrungsspezialisten. Während am Erdboden zahlreiche andere Tiere um die Pflanzennahrung konkurrieren, haben die Giraffen die Blätter und Triebe in den Kronen der Bäume ganz für sich: Sie können bis zu 6 Meter hoch hinaufreichen! Zum Abrupfen benutzen sie ihre Zunge. Nachteilig ist ihr langer Hals, wenn sie trinken wollen. Sie müssen ihre Vorderbeine weit spreizen und sich zum Boden hinunterbeugen, um das Wasser zu erreichen.

Welches Tier hat Düsenantrieb?

Der Tintenfisch. Dieses achtarmige Lebewesen kann, wenn es fliehen muss, sein Atemwasser ruckartig durch eine Röhre ausstoßen, und schießt dann wie eine Rakete davon. Wenn es sich sehr bedroht fühlt, gibt es zusätzlich noch eine dunkle Flüssigkeit ab, die Tintenfischtinte, um seine Verfolger zu verwirren. Ebenfalls mithilfe des Rückstoßprinzips bewegen sich Quallen vorwärts.

RÄTSEL DER TIERWELT

Warum wechselt das Chamäleon seine Farbe?

Das Tier kann seine Farbe nicht selbst bestimmen, die Farbe drückt zumeist die Stimmungen des Tieres aus. Kommt das Chamäleon in die Nähe eines Konkurrenten derselben Art, zeigt es die Farben der Aufregung. Außerdem ändert das verliebte Männchen seine Farbe, wenn es ein Weibchen sieht. Auch die Temperatur spielt bei der Hautfarbe des Chamäleons eine Rolle: Ist es kühl, so wird seine Haut blass.

Warum drehen sich Hunde im Kreis, bevor sie sich schlafen legen?

Vermutlich handelt es sich um ein Verhalten aus der »wilden« Vergangenheit: Im Grasland der Steppen und Savannen, hauptsächlicher Lebensraum von wilden Hunden, konnte sich ein Tier zum Schlafen nicht einfach fallen lassen – zuerst musste das Gras in einem gewissen Umkreis niedergetreten werden. Sie machten sich sozusagen ein Schlafnest bereit. Obwohl unsere Hunde unterdessen viele tausend Kilometer von Steppen und Savannen entfernt leben, haben sie dieses Verhalten beibehalten.

Wie kommt das kleine Känguru in den Beutel?

Die Mutter brütet in ihrem Beutel keine Känguru-Eier aus – schließlich gehört das Känguru ja nicht zu den Vögeln oder Reptilien. Das Kleine wird auch nicht in den Beutel hineingeboren. Wenn es auf die Welt kommt, hat es einen schweren Weg vor sich. Es muss durch das Fell der Mutter in den

Beutel hineinkriechen – für ein nacktes und blindes kleines Wesen gar nicht so einfach!

Sind Faultiere wirklich faul?

Das kann man schon sagen, denn sie schlafen bis zu 20 Stunden am Tag und bewegen sich, wenn sie einmal wach sind, nur sehr langsam. Schuld daran ist ihre Ernährung. Sie leben von schwer verdaulichen Blättern, die hart sind und erst von den Verdauungssäften des Faultieres zersetzt werden müssen. Das braucht seine Zeit, und das Faultier will seine Ruhe haben, wenn es verdaut. Faultiere gibt es überall in den Regenwäldern Süd- und Mittelamerikas. Sie sind etwa 50 bis 60 Zentimeter groß und haben ein bräunliches, meist ziemlich verfilztes Fell, dessen Haare nach unten wachsen. Schließlich hängt das Faultier fast sein ganzes Leben lang kopfüber an einem Ast. Das Faultier gehört so sehr zu dem Baum, dass in seinem Fell sogar Algen und Flechten wachsen wie auf den Ästen – dadurch ist es noch besser getarnt. Nicht einmal sein größter Feind, ein Raubvogel namens Harpyie, kann das Faultier entdecken, wenn es regungslos zwischen den Ästen hängt.

Warum haben die Bienen eine Königin und keinen König?

Die Königin ist das einzige Weibchen, das Eier legen kann und für den Nachwuchs im Bienenstock sorgt. Ein Männchen braucht sie dazu nur ein einziges Mal. Auf dem Hochzeitsflug paart sich die Bienenkönigin mit den Drohnen (so heißen die männlichen Bienen) und speichert den Samen in ihrem Körper. Die Drohnen werden folglich nicht mehr gebraucht – sie werden getötet oder zumindest aus dem Stock geworfen. Danach gibt es keine Männer – und somit keinen König – im Bienenstock. Wenn die Königin Eier legt (bis zu 3000 am Tag), entstehen aus befruchteten Eiern Arbeiterinnen. Wird die Königin alt, so legt sie mehr unbefruchtete Eier, aus denen neue Drohnen schlüpfen. Zugleich ziehen die Arbeiterinnen neue Königinnen heran, indem sie Bienenlarven mit einer besonderen Nahrung (dem Gelee Royal) füttern. So wird der Fortbestand des Bienenstocks gesichert.

Warum werden Stiere wild, wenn sie Rot sehen?

Irrtum! Stiere werden nicht wild, weil das Tuch des Toreros rot ist, sondern weil es sich bewegt. Er könnte ebenso gut ein blaues oder ein grünes Tuch schwenken. Deshalb brauchen sich Personen mit rotem Pullover auf der Kuhweide keineswegs mehr vor Kühen oder Bullen zu fürchten als Menschen in andersfarbiger Kleidung. Wie die meisten Säugetiere – außer dem Menschen –, sehen Rinder so gut wie keine Farben. Das rote Tuch beim Stierkampf ist also nur für die Zuschauer und Zuschauerinnen rot. Dass Tiere keine Farben sehen, erkennt man schon am Aufbau ihres Auges. Fehlen die Zellen zur Farberkennung, sind die Tiere natürlich farbenblind. Hunde und Ratten zum Beispiel. haben zwar Farbzellen in ihren Augen, aber nicht so viele wie Menschen. Doch die besten Augen für das Farbsehen in der Natur besitzen nicht wir: Unser Auge hat nur Rezeptoren für Rot, Grün und Blau. Manche Krabbenarten haben sechs Arten von Farberkennungszellen, bestimmte Vögel können sogar sieben verschiedene Grundfarben unterscheiden und sehen bis zu achtmal schärfer als wir.

Stürzen sich Lemminge wirklich ins Meer?

Zwar machen sich Lemminge auf zu langen Wanderungen, wenn es zu viele von ihnen in einem Gebiet gibt, aber sie laufen nicht los, um sich ins Meer zu stürzen. Dennoch kommen viele Lemminge auf den Wanderungen zu Tode, denn die kleinen Nagetiere müssen große Gefahren überwinden. Manche fallen Feinden zum Opfer, andere sterben bei der Überquerung eines reißenden Flusses. Auf den Weg zur Meeresküste machen sich die Lemminge jedenfalls nicht. Sie suchen nur nach einem neuen Lebensraum.

Sterben Schlangen, wenn sie sich auf die Zunge beißen?

Nein, Schlangen sterben nicht, denn sie sind gegen ihr eigenes Gift immun. Außerdem ist der Kiefer so gebaut, dass sie sich nicht mit den eigenen Giftzähnen verletzen können. Auch andere giftige Tiere, wie zum Beispiel der Pfeilfrosch oder der Kugelfisch, sind gegen das Gift in ihrem Körper völlig unempfindlich. Es wäre ganz schön dumm, wenn ein Tier sich selbst vergiften könnte.

Warum haben manche Marienkäfer mehr Punkte als andere?

Nicht alle Marienkäfer gehören zu derselben Art: Allein in Deutschland gibt es über 70 Arten. Manche haben wenige, andere viele Punkte. Der häufigste Marienkäfer bei uns ist der Siebenpunkt. Es gibt aber auch solche mit 2, 14, 19 oder 22 Punkten. Wenn man einen Marienkäfer mit 19 Punkten entdeckt, kann es sich dabei auch um den Asiatischen Marienkäfer (Harmonia axyridis) handeln, der zur Schädlingsbekämpfung eingeführt wurde und sich nun über alle Maßen vermehrt. Mancherorts treten große Schwärme auf, wenn die Tiere Plätze zum Überwintern suchen. Weil Marienkäfer Blattläuse und Schildläuse fressen, sind sie für uns Menschen sehr nützlich. Außerdem gelten sie als Glücksbringer.

Warum quaken Frösche?

Männliche Frösche quaken, wenn sie eine Partnerin suchen. Es ist wie bei den Singvögeln, nur dass sich der Gesang der Frösche für unsere Ohren wie »Quak!« anhört. Auch wenn Frösche ziemlich chaotisch durcheinander quaken, so gibt es doch Regeln: Zuerst quakt ein Männchen, nach einer kurzen Pause von etwa einer Sekunde antwortet das Weibchen. Das Männchen, das am lautesten quakt, ist das beliebteste. Zur Verstärkung des Geräusches besitzen manche Froscharten Schallblasen. Jedes Männchen quakt in einer ganz bestimmten Tonlage. Und sie tun dies laut und ausdauernd – meist von April bis spät in den Juni hinein.

Warum heißt der Waschbär Waschbär?

Der Waschbär wäscht sich nicht besonders gut oder häufig. Er verdankt seinen Namen einem Irrtum: Auf der Suche nach Nahrung durchsucht der Waschbär auch die Ufer von Bächen und Flüssen, um zum Beispiel Wasserschnecken, Würmer und kleine Krebse zu fangen. Dabei sieht es so aus, als wäscht er sich seine Pfoten. Die Menschen gaben ihm hierzulande deswegen den Namen Waschbär. Waschbären fressen aber auch Beeren, Nüsse, Eicheln, Eier und Insekten – ganz ohne sie zu waschen. Die Einheimischen Nordamerikas nennen den Waschbär übrigens »Aroughoun«. Das bedeutet »der mit den Händen kratzt«. Daraus entstand das heutige englische Wort für Waschbär: »*racoon*«. Ursprünglich gab es bei uns in Europa keine Waschbären. Die ersten waren aus Pelztierfarmen geflohen und wurden bei uns heimisch wie andere Gäste, zum Beispiel der Marderhund und der Mink. Heute sind die Waschbären fast in ganz Deutschland verbreitet und haben ihren Platz in der hiesigen Tierwelt gefunden, ohne jedoch andere Arten zu gefährden.

Gibt es Tierarten, bei denen das Männchen die Jungen großzieht?

Bei den Säugetieren ist die Mutter sehr gefragt: Nur sie hat die Milch zur Ernährung des Nachwuchses. Bei anderen Tierarten können auch die Väter mithelfen: Der Maulbrüter zum Beispiel ist ein Fisch, dessen Brut bei Gefahr in das Maul des Vaters flieht. Bei den Geburtshelferkröten sammelt das Männchen die vom Weibchen gelegten Eier ein und wickelt sich die Eischnüre um die Hinterbeine. Anschließend trägt es die Eier etwa 20 bis 50 Tage mit sich herum. Dann erst landen die Eier in einem Teich, wo sie ausschlüpfen und als Kaulquappen bis zur Verwandlung in eine neue Kröte im Wasser leben.

Welcher Affe steht den Menschen am nächsten?

Lange Zeit hielt man unsere nächsten Verwandten für eine Unterart der Schimpansen. Doch nun hat sich gezeigt, dass die Bonobos eine ganz eigene Affenart sind. Sie sind schlanker als Schimpansen und haben eine höhere Stirn. Und sie sind uns ähnlicher als gedacht: 99 Prozent ihrer Erbanlagen stimmen mit denen des Menschen überein. Wer Bonobos beobachtet, stellt fest, dass sie auf zwei Beinen laufen können und ihr Verhalten viele menschliche Züge aufweist.

Warum heißt das Meerschweinchen so?

Meerschweinchen verdanken den Namen angeblich ihrer Herkunft: Sie sehen wie Schweinchen aus, quieken wie sie und kamen mit Seefahrern über das Meer zu uns nach Europa – das könnte auch die Erklärung sein. Der Name Meerkatze hingegen hat nichts mit dem Meer zu tun – er stammt von dem Wort »*marcata*« aus der Hindi-Sprache ab. Es bedeutet schlicht und einfach: Affe.

Woher stammt das Schimpfwort »Vielfraß«?

Vom Vielfraß eben, und weil der viel frisst. Der Vielfraß ist ein bis zu 1,10 Meter langer und bis zu 25 Kilogramm schwerer Verwandter unserer Marder und lebt in Skandinavien, Nordamerika und im Norden Asiens. Sein deutscher Name passt zu ihm, aber eigentlich beruht er auf einem Irrtum. Das schwedische Wort »Fjäl-Fräs« bedeutet nämlich Felsenkatze. Der Vielfraß ist ein für seine Größe erstaunlich starkes Tier, und auch an Mut mangelt es ihm nicht. Er greift sogar Wildkatzen, Bären und Wölfe an. Wenn er hungrig ist, verschafft er sich mit seinen starken Krallen Zugang zu Holzhütten, verwüstet ihr Inneres und stiehlt alles, was essbar ist. Ein gern gesehener Gast ist er vermutlich nicht.

Was haben Schnecken in ihrem Haus?

Ein Wohnzimmer, ein Schlafzimmer, eine Küche und ein Klo? Natürlich nicht! In ihrem Haus beherbergt die Schnecke ihre wichtigsten Körperorgane: Herz, Nieren, Lunge und Darm sind durch das harte Schneckenhaus vor Schäden einigermaßen gut geschützt. Übrigens: Schnecken kommen schon mit einem (allerdings winzig kleinen) Haus auf die Welt.

Katzen schnurren – schnurren auch Löwen?

Schnurren bedeutet bei einer Katze: Es geht mir gut! Katzen schnurren, wenn sie gestreichelt werden und wenn ihnen ihr Futter schmeckt. Hauskatzen können allerdings doppelt so gut schnurren wie Löwen. Nein, nicht doppelt so laut. Aber Hauskatzen schnurren beim Ein- und Ausatmen und erzeugen so ein anhaltendes Geräusch. Die großen Raubkatzen Löwe, Tiger und Leopard können das nicht. Bei ihnen klingt das Schnurren unterbrochen, denn sie können nur schnurren, wenn sie gerade ausatmen. Übrigens: Katzen müssen das Schnurren nicht erst lernen. Junge Katzen können das schon, wenn sie auf die Welt kommen. Sie schnurren zwar noch sehr leise, aber laut genug, damit ihre Mutter weiß, dass es ihnen gut geht.

Trinken Fische Wasser?

Ob Fische trinken müssen, hängt vom Salzgehalt des Wassers ab und ist deshalb bei Süßwasser- und Seewasserfischen unterschiedlich. Süßwasserfische müssen nicht trinken. Das Wasser dringt von selbst durch die Haut und Kiemen in ihren Körper ein, weil die Körperflüssigkeiten salziger sind als das sie umgebende Wasser. Deshalb müssen sie sogar Wasser über ihre Nieren ausscheiden, um nicht zu viel Flüssigkeit im Körper zu haben. Weil im Meer der Salzgehalt des Wassers höher ist als im Körper eines Fisches, verliert dieser Flüssigkeit und muss tatsächlich Meerwasser trinken, um diesen Verlust auszugleichen.

Stimmt es, dass Murmeltiere so viel schlafen?

Wenn Murmeltiere im Frühjahr einmal wach geworden sind, schlafen sie nicht mehr als andere Tierarten auch. Aber wenn sie im Herbst in den Winterschlaf gefallen sind, werden sie so schnell nicht mehr wach. Bis zum Oktober muss ein Murmeltier sich eine ganze Menge Winterspeck angefuttert haben, denn es wird bis zum April schlafen – mehr als sechs Monate! Das liegt an seinem Lebensraum im Hochgebirge, in dem es in der kalten Jahreszeit sehr ungemütlich ist. In dieser Zeit wäre es für die Murmeltiere schwierig, Nahrung zu finden. Deswegen schlafen sie wie die Murmeltiere.

Warum heißen Fledermäuse Fledermäuse?

Wenn man sich die Flügel wegdenkt, sehen sie ein bisschen aus wie Mäuse. Und weil sie Flügel haben und damit flattern, nannte man sie Flattermäuse – nur dass das Wort Flattern früher »Fledern« hieß. Übrigens: Die Flügel der Fledermäuse sind eigentlich ihre Hände. Die Flughäute spannen sich zwischen ihren Fingern.

Geben weiße Kühe weiße Milch und braune Kühe Kakao?

Das hört sich zwar lustig an, stimmt aber nicht. Die Farbe der Kühe hat natürlich nichts mit der Flüssigkeit zu tun, die aus ihren Eutern fließt. Alle Kühe geben weiße Milch. Und das, obwohl sie grünes Gras fressen. Denn bis aus Gras Milch geworden ist, hat der Verdauungsapparat der Kuh den grünen Farbstoff des Grases längst verdaut und in Energie umgewandelt.

Warum brauchen Menschen und Tiere so viel Wasser?

Der Körper der Säugetiere besteht zu einem großen Teil (ungefähr zu zwei Dritteln) aus Wasser, damit alle Stoffwechselvorgänge funktionieren können. Alle Säugetiere verlieren jeden Tag eine ganze Menge Wasser: Sie atmen es aus, geben durch Schwitzen auf ihrer Haut Wasser ab und verlieren es durch den Urin. Wenn wir nichts trinken, würde unser Körper austrocknen. Ein Erwachsener braucht als Richtwert etwa 1,5 Liter Flüssigkeit, die wir über die Nahrung oder als Getränke zu uns nehmen. Sonst verdursten wir. Unser Körper kann zwar mehr als zwei Wochen ohne Nahrung, aber kaum drei Tage ohne Flüssigkeit auskommen.

Stimmt es, dass in unserem Mund Bakterien leben?

Das ist richtig: In unserem Mund leben Millionen und Abermillionen von Bakterien. Die meisten davon sind allerdings keine Krankheitserreger. Im

Gegenteil, sie schützen unseren Körper vor den Angriffen tatsächlich gefährlicher Erreger und helfen auch bei der Verdauung mit. Alle menschenfreundlichen Bakterien im Mundraum nennt man Mundflora.

Träumen Tiere wie wir Menschen?

Genau wissen wir das nicht, denn niemand von uns kann denken und fühlen wie ein Regenwurm, eine Eidechse oder ein Gorilla. Untersuchungen haben aber gezeigt, dass manche Tiere im Schlaf wie wir Menschen ihre Augen schnell hin und herbewegen – ein Zeichen dafür, dass sie träumen. Bei Fröschen und Krokodilen kommt das nicht vor. Aber Vögel zum Beispiel träumen jede Nacht für kurze Zeit. Man nimmt an, dass die Häufigkeit und Länge von Träumen zunimmt, je größer das Gehirn eines Tieres ist. Es ist anzunehmen, dass Menschenaffen im Schlaf ähnlich intensiv träumen wie wir.

Wer war zuerst da: der Hund oder der Wolf?

Diese Frage lässt sich leichter beantworten als die über Huhn und Ei. Fakt ist: Hund und Wolf haben gemeinsame Vorfahren. Vor etwa 60 Millionen Jahren entstand die Überfamilie der ersten hundeartigen Tiere in Nordamerika. Im Laufe der Zeit entwickelten sich aus ihnen Wölfe, Schakale und Füchse, genauso wie Bären, Hyänen – und kaum zu glauben – Robben! Die Menschen domestizierten den Wolf vor ca. 32 000 Jahren zum Haushund.

Wie viele Stacheln hat ein Stachelschwein?

Es sind etwa 30 000. Sie bestehen aus derselben Substanz wie unsere Haare und können nachwachsen. Allerdings dauert es einige Monate, bis ein neuer Stachel gewachsen ist. Übrigens: Ein Igel bringt es nur auf 6000 bis 8000 Stacheln, ist deswegen aber keineswegs kuscheliger.

Können Frösche das Wetter voraussagen?

Laubfrösche wohnen meist im Gebüsch in der Nähe eines Gewässers und richten sich schon ein wenig nach dem Wetter. Ist es warm und scheint die Sonne, fliegen viele Insekten in der Luft. Der Frosch klettert im Gebüsch nach oben, um sich einige davon zu schnappen. Deshalb heißt er übrigens auch Laubfrosch – weil er im Laub der Büsche zu finden ist. Bei schlechtem Wetter und kühler Luft gibt es oben keine Nahrung für den Frosch. Sitzt er weiter unten, fängt er seine Beute auf dem Boden oder wartet besseres Wetter ab. Ein Frosch in einem Glas mit Leiter eignet sich allerdings nicht als Wetterprophet. Er fühlt sich in diesem Lebensraum viel zu unwohl, um sich natürlich zu verhalten.

DINOSAURIER

Waren alle Dinosaurier riesengroß?

Es gab sie in allen Größen: Im Laufe von etwa 150 Millionen Jahren brachte die Natur Dinosaurier-Modelle in den unterschiedlichsten Größen und Formen hervor. Die größten waren Pflanzenfresser und konnten, wie der Brachiosaurus, 25 Meter Länge und bis zu 40 Tonnen Gewicht erreichen. Der kleinste Dinosaurier war vermutlich der Raubsaurier Compsognathus, der bei uns in Europa lebte. Er war nur etwa so groß wie ein mittelgroßer Hund. Auch die Vögel, die Nachfahren der Dinosaurier sind, entwickelten sich aus kleineren Arten.

Gibt es noch Dinosaurier?

Viele Reptilien, die heute auf der Erde leben, sind direkte Nachfahren der Dinosaurier: Schlangen, Eidechsen, Krokodile oder Komodowarane – sie alle sind mit den Dinosauriern verwandt. Aber auch eine andere Gruppe von Tieren stammt von ihnen ab: die Vögel. Kaum zu glauben, aber auch die Blaumeise und der Papagei haben sich aus den Urzeit-Tieren entwickelt. Ihre Federn sind aus den Hautschuppen der Dinosaurier entstanden.

Warum sind die Dinosaurier ausgestorben?

Vermutlich wurden sie Opfer einer großen Katastrophe: Ein Himmelskörper raste aus den Tiefen des Weltalls heran und schlug im heutigen Golf von Mexiko ein. Die Wucht des Aufpralls war so groß, dass eine zerstörerische Druckwelle um die ganze Erde raste. Überall brachen gewaltige

Brände aus, Rauch und Asche verdunkelten für viele Jahre die Sonne. Auf der Erde wurde es immer kälter, sodass die Dinosaurier nicht überlebten. Aber nicht nur sie starben aus – über zwei Drittel aller Tierarten auf der Erde verschwand durch diese kosmische Katastrophe.

Wie schlau waren Dinos?

Nicht so schlau, wie sie im Film *Jurassic Park* dargestellt werden. Die großen Pflanzenfresser verfügten vermutlich über wenig Intelligenz. Manche waren durch ihre schiere Größe, andere durch Panzerplatten oder Stacheln vor Feinden geschützt. Das Gehirn des elefantengroßen Stegosaurus war nicht größer als ein Golfball! Zu den intelligentesten Dinos dürften die kleineren Räuber gezählt haben. Der Velociraptor (»schneller Räuber«) war mit nur 1,50 bis 2 Metern Körperlänge von Kopf bis Schwanzspitze kein Riese. Er reichte einem erwachsenen Mann gerade bis zum Gürtel – hätte er im Mittelalter auf einen Menschen treffen können. Zwar besaß er ein Maul voll scharfer Zähne und fast 10 Zentimeter lange Krallen, doch dürfte sein im Verhältnis zum Körper recht großes Gehirn der eigentliche Vorteil im Überlebenskampf gewesen sein. Velociraptoren jagten im Rudel und konnten so auch größere Beute machen.

Gibt es noch Tiere aus der Urzeit?

Es gibt sehr alte Tierarten, zum Beispiel die Haie. Sie haben sich seit der Entstehung ihrer Art im Erdzeitalter des Devon (vor etwa 360 Millionen Jahren) kaum verändert. Aus dieser Zeit stammt auch der Fisch Latimeria chalumnae, ein sogenannter Quastenflosser, den man lange Zeit für ausgestorben hielt – bis man ihn am 23. Dezember 1938 vor der Inselgruppe der Komoren aus dem Meer zog.

VÖGEL

Warum bekommen Vögel auf einer Starkstromleitung keinen Stromschlag?

In Starkstromleitungen herrscht eine große elektrische Spannung. Wenn sich ein Vogel darauf setzt, geschieht nichts. Gefährlich wird Elektrizität für Lebewesen erst, wenn Strom fließen kann. Weil der Vogel aber keine Verbindung zum Erdboden hat, kann dies nicht geschehen.

Warum fallen Vögel nicht von der Stange, wenn sie einschlafen?

Wenn wir auf einem Ast sitzen wollten, müssten wir uns mit aller Kraft festklammern, um nicht herunterzufallen. Vögel können ohne die geringste Kraftanstrengung auf einem Ast sitzen. Das hängt mit der Konstruktion ihrer Füße zusammen. Sie brauchen keine Kraft, um ihre Krallen um den Ast zu schließen – das eigene Körpergewicht erledigt das für sie. Sie müssen sich erst anstrengen, wenn sie den Ast loslassen wollen.

Wieso gibt es braune und weiße Eier?

Es hängt nicht von der Farbe des Huhnes ab, wie das Ei gefärbt ist. Manche Hühnerrassen legen immer weiße Eier, andere Hühner immer braune. Es gibt aber eine kleine Hilfe, die zumindest meist stimmt: Die Ohrscheiben der Hühner (das ist die Stelle hinter dem Auge rund um das Ohr des Huhnes) sagen voraus, welche Farbe die Eier eines Huhnes haben werden.

Hühner mit roten Ohrscheiben legen braune, Hühner mit weißen Ohrscheiben legen weiße Eier. Warum, weiß niemand.

Warum sind Flamingos rosa?

Es liegt an ihrem Futter, denn eigentlich sind Flamingos weiß. Sie fressen kleine rot gefärbte Krebstiere, deren Farbstoff in ihren Körper übergeht. Je mehr sie davon fressen, desto stärker rötet sich ihr Gefieder. Stellt euch einmal vor, euer Körper würde die Farbe eurer Nahrung annehmen …

Können Vögel fliegen wie Hubschrauber?

Die meisten Vögel brauchen eine gewisse Geschwindigkeit, um genügend Auftrieb zu bekommen und sich in der Luft halten. Nur der Kolibri kann im Schwirrflug in der Luft stehen bleiben wie ein Hubschrauber und sogar seitwärts und rückwärts fliegen. Er braucht diese Flugtechnik, um mit seinem langen Schnabel Nektar aus Blüten zu saugen. Das ist sehr anstrengend: Seine Flügel schwirren so schnell, dass man sie kaum noch erkennen kann. Sie bringen es auf 35 bis 50, manche Arten sogar auf 80 Flügelschläge in der Sekunde! Klar, dass Kolibris hungrig sind. Sie fressen jeden Tag mehr als die Hälfte ihres eigenen Körpergewichts.

Warum haben Adler so große Nester?

Das liegt an der Art und Weise, wie Adler ihre Nester bauen und an der Treue zu ihrem Nistplatz: Adler bauen jedes Jahr ein neues Nest über das alte. Das hat Vorteile, denn ein Adlernest muss groß sein, und nicht immer ist genügend Nistmaterial zu finden. Also spart das Adlerpaar und recycelt das Nest vom Vorjahr. So machen es viele andere Vögel übrigens auch, aber bei Adlern kann so ein Nest nach 20 Jahren über 2 Tonnen wiegen.

Wohin fliegen die vielen Vögel im Herbst?

Sogenannte Zugvögel versammeln sich im Herbst, um die kalten Wintertage in warmen südlichen Ländern zu verbringen. Wenn bei uns Eis und Schnee regieren und es für die Vögel schwierig wird, etwas zum Fressen zu finden, ist es in weiter südlichen Breiten warm. Und auch Nahrung gibt es dort in Hülle und Fülle. Im Frühjahr kehren die Zugvögel in die nördlichen Länder zurück. Aber nicht alle Vögel sind Zugvögel: Manche Arten überwintern auch im »Norden«.

Woher wissen Zugvögel, wohin sie fliegen müssen?

Sie verfügen über ein besonderes Organ im Kopf, mit dem sie das Magnetfeld der Erde wahrnehmen. Eine weitere Hilfe ist der Stand der Sonne. Und schließlich verfügen sie über ein ziemlich gutes Ortsgedächtnis – so finden sie auf dem langen Weg immer wieder zu ihren Rastplätzen zurück.

Warum singen Vögel?

Das hängt mit ihrer Lebensweise zusammen. Mit dem Gesang lockt das Männchen im Frühjahr ein Weibchen an. Und solche Vögel, die in Paaren leben, beanspruchen ein Revier für sich. Deshalb warnt der Gesang eines Männchens jeden Rivalen: »Stopp, das hier ist mein Gebiet!«

Woher kommt das Märchen vom Storch?

Wenn früher ein Kind fragte: Mama, wo kommen denn die kleinen Babys her?, dann hieß es manchmal: Die hat der Storch gebracht! Und warum liegt die Mutter im Bett? Die hat der Storch ins Bein gebissen, sagte man dann. Es soll sogar Kinder gegeben haben, die so einen Unsinn geglaubt haben.

Wie der Storch zum Lieferanten für Kinder wurde, ist nicht ganz klar. Auf alten Malereien kann man manchmal Störche sehen, die mit einem fetten Frosch im Schnabel durch die Luft fliegen, und vielleicht hat jemand die in groben Strichen dargestellte quakende Beute mit einem Baby verwechselt.

INSEKTEN UND SPINNEN

Warum fliegen Motten in eine Lichtquelle?

Sie stürzen sich so todesmutig in das Licht, weil sie es mit dem Mond verwechseln. Motten und auch andere Insekten haben ein einfaches Orientierungssystem, um sich in der Dunkelheit zurechtzufinden. Wenn der Mond links von ihnen steht, fliegen sie immer geradeaus. Sie nehmen den Mond als unbeweglich und unveränderlich wahr, weil er vergleichsweise weit entfernt ist. Verwechseln sie aber eine nahe Lampe oder – schlimmer noch – eine offene Flamme mit dem Mond, so bringt sie ihr eigenes Navigationssystem dazu, einen spiralförmigen Sturz in den Tod zu vollführen.

Für wen sammeln Bienen ihren Honig?

Bienen sammeln den Honig sicherlich nicht für den Imker. Honig ist der Wintervorrat für die Arbeitsbienen, die Bienenlarven und die Königin. Sie alle müssen die kalte Jahreszeit im Bienenstock verbringen, ohne draußen Nektar sammeln zu können. Dann nimmt der Imker den Bienen ja die Vorräte für den Winter weg? Keine Angst, der Imker versorgt die Bienen mit einer Zuckerlösung, die ihnen den Honig ersetzt. Übrigens können in einem Bienenstock bis zu 50 000 Arbeiterinnen und eine Königin wohnen. Zur Zeit des Schwärmens, das heißt, wenn die Arbeiterinnen junge Königinnen heranziehen, sind auch einige hundert Drohnen (Bienenmännchen) im Bienenstock zu finden.

Woraus bestehen die Flügel von Schmetterlingen?

Sie bestehen aus demselben Stoff wie die ganze äußere Hülle der Insekten: aus Chitin. Ihre Festigkeit erhalten sie durch netzartige Verstrebungen, ihr farbiges Schimmern und Schillern entsteht durch eine besondere Oberflächenbeschichtung. Auf der Fläche der Flügel sind zahllose kleine Chitinschuppen angebracht, die in allen Farben des Regenbogens leuchten.

Wie viele Füße hat ein Tausendfüßler wirklich?

Den Rekord hält ein afrikanischer Tausendfüßler mit über 375 Beinpaaren, also 750 Füßen. Die Tiere, welche wir als Tausendfüßler bezeichnen, gehören zur Gruppe der Hundertfüßer (ein Beinpaar pro Körpersegment) und können zwölf, aber auch mehr als 100 Beinpaare besitzen. Einen Tausendfüßler, der wirklich tausend Füße hat, gibt es nicht.

Haben Glühwürmchen hinten eine Glühbirne?

Die Weibchen sitzen auf den Sträuchern und locken mit ihrem blinkenden Hinterteil die Männchen an. Wie machen die Glühwürmchen ihr Licht? Sie beherrschen etwas, wovon wir Menschen nur träumen: Sie können kaltes Licht erzeugen und brauchen dafür weder Strom noch eine Glühbirne. In ihrem hinteren Körperende unter einer dünnen, durchsichtigen Schicht aus Chitin steckt ein Leuchtorgan. Darin reagieren zwei Chemikalien miteinander – es entsteht Licht. Und das mit einer besonders hohen Energieausbeute. Wissenschaftler nennen es Biolumineszenz. Übrigens: Die Glühwürmchen sind keine Würmer, sondern Käfer.

Warum haben Käfer sechs Beine?

Die Natur hat im Laufe von Millionen von Jahren verschiedene »Modelle« bei den Lebewesen ausprobiert. Besonders bei der Anzahl der Beine hat sie viele unterschiedliche Entwürfe versucht: Schnecken ohne Beine, einbeinige Seeanemonen, zweibeinige Menschen (nein, halt, eigentlich gehören wir ja zu den Vierbeinern), vierbeinige Säugetiere, Seesterne mit fünf Armen, sechsbeinige Insekten, achtbeinige Spinnen, zehnbeinige Hummer und Tausendfüßler mit zahllosen Laufwerkzeugen. Sie alle funktionieren in ihrem Lebensraum – ist das nicht toll?

Woher kriegen Spinnen ihren Faden?

Sie machen ihn selbst. Aus der Spinndrüse am Hinterleib des Tieres wird ein in sich verdrehter, sehr haltbarer Faden produziert. Er ist fester als ein Stahlfaden gleicher Dicke, zugleich aber viel elastischer und leichter. Spinnen können unterschiedliche Fäden hervorbringen. Es gibt in einem Spinnennetz Klebefäden, um die Beute festzuhalten, stabile Lauffäden für die Spinne und dünne Signalfäden, die der Spinne anzeigen, dass eine Beute ins Netz gegangen ist. Mithilfe ihrer Spinnenfäden können Spinnen gewagte Sprünge ins Ungewisse unternehmen. Sie befestigen nur schnell einen Sicherungsfaden und stürzen sich dann in die Tiefe. Manche Spinnenarten können mithilfe besonders leichter und langer Fäden sogar fliegen, indem sie sich vom Wind forttragen lassen.

Wie lange leben Eintagsfliegen?

Stimmt es, dass diese Tiere nur einen Tag alt werden? Manche Eintagsfliegen schaffen nicht einmal das: Sie leben als ausgewachsene Insekten nur etwa vier bis fünf Stunden – gerade lange genug, um sich zu paaren und Eier abzulegen. Sie können nicht einmal fressen: Die Mundwerkzeuge und der Verdauungsapparat sind verkümmert. Dennoch ist ihr Leben nicht zu kurz: Sie haben zuvor mehrere Jahre als Larven verbracht.

Wo kommen die Fruchtfliegen her?

Da kauft man frisches Obst, und nur wenige Stunden später krabbeln Fruchtfliegen darauf herum. Wo kommen die her? Obstfliegen der Art Drosophila melanogaster sind sozusagen überall. Bei warmem Wetter werden sie von den Aromastoffen aus reifem und faulendem Obst angelockt, von dem sie gern naschen. Auch Getränke oder Milch mögen sie. Das Schlimme daran: Fruchtfliegen vermehren sich direkt in ihrem Essen. Das Weibchen legt bis zu 400 winzig kleine Eier in das Obst, aus dem dann schnell die Fliegenlarven schlüpfen. Das befallene Obst fault viel schneller und enthält schädliche Keime. Wenn man die Schädlinge loswerden will, kann man ihnen eine Falle stellen: In einer Schale voll Wasser gibt man etwas Zucker, ein wenig Essig und einen Spritzer Spülmittel. Normalerweise könnten die Fruchtfliegen auf der Wasseroberfläche landen und davon trinken. Das Spülmittel bewirkt aber, dass sich die Haut oben auf dem Wasser entspannt. Die Fliegen versinken und ertrinken.

Kommen Maikäfer wirklich nur im Mai vor?

Den größten Teil seines Lebens verbringt der Maikäfer unterirdisch. Die ersten Jahre lebt er als Larve, Engerling genannt, in der Erde. Schließlich verpuppt sich der Engerling und schlüpft im Herbst als Käfer aus der sogenannten Puppenhaut. Den nächsten Winter verbringt der Käfer im Boden, wo es gemütlich warm ist, wenn draußen Schnee und Eis herrschen. Erst im Frühjahr, meist im Monat Mai, krabbelt der Käfer aus der Erde hervor und wird von uns entdeckt. Übrigens: Es gibt auch einen Junikäfer.

Warum gibt es im Winter keine Insekten?

Insekten sind – wie Frösche auch – wechselwarme Tiere, das heißt,. ihre Körpertemperatur ist abhängig von der Temperatur ihrer Umgebung. Der Blutkreislauf, der Stoffwechsel und die Muskeln funktionieren am besten, wenn es draußen angenehm warm ist. Zeigt das Thermometer tiefe Temperaturen, so erstarren sie und können sich nicht bewegen. Viele Insekten sterben bei Frost, andere überwintern bewegungslos an geschützten Orten. Manche Insekten schützen sich vor dem Gefrieren durch ein selbstproduziertes Frostschutzmittel. In ihrem Körper entsteht Glyzerin, das auch im Kühlkreislauf von Autos als Frostschutz verwendet wird. Damit können sie sogar einfrieren, ohne Schaden zu nehmen.

Warum sind Fliegen gefährliche Tiere?

Fliegen sind keine gefährlichen Raubtiere, sie können uns Menschen aber auf andere Weise Schaden zufügen. Ihre Nahrung besteht aus zerfallenden Stoffen, den Ausscheidungen anderer Tiere und bei manchen Arten sogar aus Aas, dem Fleisch toter Tiere. Wenn sich eine Fliege auf dein Brötchen setzt, kann sie Krankheitserreger in gefährlicher Anzahl mit sich tragen. Deshalb müssen Lebensmittel im Sommer immer vor Fliegen geschützt werden.

Können Bienen nur einmal stechen?

Wenn sie einen Menschen erwischen: ja. Ihr Stachel am Hinterleib bleibt in der elastischen Haut stecken. Wenn sich die Biene zu befreien versucht, reißt ihr Stachel ab und sie stirbt an den Verletzungen. Wenn sie mit ihrem Stachel den Bienenstock verteidigt, passiert ihr das nicht: Der Panzer eines anderen Insekts hält den Stachel nicht fest. Dieses Problem kennen Wespen oder Hornissen nicht: Sie ziehen den Stachel heraus, nachdem sie Menschen gestochen haben, und können auch noch ein zweites Mal zustechen.

Können Mücken mehrmals stechen?

Anders als Bienen, die beim Stechen in die Haut eines Menschen den Stachel und ihr Leben verlieren, sind Mücken besser ausgerüstet: Sie benutzen keinen Stachel am Hinterteil, sondern einen Stechrüssel am Kopf. Dieses »Esswerkzeug« ist so gebaut, dass es mehrfach genutzt werden kann. Dennoch stechen Mücken bei einer Blutmahlzeit nur einmal. Hat eine Mücke gestochen, so saugt sie so viel Blut, dass sie satt ist und mehrere Tage daran verdauen muss. Wer also viele Mückenstiche hat, ist vermutlich auch von vielen Mücken gestochen worden.

Warum stechen Mücken aus einem Schwarm nicht?

Aus einem ganz einfachen Grund: Es sind Männchen, die gar nicht stechen können. Nur die Weibchen der Stechmücke brauchen eine Blutmahlzeit, bevor sie ihre Eier ablegen. Anders können sie ihrem Körper nicht genügend Eiweiß zuführen. Aber Mücken brauchen noch etwas anderes: Wasser. Die Mückenlarven leben in Wasserpfützen oder kleinen Teichen. Wer also Mückenstiche verhindern möchte, sollte Wasserflächen in der Nähe seines Hauses vermeiden.

Können Libellen stechen?

In manchen Gegenden hält sich das Gerücht, dass Bienenstiche schlimm seien, Wespenstiche schlimmer, aber der schlimmste Stich von allen soll der einer Libelle sein! Ängstlich laufen Kinder davon, wenn eine der schönen Wasserjungfern geflogen kommt. Alles Humbug! Libellen haben überhaupt kein Stechwerkzeug – weder an ihrem Hinterteil noch an ihrem Maul. Vielmehr besitzen sie eine Fangmaske, mit der sie im Flug kleinere Insekten schnappen. Für uns Menschen sind sie völlig ungefährlich. Vielleicht hat das Gerücht über die gefährliche Libelle folgenden Ursprung: Manche

Arten besitzen hinten einen Legestachel, der zur Ablage der Eier dient. Aber Libellen sind auch interessant, ohne gefährlich zu sein: So kommt einer der schnellsten Flieger im Insektenreich (50 Kilometer pro Stunde) aus der Familie der Libellen.

Haben Ameisen Waffen?

Messer oder Gewehre benutzen Ameisen natürlich nicht – aber sie können sich anders wehren. Bei Gefahr spritzt eine Ameise eine Säure aus ihrem Hinterleib – Ameisensäure! Bei uns Menschen brennt sie auf der Haut. Für kleinere Tiere kann sie sogar tödlich sein.

Wie groß kann ein Ameisenstaat werden?

Manchmal findest du bei Spaziergängen durch den Wald einen Ameisenhaufen der Roten Waldameise und denkst: Wow, ganz schön groß! Mindestens 1,5 m hoch! In so einem Haufen können mehrere Königinnen und bis zu 5 Millionen Ameisen leben. Aber groß ist er nicht. Der größte Ameisenstaat, der je entdeckt wurde und die vermutlich größte Ameisenkolonie der Welt ist, reicht von der Küste der italienischen Riviera bis in den Nordwesten Spaniens – über unglaubliche 5760 Kilometer. Allerdings ist es nicht nur ein Ameisennest, sondern umfasst viele Millionen einzelne Nester, die sich friedlich zusammengeschlossen haben und in denen Milliarden Ameisen leben. Es handelt sich um eine »zugewanderte« Ameisenart aus Südamerika, Argentinische Ameisen, die etwa 1920 mit Pflanzenimporten nach Europa gekommen sind

BIOLOGIE – DER MENSCHLICHE KÖRPER

Wieso kann die Nase riechen? Warum haben die Menschen unterschiedliche Augenfarben? Warum werden wir rot, wenn wir aufgeregt sind? Weshalb wird man müde? Woraus bestehen Fingernägel? Diese und viele andere Fragen beantwortet dieses Kapitel kurz und knapp, informativ und unterhaltend.

GESUNDHEIT UND KRANKHEIT

Wie heilen Wunden in unserer Haut?

Wenn man sich verletzt, hilft sich der Körper selbst. Zuerst bildet sich aus verklumpten Blutplättchen eine Kruste, welche die Verletzung nach oben hin abdeckt. Weiße Blutkörperchen verhindern zugleich, dass Krankheitserreger in die Wunde eindringen. Unter dem Schorf beginnen andere Zellen aus dem Blut mit der Reparatur. Sie kleben sich selbst in die entstandene Lücke und verschließen die Wunde nach und nach. Wenn sie damit fertig sind, geben sie uns ein Signal: Die fertig abgeheilte Wunde beginnt zu jucken. Der Schorf ist nun überflüssig und kann entfernt werden.

Was ist schlimmer für den Körper: Bakterien oder Viren?

Krankheiten erregende Bakterien oder Viren sind ähnlich gefährlich für den Körper. Je nach Art können sie relativ harmlose oder aber lebensgefährliche Infektionen verursachen. Es gibt jedoch einen großen Unterschied: Gegen Bakterien kann der Arzt Antibiotika einsetzen – das sind Medikamente, die Bakterien im Körper abtöten. Eine solche Waffe gibt es gegen Viren nicht. Bei einer Virusinfektion muss sich der Körper selbst helfen. Mediziner können nur für eine allgemeine Stärkung des Körpers sorgen. Besonders schlimm ist es, wenn zu einer Virusinfektion noch ein Angriff von Bakterien hinzukommt.

Wer macht die Löcher in die Zähne?

In Werbefilmen sieht man manchmal böse kleine Männchen, die sich mit Hammer und Meißel an einem Gebiss zu schaffen machen. Es läuft zwar niemand in unserem Mund herum, aber es gibt tatsächlich Lebewesen, die unseren Zähnen schaden. Es handelt sich dabei um Bakterien, die von Speiseresten zwischen den Zähnen leben und durch ihre Ausscheidungen den Zahnschmelz schädigen. Sicheres Gegenmittel: Gut die Zähne putzen!

Warum fallen Zähne aus?

Im Kindesalter fallen die sogenannten Milchzähne aus, damit Platz für das bleibende Gebiss entsteht. Später können wacklige Zähne bedeuten, dass diese krank sind oder das Zahnfleisch darunter. Auch alte Menschen verlieren Zähne – eine nicht ungewöhnliche Alterserscheinung. Gegen ausfallende Zähne helfen regelmäßiges Putzen und der Zahnarzt. Übrigens: Auch die Milchzähne muss man gut pflegen. Wenn sie gesund sind, ist später auch das bleibende Gebiss in Ordnung.

Stimmt es, dass in unserem Mund Bakterien leben?

Bei einem Erwachsenen wiegt das Gehirn nur ungefähr 1,4 kg – nur 2–3 % des Gesamtgewichtes – es beansprucht aber ungefähr 17 % der gesamten Energie, die unser Körper verbraucht. Etwa 100 Milliarden Neuronen (Nervenzellen) und mehr als 60 Billionen Synapsen (Verknüpfungen) müssen mit Nahrung versorgt werden, damit sie die Atmung, die Körperbewegungen, das Sprechen und Hören und nicht zuletzt das Denken steuern können. Die bevorzugte Gehirnnahrung ist ein Zucker: Glukose.

Was geschieht bei einem Kaiserschnitt

Beim Kaiserschnitt wird ein Kind durch eine Operation entbunden, wenn es nicht auf natürlichen Weg geboren werden kann: Die Bauchdecke und die inneren Organe der Mutter werden dabei mit einem Schnitt geöffnet. Der Name rührt von einem echten Kaiser her: Gaius Julius Caesar, der römische Herrscher und spätere Kaiser, soll auf diese Weise geboren worden sein. Herausschneiden heißt im Lateinischen »*caedare*« – daraus ist der Beiname des Gaius Julius entstanden. Aus dem Wort Caesar wiederum hat sich das deutsche Wort Kaiser gebildet.

Vorher kommen Blasen an den Füßen?

Wenn man zu lange läuft, bilden sich manchmal Blasen an den Füßen. Sie entstehen durch Druck oder Reibung. Irgendwann wird es zu viel für die Haut: Die oberen Hautschichten lösen sich von den darunterliegenden. In den entstehenden Hohlraum fließt Gewebeflüssigkeit, oder wenn es ganz schlimm kommt, sogar Blut. Der sicherste Schutz vor Blasen: Druck und Reibung verhindern! Schuhe sollten genau passen und wenn es neue sind, die eingelaufen werden müssen, verhindert ein Pflaster an einer belasteten Stelle, dass Blasen erst entstehen.

Warum müssen wir niesen?

Das Niesen ist ein Rettungsversuch unseres Körpers: Wenn Fremdkörper oder Krankheitserreger in die Nase eindringen, spürt dies die empfindliche Nasenschleimhaut und versucht, die Eindringlinge wieder loszuwerden: Man muss niesen, und die Nase ist wieder sauber. Leider funktioniert dieser Rettungsversuch nicht immer sofort. Dann beginnt die Nasenschleimhaut mehr und mehr Schleim zu produzieren, um die Fremdkörper oder Schadstoffe fortzuspülen. Auch das gelingt hin und wieder – wie jeder weiß, der einmal eine tropfende Nase hatte. Manchmal allerdings sind Krankheitserreger im Spiel; dann helfen kein Niesen und auch keine laufende Nase. Die Zellen der Nasenschleimhaut werden krank und sterben ab. Man hat sich einen Schnupfen geholt. Der Körper braucht Zeit, bis sich das Abwehrsystem gegen die Viren durchgesetzt hat. So lange hält der Schnupfen an.

Kommt der Heuschnupfen vom Heu?

Mit Heuschnupfen bezeichnet man eine ganze Reihe von unterschiedlichen Allergien gegen Pollen, den Blütenstaub verschiedener Pflanzen. Der fliegt im Frühjahr und Sommer durch die Luft, damit aus Blüten Früchte entstehen können. Manche Menschen sind allergisch gegen den Blütenstaub von Bäumen, andere vertragen den von Blumen nicht. Wieder andere sind gegen die Pollen von Gräsern allergisch – und diese Menschen leiden unter einem echten Heuschnupfen. Der Name hat sich aber für alle Pollenallergien eingebürgert, nicht nur für die Überempfindlichkeit gegen Gräserpollen. Eine Pollenallergie ist eine lästige und nicht ungefährliche Gesundheitsstörung: Augenbrennen, starker Schnupfen und Atemnot müssen vom Arzt behandelt werden.

Warum bekommen wir blaue Flecken, wenn wir uns stoßen?

Durch einen Stoß oder Schlag werden unter der Haut dünne Blutgefäße beschädigt. Aus diesen feinen Adern tritt Blut aus und sammelt sich unter der Haut. Fertig ist der blaue Fleck! Es braucht eine ganze Zeit, bis diese innere Verletzung geheilt ist und der Körper das ausgetretene Blut abgebaut hat. Während des Heilungsvorganges wechselt der blaue Fleck manchmal seine Farbe und kann sehr seltsam aussehen.

Was ist bei Kurzsichtigen zu kurz?

Nichts, im Gegenteil: Ihr Augapfel ist zu lang. Die Lichtstrahlen, die durch die Pupille ins Auge fallen, bilden die Gegenstände schon vor der Netzhaut ab. Dadurch entsteht ein unscharfes Bild. Deshalb müssen Kurzsichtige eine Brille tragen, deren Gläser die Lichtstrahlen so streuen, dass sie genau an der richtigen Stelle auf die Netzhaut fallen. Bei Weitsichtigen ist es andersherum: Ihr Augapfel ist zu kurz, sodass ein scharfes Bild erst hinter der Netzhaut entsteht. Ihre Brille muss die Lichtstrahlen stärker bündeln.

Warum kriegt man im Alter graue Haare?

Nein, die Kinder sind nicht daran schuld, dass Mama und Papa im Laufe der Jahre einige graue Haare bekommen und dass bei Opa und Oma alle Haare grau sind – soweit sie bei Opa nicht schon ausgefallen sind. Die Haarfarbe wird von den Pigmentzellen erzeugt. Das sind in die Haare eingelagerte Zellen, die bestimmte Farbstoffe, sogenannte Melanine, bilden. Wenn Menschen älter werden, produzieren sie immer weniger davon. An die Stellen, an denen sonst die Farbpigmente eingelagert werden, setzen sich kleine Luftbläschen, welche weiß oder grau schimmern. Dadurch sehen die Haare grau oder sogar weiß aus. Ob blond, rot, braun oder schwarz – mit dem Alter nimmt die Bildung der Farbpigmente ab.

Woher kommt der Brummschädel?

Es liegt nicht am Alkohol im Bier selbst, sondern an den Stoffen, die bei seinem Abbau im Körper entstehen. Für den schlimmsten Brummschädel sorgt Acetaldehyd. Auch kann die Leber das Gehirn nicht mehr ausreichend mit Nahrung versorgen, weil sie mit dem Abbau des Alkohols beschäftigt ist – wieder ein Grund für Kopfschmerzen. Und manchmal sind in den Getränken minderwertige Alkohole enthalten, die ebenfalls für Kopfschmerzen sorgen. Am besten, man trinkt erst gar keinen Alkohol.

Kann man sich nach dem Tod einfrieren lassen?

Besonders reiche Personen, so liest man manchmal in der Zeitung, lassen sich nach ihrem Tod in Gefriertanks konservieren – in der Hoffnung, eines Tages wieder zum Leben erweckt zu werden. Die Chance dazu ist gering: Vermutlich zerstören die Eiskristalle zu viele Zellen im Körper. Bessere Aussichten haben Fische wie Karpfen und Forellen. Die überleben es auch, wenn sie bei bis zu –40 °C lebend eingefroren werden.

UNSERE SINNE

Wieso kann die Nase riechen?

Die Natur hat unseren »Riechkolben« mit bis zu 25 Millionen Riechsinneszellen ausgestattet, die auf unterschiedliche Duftstoffe spezialisiert sind. Kommt nun ein Duftstoff in unsere Nase, so werden genau die Riechsinneszellen aktiviert, die für die unterschiedlichen Komponenten dieses Duftes zuständig sind. Alle übrigen Zellen bleiben untätig. Die Geruchswahrnehmung wird an das Gehirn gemeldet, wo die Sinneseindrücke verarbeitet werden. Aus den Duftkomponenten bestimmt das Gehirn, um welchen Geruch es sich handelt. So kann unsere Nase bis zu 10 000 unterschiedliche Gerüche unterscheiden.

Warum stinken manche Sachen und warum riechen andere gut?

Duften und Stinken sind die beiden Seiten des Geruchsinns. Dinge (und übrigens auch Menschen), die für uns gut riechen, sind auch gut für uns. Schlägt allerdings deine Nase Alarm, solltest du auf sie hören: Was schon unseren Geruchssinn stört, ist auch für unseren Körper nicht gut. Deshalb solltest du nie etwas essen, was deiner Nase nicht gefällt.

Warum riecht man sich selbst nicht?

Unser Gehirn blendet gewisse Eindrücke aus, die uns nur stören würden: Zum Beispiel hört man sein eigenes Schlucken oder Atmen nicht bewusst. Es wäre auch störend für unsere Geruchswahrnehmung, wenn wir uns ständig selbst riechen würden. Deshalb müssen wir schon ganz schön stinken, damit wir den eigenen Körpergeruch bemerken.

Warum haben wir Schmerzen?

Schmerzen sind ein Warnsignal des Körpers, um dem Gehirn mitzuteilen, dass irgendetwas nicht in Ordnung ist. Es gibt verschiedene Arten von Schmerz bei Verletzungen oder gesundheitlichen Problemen: Ein verstauchtes Bein schmerzt nur, wenn man es belastet. Hier mahnt der Schmerz: Ruhe dein verletztes Körperteil eine Weile aus! Man spricht von einem Belastungsschmerz. Auch Wunden können auf unangenehme Weise auf sich aufmerksam machen, selbst wenn sie bereits abheilen. Bei manchen Schmerzen jedoch kann sich der Körper nicht selbst helfen. Dann ist es an der Zeit, zum Arzt zu gehen.

Warum haben Menschen zwei Augen?

Sehen könnten wir auch, wenn wir nur ein Auge hätten. Aber dann würde es uns schwerfallen, uns im Raum zu bewegen – wir könnten nicht räumlich sehen. Unsere beiden Augen nehmen die Wirklichkeit aus unterschiedlichen Blickwinkeln wahr und liefern tatsächlich zwei unterschiedliche Bilder. Das kann man ausprobieren, indem man abwechselnd das eine oder das andere Auge schließt. Unser Gehirn lässt aus den beiden Bildern ein zusammenhängendes, räumliches Bild der Wirklichkeit entstehen. Nur so ist es uns möglich, Entfernungen einzuschätzen und uns sicher zu bewegen. Unsere Ohren funktionieren genauso: Weil beide Ohrmuscheln ein Geräusch unterschiedlich wahrnehmen, können wir herausfinden, aus welcher Richtung das Geräusch kommt.

Warum werden die Augen im Laufe der Jahre schlechter?

Das liegt daran, dass bestimmte Muskeln im Auge mit der Zeit schwächer werden und erschlaffen. Das Auge verliert sozusagen an Elastizität und kann sich nicht mehr auf die unterschiedlichen Entfernungen einstellen. Dies trifft jeden Menschen, meist zwischen dem 40. und 50. Lebensjahr. Der Augenarzt spricht von Akkommodationsverlust. Dagegen hilft eine Brille, die für den Nahbereich und die Fernsicht unterschiedliche Stärken benutzt.

Sind Möhren wirklich gut für die Augen?

Brauchen Kaninchen keine Brille, weil sie so viele Möhren essen? Es stimmt tatsächlich, dass Möhren sehr viel Betakarotin enthalten, eine Vorstufe des Vitamins A, das auch beim Sehvorgang eine Rolle spielt. Aber nicht jedes Problem mit dem Sehen kann auf einen Mangel an Betakarotin zurückgeführt werden. Wer schlecht sieht, sollte lieber zum Augenarzt gehen, statt den Kaninchen die Karotten wegzufuttern. Möhren sind allerdings auch für die Abwehrkräfte des Körpers, für das Wachstum und für die Haut gut.

Auf welchen Geschmack reagieren Menschen am empfindlichsten?

Wir schmecken mit den Geschmacksknospen auf der Zunge. Diese unterscheiden zwischen den fünf grundlegenden Geschmacksrichtungen: süß, salzig, sauer, bitter und würzig. Am empfindlichsten reagieren wir auf den bitteren Geschmack – eine Schutzfunktion, um verdorbene Lebensmittel zu erkennen, denn die meisten natürlichen Giftstoffe schmecken bitter. Noch immer hält sich der Irrglaube, dass es verschiedene Zonen auf der Zunge gibt – dabei können die grundlegenden Geschmacksrichtungen von allen Bereichen der Zunge wahrgenommen werden. Alle übrigen »Geschmäcker« sind Gerüche – man nimmt sie eigentlich mit der Nase wahr. Bei zugehaltener Nase oder mit einem Schnupfen schmeckt man daher kaum etwas.

Warum schmecken Lebensmittel manchmal anders?

Es kommt ganz darauf an, was man vorher gegessen hat, denn unser Geschmackssinn ist leicht zu beeinflussen. Isst man beispielsweise etwas Scharfes, schmeckt Mineralwasser plötzlich süß. Und nach einem Eukalyptusbonbon oder nach dem Zähneputzen schmeckt Orangensaft bitter. Das liegt daran, dass Pfefferminzöle die Sinneszellen für die Geschmacksrichtung »süß« für kurze Zeit betäuben – umso besser schmeckt man die bitteren Stoffe im Orangensaft. Dass sich »Geschmäcker« beeinflussen, wissen auch Weinkenner. Wenn sie mehrere Sorten hintereinander probieren wollen, essen sie zwischendurch ein Stück Brot oder Käse. Das neutralisiert den vorher wahrgenommenen Geschmack.

Warum tut es nicht weh, wenn man sich Haare oder Fingernägel abschneidet?

Schmerzen empfinden wir nur, wenn Nervenzellen Nachricht an das Gehirn geben. Da Haare und Fingernägel keine Nervenzellen für die Weiterleitung von Schmerzen besitzen – wozu auch? –, spüren wir keinen Schmerz, wenn sie abgeschnitten werden.

Welches unserer Körperteile besitzt den besten Tastsinn?

Recht gut fühlt man mit der Fingerspitze. Hier sitzen die Sinneszellen des Tastsinns in etwa 1 bis 5 Millimeter Abstand (zum Vergleich: Auf dem

Rücken sind sie mehr als 60 Millimeter voneinander entfernt). Am besten allerdings ist die Zungenspitze mit Tastzellen ausgestattet. Diese sitzen in kleinen Abständen (1 Millimeter und darunter) nebeneinander. Man kann winzige Objekte genau erspüren. Mehr noch: Wie bei einer Lupe nimmt man sehr kleine Gegenstände viel größer wahr, als sie in Wirklichkeit sind.

Warum ist man kitzelig?

Unser Tastsinn hilft uns, die Welt zu erfahren, und schützt uns vor Gefahren, indem er uns schon bei kleinsten Berührungen unseres Körpers warnt. An manchen Regionen ist unser Körper besonders empfindlich, und dort sind wir meist auch kitzelig. Es sind vor allem die verletzlichen Stellen, an denen viele Nervenenden in der Haut sitzen, um uns zu alarmieren. Vielleicht lachen wir aus Erleichterung, wenn wir gekitzelt werden, weil sich die vermeintliche Gefahr als harmlos herausgestellt hat.

DENKEN UND FÜHLEN

Warum werden wir rot, wenn wir aufgeregt sind?

Schuld daran ist unser unwillkürliches (vegetatives) Nervensystem, dessen Aktivitäten wir nicht beeinflussen können. Wenn wir uns über etwas freuen oder aufregen oder wenn uns etwas besonders peinlich ist, geraten wir in einen Alarmzustand: Der Körper wird in sofortige Reaktionsbereitschaft versetzt, die Muskeln und die Haut werden besser durchblutet. Dort, wo die Haut dünn ist und die Adern dicht unter der Hautoberfläche liegen, sieht man es besonders deutlich: Wir werden rot.

Das wäre doch gelacht!

Jeder weiß: Lachen ist gesund. Aber wie gesund? Kinder lachen etwa 300-mal am Tag. Die Erwachsenen schaffen höchstens ein Zehntel davon. Dabei soll eine Minute Gelächter für den Körper ebenso gut sein wie zehn Minuten Sport oder Entspannungsübungen. Die Atmung wird angeregt die verbrauchte Luft ausgeatmet und beim Einatmen durch frische, sauerstoffreiche ersetzt. Dadurch kommen die Verbrennungsvorgänge im Körper wieder richtig in Schwung: Der Blutdruck sinkt, die Muskulatur entspannt sich, es kommt zu einer besseren Durchblutung. Stress wird abgebaut, die Verdauung angeregt. Deshalb kann Lachen auch Kranken helfen: In manchen Krankenhäusern schickt man Clowns in die Kinderstationen, damit die kleinen Patienten schneller gesund werden.

Woher kommen Gefühle?

Ganz gleich, wie wir uns fühlen, ob glücklich, traurig, aufgeregt oder gelangweilt: Immer spielt unser Gehirn die wichtigste Rolle dabei. Es schüttet bestimmte Botenstoffe aus, die Gefühle erzeugen und steuern. Endorphine zum Beispiel machen uns glücklich, Adrenalin bringt uns in Schwung, Noradrenalin beruhigt uns. Bei manchen Menschen aber funktioniert der Stoffwechsel im Gehirn nicht richtig. Dann kann es sein, dass sie ohne Grund traurig werden oder andere ungewöhnliche Gefühle entwickeln. Ein Arzt kann ihnen meist helfen.

Wird dir bei großen Zahlen schwindlig?

Auf der Hautoberfläche eines einzigen Menschen hausen mehr Lebewesen als Menschen auf unserem Planeten! Auf einem Quadratzentimeter Haut leben etwa 8 Millionen Mikroorganismen – weil ein Mensch etwa 1,6 Quadratmeter Haut besitzt, sind also mehr als 128 000 000 000 Lebewesen beheimatet – allein auf der Haut! In unserem Innern wohnen weitere Abermillionen von Bakterien, Viren und Kleinstlebewesen.

Wozu ist das Gähnen gut?

Wenn das Gehirn zu wenig Sauerstoff bekommt, weil man müde ist, hilft sich das Gehirn durch ein Signal an den Körper: Sofort gähnen! Durch das tiefe Atmen beim Gähnen bekommt das Gehirn wieder ausreichend Sauerstoff, wenn auch nur für eine kurze Zeit. Wirklich helfen kann es dem Gehirn nur, wenn du schläfst. Wenn man allerdings in einem Raum mit schlechter (also verbrauchter) Luft mit zu wenig Sauerstoff ist, muss man gähnen, ohne eigentlich müde zu sein.

Warum ist Gähnen ansteckend?

Einer fängt an, und plötzlich gähnen alle. Sind alle Mitglieder einer Gruppe müde geworden? Ganz genau weiß man noch nicht, weshalb Gähnen ansteckend ist, aber manche Untersuchungen zeigen, dass sich Menschen mit besonders mitfühlendem Wesen leicht vom Gähnen eines anderen anstecken lassen. Forscher sprechen von einer sogenannten Gruppensynchronisation: Einer müde, alle müde. Erstaunlicherweise zeigen Schimpansen ein ähnliches Verhalten. Und besonders verblüffend: Auch zwei Drittel aller Hunde, die mit Menschen zusammenleben, lassen sich von einem gähnenden Menschen anstecken.

Warum sind manche Menschen morgens so müde?

Morgens kommen sie einfach nicht aus den Federn – die Langschläfer. Dafür sind sie abends putzmunter und können kein Ende finden.

Warum ist das so? Schuld daran ist unsere »innere Uhr«. Bei manchen Menschen deckt sich diese innere Uhr nicht mit unserem normalen Tag-Nacht-Rhythmus. Häufig haben diese einen 25-Stunden-Rhythmus. Wenn sie sich nicht nach festen Zeiten richten müssten, würden sie jeden Tag eine Stunde später ins Bett gehen. Auf die Dauer käme ihr Tagesablauf ganz schön durcheinander. Menschen, deren »innere Uhr« einen kürzeren Rhythmus als den 24-Stunden-Tag hat, sind morgens munter, werden aber dafür abends sehr früh müde.

Wozu ist das Weinen gut?

Wenn wir traurig sind, aber auch wenn wir Angst oder Schmerzen haben, weinen wir Menschen. Aber nicht nur unangenehme Gefühle lassen die Tränen fließen: Wir weinen auch vor Freude. Nach dem Weinen fühlen wir uns erleichtert, und auch für den Körper ist es gut. Bestimmte Stoffe, sogenannte Stresshormone, die bei starken Gefühlen entstehen, werden mit den Tränen fortgespült. Man muss sich also nicht schämen, wenn man weint.

Warum schwitzen wir, wenn wir Angst haben?

Angst gehört zur Sicherheitsausstattung unseres Körpers: Sie warnt uns vor gefährlichen Situationen und versetzt den Körper bei drohender Gefahr in Alarmzustand. Unsere Muskeln spannen sich, wir kommen ins Schwitzen, weil der Körper sehr schnell sehr viel Energie bereitstellt. So »aufgeputscht« sollen wir augenblicklich reagieren können, ohne groß nachzudenken – nämlich weglaufen oder angreifen, wenn es sein muss. Aber bei manchen Menschen funktioniert das nicht mehr wie früher: Sie leiden unter schlotternden Knien, Zittern, Schweißausbrüchen und Herzrasen – nicht eben ideal, um sich bei Gefahr in Sicherheit zu bringen. Bei ihnen funktioniert die natürliche Angstreaktion nicht mehr richtig. Schließlich leben wir ja nicht mehr in der Steinzeit.

Warum schwitzt man, wenn man etwas Scharfes gegessen hat?

Gewürze wie Pfeffer, Paprika, Chili oder auch scharfer Senf bringen unseren Kreislauf in Schwung. Der Puls wird höher, die Gefäße erweitern sich, die Körpertemperatur steigt. Da zieht unser Körper die Notbremse: Wir beginnen zu schwitzen, damit es uns nicht zu warm wird. In Chilischoten und Paprikaschoten finden sich bestimmte Stoffe, sogenannte Capsaicinoide, die direkt auf die für Wärme empfindlichen Zellen der Haut wirken und ihnen Hitze vorgaukeln. Manche kennen das vielleicht vom Rheumapflaster – auch dort sorgen Capsaicinoide für das Gefühl von Wärme.

Warum erinnern wir uns nicht an alle Träume?

Es verhält sich so: Wenn wir einen Traum bis zu Ende geträumt haben, vergessen wir ihn. Während des Träumens scheint unser Gehirn das Langzeitgedächtnis nicht mit Informationen zu versorgen. Ein Traum prägt sich uns aber ein, wenn wir während des Träumens aufwachen. Dann ist der Traum zumindest in unserem Kurzzeitgedächtnis gespeichert. Möglicherweise erinnern wir uns auch länger daran, wenn die Inhalte des Traums eine besondere Bedeutung für uns haben.

Hoch oder niedrig?

Weshalb kommt uns eine Mauer niedrig vor, wenn wir davor stehen – aber sehr hoch, wenn wir obendrauf stehen und hinunter springen sollen? Es handelt sich um einen Schutzmechanismus unseres Gehirns: Höhen überschätzen wir grundsätzlich, damit wir uns nicht bei einem Sprung von oben herab verletzen. Mehr noch – wenn wir noch höher hinaufklettern, plagt uns das Schwindelgefühl und wir wollen nur eines: Schnell wieder runter! Besser kann sich unser Körper nicht vor Stürzen aus der Höhe schützen.

Eine Nacht drüber schlafen – hilft das wirklich?

Tatsächlich: Untersuchungen haben gezeigt, dass man Probleme besser lösen kann, wenn man eine Nacht darüber geschlafen hat. Vermutlich liegt es daran, das unser Gehirn im Schlaf die Gedanken ordnet, neue Verbindungen und Bezüge herstellt und ein Problem so quasi aufschlüsselt. Also lieber ab in die Federn als eine ganze Nacht herumzuknobeln!

DIE EIGENSCHAFTEN UNSERES KÖRPERS

Stinken leise Pupse wirklich mehr als laute?

Nicht immer, aber oft. Bei lauten Geräuschen dieser Art herrscht im Darm eine rege Gasentwicklung, und es werden größere Gasmengen frei. Es handelt sich dabei um Methan, Wasserstoff, Stickstoff und Kohlendioxid – Gase, welche geruchlos sind. Die hinterhältig leise Variante enthält oft einen höheren Anteil an Schwefelwasserstoff, Methanethiol oder sogenannten Dimethylsulfide – und diese Verbindungen stinken kräftig. Einen Einfluss darauf, wie man pupst, hat man allerdings kaum.

Warum klingen manche Stimmen hoch und andere tief?

Es hängt von der Länge der Stimmbänder ab. Männer haben längere und größere Stimmbänder als Frauen und Kinder und deshalb eine tiefe Stimme. Ihre Stimmbänder schwingen langsamer. Etwas Besonderes geschieht beim männlichen Stimmbruch: Wenn Jungen zu Männern werden, wächst ihr Kehlkopf und damit ihr Stimmapparat besonders schnell. Ihre Stimme wird tiefer.

Warum singen (fast) nur Männer in der Badewanne?

Ganz einfach, eben wegen der tiefen Stimme. Gut, deine Mutter singt auch, wenn sie in der Wanne sitzt? Aber tiefe Männerstimmen werden im Badezimmer besser reflektiert als die hohen Frequenzen von Frauenstimmen. Die Folge: Auch ein Mann mit einem schwachen Stimmchen klingt im Bad wie ein großer Opernsänger.

Mit welchem Treibstoff funktionieren unsere Muskeln?

Wir verbrauchen weder Benzin noch Diesel, sondern Zucker. Aus allen Nahrungsmitteln, die wir essen, gewinnt das Verdauungssystem unseres Körpers Zucker, der über die Blutbahn als Blutzucker zu den Muskeln gebracht und dort »verbrannt« wird. Allerdings ist dies keine heiße Verbrennung wie in einem Ofen, sondern eine chemische Umsetzung. Die Nährstoffe werden mit Sauerstoff verbunden, wodurch Energie frei wird. Auch unsere Körperwärme wird so erzeugt.

Warum haben wir Spucke im Mund?

Spucke haben wir im Mund, weil bereits hier die Verdauung beginnt. Die Nahrung wird von den Zähnen zerkleinert, vom Speichel angefeuchtet, mit Verdauungssäften durchmischt und für die weitere Verdauung in Magen und Darm vorbereitet. Dass im Mund schon die Verdauung beginnt, kann man ganz einfach ausprobieren: Wenn man Brot lange genug kaut, beginnt es, süß zu schmecken. Die Stärke im Brot wurde von den Verdauungssäften im Speichel zu Zucker zersetzt.

Warum haben die Menschen unterschiedliche Augenfarben?

Bei ihrer Geburt haben alle Babys blaue Augen, und manche Menschen behalten diese Augenfarbe ihr Leben lang. Bei ihnen fehlt der Farbstoff Melanin in der Regenbogenhaut des Auges – in der sogenannten Iris. Diese bleibt durchsichtig und spiegelt nur den blauen Anteil des Lichtes. Bei anderen Menschen färbt sich die Iris in den ersten Lebensmonaten grün oder braun. Das Melanin wird nach und nach gebildet und ändert die Augenfarbe. Es formt kleine Körner unterschiedlicher Farbe, die dunkelbraun, hellbraun oder auch gelblich sein können. Je nach ihrer Anzahl, Farbe und Farbmischung in der Regenbogenhaut, sehen die Augen grünlich, hell- oder dunkelbraun aus. Deshalb gibt es nur drei grundlegende Augenfarben: blau, grün und braun. Rote oder violette Augen kann es nicht geben.

Warum gehen wir Menschen auf zwei Beinen?

Kaum zu glauben: Als die Vorfahren der Menschen von den Bäumen herabstiegen, erwies es sich als großer Vorteil, im offenen Grasland der Savanne auf zwei Beinen laufen zu können. Auf diese Weise kam man einfach gut voran und – sehr wichtig – hatte die bessere Übersicht. Die Menschen konnten Feinde im hohen Gras besser entdecken als kleinere Tierarten, die auf vier Beinen liefen, und überlebten deshalb viele Gefahren.

Warum bekommt unsere Haut eigentlich keine Löcher?

Wenn man sich alte Handschuhe anschaut, dann zeigen die ganz schöne Abnutzungserscheinungen. Sie sind blank gescheuert, haben Risse und an manchen Stellen sogar Löcher. Und das, obwohl sie nur ein paar Jahre alt sind. Die Hände von einem Erwachsenen zum Beispiel können ein paar Jahrzehnte alt sein und sehen trotzdem noch wie neu aus. Das liegt daran, dass unser Körper in jeder Minute die unglaubliche Zahl von 100 Millionen Zellen erneuert. So viele Zellen kommen jede Minute genau an den Stellen neu hinzu, wo Zellen zerstört oder abgenutzt werden. So wird die obere Schicht der Haut eines Menschen alle zwei Wochen komplett erneuert, und so schafft es unser Körper, dass an den am meisten beanspruchten Stellen nichts kaputtgeht. Das gilt aber nicht nur für die Haut an den Händen. Überall auf der Körperoberfläche und im Körper werden ständig abgenutzte Zellen durch neue ersetzt.

Warum pieksen sich Fakire nicht auf einem Nagelbrett?

Würden sie sich auf einen oder zwei oder drei Nägel legen, brauchten sie anschließend sicher ein Pflaster oder einen Arzt. Weil sich aber ihr Körpergewicht auf so viele Nägel verteilt, ist der Druck an der einzelnen Nagelspitze so gering, dass der Nagel nicht in die Haut eindringt. Die Haut kann einiges aushalten, ihre Haltbarkeit hat aber auch ihre Grenzen. Deshalb: Vor Selbstversuchen muss gewarnt werden!

Warum werden wir in der Sonne braun?

Das Braunwerden ist eine Schutzfunktion unserer Haut: Auf UV-Strahlen reagiert die Haut durch eine Farbveränderung: Bestimmte Hautzellen bilden den Farbstoff Melanin, der die Haut braun färbt. Und wer braun ist, ist besser vor der Sonne geschützt. Was man nicht sieht: Die obere Hautschicht wird nicht nur braun, sondern auch dicker. Der Schutz vor der UV-Strahlung funktioniert allerdings nur bis zu einem bestimmten Grad. Wer braun ist und zu lange in der Sonne liegt, bekommt dennoch einen Sonnenbrand und kann später auch an Hautkrebs erkranken.

Wie oft schlägt unser Herz am Tag?

Das hängt davon ab, wie fit der Mensch ist, dem das Herz gehört. An einem Tag pumpt das Herz über 10 000 Liter Blut durch die Adern. Für diese Flüssigkeitsmenge kann ein Herz 100 000 Schläge benötigen, ein anderes aber auch 300 000 Pulsschläge. Es hängt ganz davon ab, wie leistungsfähig die Pumpe unseres Körpers ist. Ein trainierter Körper mit einem kräftigen Herzen hat einen langsameren Pulsschlag als ein schwacher Körper mit einem überforderten Herz. In einem ganzen Leben bringt es das Herz eines durchschnittlichen Menschen auf über 3 Milliarden Schläge. Übrigens: Kinder bis zu einem Alter von etwa zehn Jahren haben einen deutlich höheren Puls als Erwachsene. Ihr Herz darf 130-mal pro Minute schlagen, ohne dass dies ein Zeichen von Krankheit sein muss.

Wie oft schlägt das Herz bei Tieren?

Bei uns Menschen liegt der Puls meist zwischen 60 und 90 – unser Herz schlägt also 60- bis 90-mal in der Minute. Bei einer Fledermaus ist das Herz ein Hochleistungsmotor: Die fliegenden Säugetiere erreichen einen Ruhepuls von 550 – und sogar 800 Schläge pro Minute im Flug. Im Winterschlaf allerdings pocht ihr Herz nur zehnmal pro Minute. Rekordhalter dürfte die Spitzmaus sein: Ihr winziges Herz muss sich 500- bis 1300-mal in der Minute zusammenziehen und wieder entspannen. Aber auch das Herz eines Kolibris hat viel zu tun: Es schlägt 20-mal pro Sekunde, also bis zu 1200-mal in der Minute. Der Goldhamster bringt es immerhin noch auf 350 bis 500 Schläge pro Minute.

Was ist länger: die Autobahnen oder die Adern?

Das deutsche Autobahnnetz hatte im Jahr 2019 eine Gesamtlänge von rund 13 000 Kilometern – das Blutgefäßsystem eines einzigen Menschen bringt es auf über 100 000 Kilometer! Hierfür muss man aber nicht nur die großen und mittelgroßen Arterien und Venen mitrechnen, sondern auch die feinen Haargefäße (Kapillaren).

Warum habe ich so ein Loch im Bauch?

Dieses Loch im Bauch heißt Nabel, und an dieser Stelle warst du als ungeborenes Kind mit dem Körper deiner Mutter verbunden. Durch die Nabelschnur wurde dein Körper mit Sauerstoff und Nahrung versorgt.

Als du dann auf die Welt kamst, wurde die Nabelschnur durchtrennt und ihre Reste entfernt. Übrig blieb eine kleine Narbe: dein Bauchnabel. Jeder Mensch auf dieser Welt hat einen.

Warum ist unser Blut rot?

Unter dem Mikroskop betrachtet ist Blut eine Flüssigkeit, in der verschiedene Zellen schwimmen. Die Farbe hat es von den roten Blutkörperchen. Mit ihrer Hilfe kann der Körper Sauerstoff aufnehmen, den wir zum Leben brauchen. Ohne rote Blutkörperchen würden wir ersticken. Die roten Blutkörperchen verdanken ihre Farbe dem Farbstoff Hämoglobin, der aus Eisen und Eiweiß besteht. Hämoglobin ist nicht nur für den Sauerstofftransport im Blut verantwortlich, sondern befördert auch das überflüssige Kohlendioxid aus dem Körper. Übrigens haben nicht alle Lebewesen rotes Blut. Bei den Insekten zum Beispiel gibt es Arten mit gelbem oder grünem Blut, Krustentiere wie beispielsweise der Hummer haben blaues Blut. Ihr Blutfarbstoff heißt Hämocyanin.

Warum knurrt uns der Magen, wenn wir hungrig sind?

Unser Körper macht uns auf unterschiedliche Art und Weise aufmerksam, wenn er Nahrung braucht. Manche haben vor lauter Hunger »ein Loch im Bauch«, andere spüren ein flaues Gefühl, bei wieder anderen knurrt der Magen: Hier werden vorsorglich schon einmal Verdauungssäfte produziert, um das Essen später zu verarbeiten. Es gibt auch Menschen, bei denen es im Magen gluckert und blubbert, wenn sie Hunger haben.

Warum blubbert es im Bauch, wenn wir etwas gegessen haben?

Bei der Verdauung unserer Nahrung entstehen nicht nur feste und flüssige Abfallstoffe, sondern auch Gase. Wenn sich diese in unserem Darm, bewegen, erzeugen sie dort im flüssigen Nahrungsbrei Gluckergeräusche. Wenn zu viele Gase entstehen, können sie auch schon mal nach hinten losgehen …

Wozu braucht unser Körper überhaupt Blut?

Blut ist in unserem Körper das Transportmittel Nr. 1. Unser Herz pumpt es durch die Adern, die sich durch jede Körperregion erstrecken. Dabei transportiert das Blut Sauerstoff aus den Lungen zu den Muskeln und den Organen unseres Körpers, die ohne Sauerstoff nicht arbeiten könnten. Auch das Gehirn wird über das Blut mit Sauerstoff versorgt. Die Nährstoffe aus unserer Nahrung werden über das Blut zu den Stellen im Körper gebracht, wo sie gebraucht werden. Außerdem sorgt das Blut dafür, dass sich unsere Körperwärme gleichmäßig verteilt. Schad- und Abfallstoffe werden im Blut zu den Nieren gebracht und dort aus dem Blut gewaschen. Auch für die Körperabwehr ist das Blut unentbehrlich: Wie sonst sollten die weißen Blutkörperchen und andere Abwehrzellen zu den Stellen kommen, an denen gerade Krankheitserreger angreifen?

Woraus sind unsere Zähne gemacht?

Sie sehen aus, als seien sie aus Porzellan, aber unsere Zähne bestehen aus einem anderen Stoff: Außen umhüllt sie der Zahnschmelz, eine besonders harte Schicht, die zum größten Teil aus dem Mineralstoff Kalziumsphosphat besteht. Auch Magnesium, Natrium und andere Substanzen sind darin enthalten. Unter dem Zahnschmelz sitzt das weichere Dentin, das weniger

Mineralstoffe enthält als der Zahnschmelz und deshalb empfindlicher ist. Ein Loch im Zahnschmelz kann deshalb für den Zahn gefährlich werden. Es tut zwar noch nichts weh, aber unbehandelt kann der Zahn verloren gehen. Termin beim Zahnarzt ausmachen!

Warum blinzeln wir mit den Augenlidern?

Wir tun es in der Minute 10- bis 15-mal, ohne es überhaupt zu bemerken – an einem Tag schließen und öffnen wir unsere Augenlider also bis zu 10 500-mal. Das geschieht nicht etwa, weil wir nervös sind (das manchmal auch), sondern weil unsere Augen mit Feuchtigkeit und Nährstoffen versorgt werden müssen. Beides geschieht über die Tränenflüssigkeit, die das Augenlid über den Augapfel verteilt. Wenn wir gerade nicht weinen – denn auch dazu brauchen wir sie –, reinigt die Tränenflüssigkeit außerdem die Oberfläche der Augen und tötet schädliche Krankheitserreger ab. In den Tränendrüsen werden täglich etwa 3 Kubikzentimeter Tränenflüssigkeit gebildet. Auch wenn wir einen etwas größeren Fremdkörper ins Auge bekommen, hilft der Tränenfluss dabei, den störenden Fremdling herauszuwaschen.

Wozu sind Haare gut?

Sie sind Überreste unseres Fells. Auch wenn uns heute Kleidung vor Kälte und Sonne schützt, sind Haare an einigen Stellen immer noch von Nutzen – so über den Augen, um diese vor Schweißtropfen zu schützen. Eine sehr alte Eigenschaft hat unser »Fell« beibehalten: Wenn wir uns aufregen, stehen uns die Haare zu Berge. Ein mit Fell bedecktes Tier sieht mit gesträubten Haaren nämlich größer und gefährlicher aus.

Warum schnarchen manche Leute, wenn sie schlafen?

Beim Schnarchen entstehen ungewöhnliche Geräusche im Mund, die manchmal an das Geräusch beim Sägen von Holz oder an Tierlaute erinnern. Diese Geräusche kommen zustande, wenn im Mundraum eines Schläfers etwas ins Schwingen gerät, zum Beispiel die Stimmbänder oder das Zäpfchen hinten im Rachen, das sogenannte Gaumensegel. Manche Leute schnarchen, weil ihre Atemwege nicht ganz frei sind und beispielsweise durch Wucherungen in der Nase (sogenannte Polypen) eingeengt werden. Es stimmt nicht, dass das Schnarchen den Steinzeitmenschen dazu diente, im Schlaf die wilden Tiere zu vertreiben.

Warum müssen Kinder früher ins Bett als Erwachsene?

Im Körper von Kindern finden so viele Veränderungen und Wachstumsprozesse statt, dass sie einfach mehr Schlaf brauchen als Erwachsene. Während sich der erwachsene Körper im Ruhemodus vor allem erholt, gleicht der Körper eines schlafenden Kindes eher einer Baustelle: Manches wächst, anderes wird umgebaut oder erweitert – und das alles, wenn das Kind abends die Augen zumacht und zu träumen beginnt. Also früh genug ins Bett gehen heute Abend!

Warum gibt es Rechtshänder und Linkshänder?

Ob jemand Rechtshänder oder Linkshänder ist, hängt von seinem Gehirn ab. Bei den Linkshändern ist die rechte Hälfte des Gehirns für die Steuerung zuständig, bei Rechtshändern die linke. Warum dies so ist und warum nicht alle Menschen Rechtshänder oder Linkshänder sind, weiß man noch nicht. Vermutlich probiert die Natur unterschiedliche Möglichkeiten aus.

Woraus bestehen Fingernägel?

Fingernägel bestehen aus der gleichen Substanz wie unsere Haare: aus Horn. Nur wachsen sie als kompakte Gebilde, während die Haare feine Stränge daraus bilden.

Horn hat seinen Namen von den Hörnern von Tieren, die natürlich auch aus Horn bestehen,

Warum zittern wir, wenn es kalt ist?

Wenn es unserem Körper zu kalt wird und die Körpertemperatur abzusinken droht, produziert er Wärme mithilfe von schnellen Muskelbewegungen: Zittern! Wer nicht zittern mag, kann sich auf andere Weise helfen: Einfach auf der Stelle herumhüpfen oder laufen – auch dabei wird uns warm!

Warum müssen wir aufs Klo?

Unser Körper gewinnt Energie durch unsere Nahrung, die von unserem Verdauungssystem in ihre Bestandteile zerlegt wird. Unser Essen besteht dabei nicht nur aus Energieträgern wie Kohlenhydraten, Fetten und Eiweiß – es bleiben auch flüssige und feste Abfallstoffe übrig, die den Körper nur unnötig belasten würden. Die tragen wir dann regelmäßig aufs Klo.

Warum haben wir am Ellbogen den sogenannten Musikknochen?

Wenn man sich am Ellbogen stößt, kann es sein, dass man Merkwürdiges fühlt: Es tut so weh, dass man vor lauter Schmerz singen könnte. Das hat folgende Ursachen: In der Nähe eines Knochenvorsprungs des Ellbogens verläuft der empfindliche Ellbogennerv, und wenn man den reizt, gibt es den unangenehmen Effekt: Taubheit, Kribbeln und Schmerz im gesamten Arm. Der Musikknochen oder Musikantenknochen trägt in verschiedenen Regionen unterschiedliche Namen, unter anderem »Stromkneppsche«, »narrisches Bandl« (Österreich), »Kirmesknöxcken« (Ruhrgebiet) oder »narisches Baah« (närrisches Bein = Knochen; Wien).

Was macht Mama nach dem Kaffee so munter?

Im Kaffee ist ein Stoff enthalten, der Koffein heißt. Dieser regt den Kreislauf an, beschleunigt den Puls und erzeugt im Gehirn das Gefühl von Wachheit – er macht munter. Außer im Kaffee kommt dieser Stoff auch in den Blättern der Teepflanze und im südamerikanischen Mate-Tee vor. Und auch in Cola ist Koffein enthalten. Bei Kindern wirkt Koffein meist genau umgekehrt: Es macht müde.

Warum wird man überhaupt müde?

Nach einer gewissen Anzahl von aktiven Stunden brauchen Körper und Gehirn Zeit, um sich zu erholen. Die Organe des Körpers ruhen sich im Schlaf aus, das Gehirn verarbeitet im Traum die Eindrücke und Erlebnisse des Tages. Wenn man gut geschlafen hat, fühlen sich Körper und Geist erfrischt.

Warum können wir nicht fliegen?

Warum können wir uns nicht wie die Vögel in die Lüfte erheben? Ganz einfach: Wir sind zu schwer. Auch wenn wir uns Flügel basteln und wild damit in der Luft herumflattern, so können wir uns doch nie in die Luft erheben – unser Körper ist einfach nicht für das Fliegen gemacht. Die Knochen sind zu massiv und schwer, und wir besitzen viel zu wenig Muskelkraft, um mit Flügeln ausreichend starken Auftrieb zu erzeugen. Bei Vögeln ist dies anders. Ihre Knochen sind innen hohl, und sie besitzen im Vergleich zu ihrer Körpermasse große Kraft. Außerdem verbrennt ihr Körper weitaus mehr Nahrung, damit die Flugmuskeln kräftig arbeiten können. Ein Wellensittich zum Beispiel frisst – bezogen auf sein Körpergewicht – 13-mal mehr als ein Mensch. Oder umgekehrt: Wenn ein Mensch seinem Körper genügend Energie zum Fliegen zuführen wollte, müsste er am Tag so viel essen wie 13 Personen.

Stimmt es, dass man Schlafwandler nicht wecken darf?

Mit dem Schlafwandeln ist es eine merkwürdige Sache: Mitten im Schlaf unternimmt man Ausflüge, von denen man nachher nichts mehr weiß. Manche Schlafwandler setzen sich nur im Bett auf oder rücken ihre Kissen zurecht. Die meisten steigen nicht aus dem Bett. Wenn sie allerdings ihr Nachtlager verlassen und durch die Wohnung laufen, kann es gefährlich werden. Denn Schlafwandler bewegen sich häufig auf die hellste Lichtquelle zu. Wenn es überall sonst dunkel ist, könnte das der Mond sein, und der Schlafwandler beginnt eine waghalsige Kletterpartie. Wenn man Schlafwandler aufweckt, muss man äußerst vorsichtig sein, denn ein geweckter Schlafwandler erschreckt sich und tut oft überraschende Dinge. Nicht nur, wenn er auf dem Dach steht – auch in der Wohnung gibt es Gefahrenpunkte, zum Beispiel Treppen.

GESCHICHTE – EIN BLICK IN DIE VERGANGENHEIT

Es gibt viele Fragen, die man sich über unsere nahe und ferne Vergangenheit stellen kann: Hatten die Steinzeitmenschen schon einen Farbkasten? Wie schwer war eine Ritterrüstung? Was war zuerst da: Gabel oder Löffel? Warum gab es erst im Jahre 1896 richtige Taschenlampen? Wer hat die Salami erfunden? Was machten die Leute eigentlich vor der Erfindung des Klopapiers? Diese und viele andere ernsthafte und manchmal auch etwas spaßige Fragen beantwortet das folgende Kapitel kurz und knapp, informativ und unterhaltend.

IN GRAUER VORZEIT

Warum war es in der Eiszeit so kalt?

Vor der Kälte im Norden schützt uns der Golfstrom, eine warme Meeresströmung, die unser Wetter milder macht. Durch Klimaveränderungen kann es passieren, dass der Golfstrom seinen Lauf ändert oder sich abschwächt. Dann wird es in unseren Breiten deutlich kälter, das Polareis schiebt sich weit nach Süden vor und erreicht auch Teile Europas.

Wo lebte eigentlich der Neandertaler?

Kölner haben es immer geahnt: Der Neandertaler wohnte in Düsseldorf. Spaß beiseite! Das erste Neandertaler-Skelett wurde nicht in Düsseldorf, sondern in einer Grotte ganz in der Nähe der rheinischen Großstadt entdeckt – im Tal des Flüsschens Neander. Entdecker des Urmenschen war der Lehrer Johann Carl Fuhlrott, welcher den Fund als ein Menschenskelett aus der Eiszeit erkannte. Seine Entdeckung im Jahre 1856 sorgte für einen Skandal, denn sie widersprach der damals gültigen Lehrmeinung und, so glaubte man, auch der Bibel.

Führten die Neandertaler ein einfaches Leben in der freien Natur?

Die Lebensbedingungen waren ausgesprochen hart. Nahrung musste entweder gesammelt – Datteln, Hülsenfrüchte, Wurzeln, Pilze und Beeren – oder bei der Jagd erlegt werden. Dabei hatten die Jäger Waffen, mit denen eine erfolgreiche Jagd gar nicht so einfach war, und auch ihre Beutetiere –

Rentiere, Bisons, Mammuts und andere große Tiere – waren alles andere als wehrlos. Jäger waren immer dem Risiko ausgesetzt, schwere Verletzungen davonzutragen. Einen Krankenwagen konnte man in so einem Fall auch noch nicht rufen. Hinzu kam eine Kälteperiode der Erdgeschichte – nur am Lagerfeuer oder tief im Inneren einer Höhle war es im Winter erträglich warm. Wenn die Neandertaler wüssten, wie wir heute leben, würden sie sicherlich staunen.

Womit haben sich Steinzeitmenschen eigentlich rasiert?

Die Bartpflege dürfte nicht einfach gewesen sein. Allenfalls ein scharfer Feuerstein war als Hilfsmittel geeignet. Auch benutzte man Muscheln und in der Bronzezeit Klingen. Vom elektrischen Rasierapparat waren die Herren jener Tage noch Jahrtausende entfernt: Dieser wurde erst 1928 von Jacob Schick in den USA erfunden.

Hatten die Steinzeitmenschen schon einen Farbkasten?

Wenn man Höhlenmalereien betrachtet, fragt man sich schon, woher die Höhlenmaler wohl die Farbe hatten? Wie alles andere, was Steinzeitmenschen gebrauchen wollten, mussten auch die Farben selbst hergestellt werden. Dazu benutzten unsere Vorfahren bunte Erden und weißes Kreidegestein, zerstoßene Steine, Kohle und Ruß vom Feuer, das Blut der erlegten Tiere und Pflanzensäfte, die sie gewinnen konnten. Meist malten sie Jagdszenen und Bilder von ihren Beutetieren, die ihnen das Überleben sicherten. Hirsche, Pferde, Büffel und Wildschweine schmücken die Wände mancher Höhle bis heute. Auch Jäger mit ihren Waffen sind zu sehen. Mit schwarzer Farbe wurden die Umrisse gemalt und die bunten Farben verwendete man zum Ausmalen.

Warum ist der Neandertaler ausgestorben?

Menschen der Art Homo neanderthalensis, so der wissenschaftliche Name, lebten in vielen Teilen Europas – zur gleichen Zeit wie ihre Verwandten, die zur Art Homo sapiens in Afrika gehörten. Beide hatten gemeinsame Vorfahren, entwickelten sich dann aber unterschiedlich. Später lebten sie in manchen Gebieten nebeneinander. Es gibt unterschiedliche Theorien darüber, warum die Neandertaler vor etwa 30 000 Jahren ausgestorben sind. Die wahrscheinlichste ist, dass die Überlebenschancen von Kindern durch das raue Klima gering waren. Außerdem lebten die Clans in großen Entfernungen voneinander und hatten deshalb Schwierigkeiten, Partner zu finden und sich fortzupflanzen.

Seit wann gibt es Menschen wie uns?

Menschen der Art Homo sapiens laufen vermutlich seit etwa 300 000 Jahren auf der Erde herum. Die Wiege der Menschheit wird im Osten Afrikas vermutet. Von dort soll der Homo sapiens im Laufe der Zeit auf andere Kontinente ausgewandert sein, und das viel früher als bisher angenommen. Ein Fund von acht Zähnen in einer Höhle in Israel konnte auf 180 000 Jahre zurückdatiert werden.

Womit spielten die Kinder in der Steinzeit?

Ein Spielzeugladen war noch in weiter Ferne – nicht räumlich, sondern zeitlich, nämlich ungefähr 300 000 Jahre. Dennoch war die Auswahl an Spielzeug nicht schlecht: Schöne Steine, Holzstücke, Tierknochen, Muscheln und Schneckenhäuser, Nüsse und Kastanien werden Kindern sicherlich sehr viel Freude bereitet haben. Außerdem hatten sie Lehm als Knetmasse, Holzkohle und farbige Erden zum Malen, und sie konnten natürlich auch miteinander spielen. Sie werden genauso viel getobt und gerauft haben wie

Kinder heute, und mit der Größe des Spielplatzes hatten sie auch keine Probleme. Ein wunderbares Kinderleben also – mal abgesehen von etwas unangenehmen Zeitgenossen wie Höhlenbären und Säbelzahntigern …

GRIECHEN UND RÖMER

Wie sah ein Kinderzimmer im antiken Griechenland aus?

Überall Spiralornamente und kleine Götterstatuen? Ein Bett mit griechischen Säulen? Vasen mit Bildergeschichten von sagenhaften Helden darauf? Fehlanzeige! Es gab nämlich gar keine Kinderzimmer in griechischen Häusern. Die Wohnhäuser für eine normale Familie waren sehr einfach gehalten, hatten meist nur eine Etage und zwei oder maximal drei Räume. Einer davon war ein großer Wohnraum. Auch Möbel kannte man kaum. Die Habseligkeiten wurden in Kisten oder Truhen aufbewahrt, Stühle oder Tische waren schon Luxusartikel. Wer auf das Klo musste, konnte lange nach dem Badezimmer suchen – es gab nämlich keines. Aber immerhin stand ein Nachttopf bereit …

Aßen die alten Griechen viel Gyros?

Vielleicht aßen sie Fleisch, das an einem Drehspieß gegrillt wurde, aber Gyros, wie wir es heute kennen, lässt sich ohne Elektrizität nicht zubereiten. Und an einem senkrechten Grillspieß über offenem Feuer würde das Fleisch unten verbrennen und oben noch roh sein, wenn man den Spieß nicht regelmäßig umdreht. Nur wie – bei solch einer Hitze? Deshalb werden die Griechen das Fleisch sicher eher horizontal am Spieß oder auf einem Grillrost zubereitet haben.

Stimmt es, dass die Römer aus Bleigefäßen tranken?

Das ist richtig. Irgendwann wurde es im alten Rom sozusagen Lifestyle, seinen Wein aus Bleigefäßen zu trinken. Weil die Weinsorten, die angeboten wurden, meist sauer schmeckten, hatten die Bleigefäße eine angenehme Nebenwirkung: Wenn man sauren Wein einfüllte, bildete sich im Gefäß mit der Zeit Bleiacetat, sogenannter Bleizucker – eine Verbindung, die süß schmeckt, die aber leider auf Dauer zu einer Bleivergiftung führt. Darunter dürften wohl viele Römer gelitten haben. Übrigens: Heute trinken wir viel aus Plastikgefäßen, die schädliche Weichmacher enthalten. Vielleicht ergeht es uns gar nicht so anders als den Römern …?

Stimmt es, dass die Römer von den Germanen blonde Haare kauften?

Zwischen den Römern und den Germanen herrschte ein reger Warenaustausch. Die Nachbarschaft mit den kultivierten Römern weckte bei den Germanen viele Wünsche: Waffen, Rüstungsgegenstände, Schmuck oder Geschirr aus Glas und Silber, farbige Stoffe, prächtige Teppiche oder Wein waren in Germanien sehr begehrt. Im Gegenzug boten die germanischen Stämme Häute und Pelze, Honig und Wachs, Federn und Bernstein an – und schreckten auch vor dem Sklavenhandel nicht zurück. Und ja, reiche Römerinnen leisteten sich auch Perücken aus germanischen blonden Haaren.

Wohin fuhren die Römer in den Urlaub?

Den durchschnittlichen römischen Familien stellte sich die Frage erst gar nicht. Es gab keinen Urlaub. Mit welchem Verkehrsmittel hätten sie auch verreisen sollen? Reiche Römer besaßen Landhäuser, meist in der Nähe von Rom, andere hingegen in abgelegenen Provinzen des römischen Reiches. Eine Reise dorthin war aber immer ein Abenteuer, denn als Verkehrsmittel standen allenfalls von Tieren gezogene Wagen zur Verfügung. Wer Urlaub in Germanien machen wollte, war ein paar Wochen unterwegs, bevor der Urlaub überhaupt anfangen konnte, und außerdem mussten die Alpen überquert werden. Deshalb dürfte eine solche Reise freiwillig nur sehr selten unternommen worden sein.

DAS ALTE CHINA

Wann wurde eigentlich die Chinesische Mauer erbaut?

Das Bauwerk, das sich 3450 Kilometer quer durch China zieht und mit all seinen Abzweigungen sogar über 6250 Kilometer (ohne Naturbarrieren) misst, ist die längste von Menschen errichtete Anlage der Welt. Der erste Grundstein wurde bereits im 7. Jahrhundert vor unserer Zeitrechnung gelegt, doch erst im Jahre 212 v. Chr. von Kaiser Shi Huangdi, dem Gelben Kaiser, zum Schutz gegen die Völker im Norden großflächig vorangetrieben. Die letzte Erweiterung fand im 17. Jahrhundert statt. Die Bauzeit betrug also weit über 20 Jahrhunderte, und es arbeiteten mehrere Millionen Menschen daran, die meisten davon unfreiwillig. Die Mauer reichte vom Gelben Meer in der Nähe von Peking bis nach Jiayuguan – heute sind aber viele Teile verrottet oder nur noch schwer zu erreichen. Das am besten erhaltene Stück der Mauer kann man heute östlich von Peking besichtigen.

Konnte die Chinesische Mauer Angreifer aufhalten?

Gegen kleinere Angriffe mag sie geholfen haben – gegen die Mongolen jedoch nicht. Das Reiterheer des mongolischen Feldherrn Dschingis Khan, 150 000 bis 200 000 Mann stark, überrannte die Chinesische Mauer – oder durchbrach sie an einer der schwächeren Stellen. Um das Jahr 1214 standen die Mongolen vor den Toren der Hauptstadt Peking. Zunächst machten sie den besiegten Chinesen ein Friedensangebot, doch schon ein Jahr später plünderten die Mongolen die Hauptstadt und die Schatzkammern.

Hat man in China eine unterirdische Armee gefunden?

Tatsächlich, im Jahre 1974 hat man in China einen ganz besonderen Fund gemacht: die Terrakotta-Armee. Tausende von Tonsoldaten, Reiter mit ihren Pferden und Streitwagen standen in Reih und Glied und bewachten das Grab des ersten chinesischen Kaisers Shi Huangdi. Bauern hatten sie beim Graben eines Brunnens zufällig entdeckt. Jede Figur wiegt etwa 200 Kilogramm und ist aus unglasiertem Ton gemacht. Die Tonsoldaten-Armee wurde ausgegraben und reiste durch viele Museen der Welt.

Wie machten die Chinesen Feuer?

Schon im 6. Jahrhundert besaß man in China Zündhölzer. Holzspäne wurden mit flüssigem Schwefel getränkt und an einer ganz besonderen Reibfläche entzündet: an einem Feuerschwamm. Das ist ein Pilz mit einer sehr festen Oberfläche. Mit unseren Streichhölzern heute waren die chinesischen Schwefelhölzer nicht zu vergleichen. Sie brannten sehr schnell ab und verbreiteten den stechenden Geruch brennenden Schwefels.

GESCHICHTE VOM MITTELALTER BIS GESTERN

Warum mochten die Ritter keine Pommes?

Ganz einfach: Weil es im Mittelalter keine gab. Auch auf Knödel, Kartoffelbrei und Kartoffelchips mussten die »Rittersleut« verzichten. Die Kartoffel stammt nämlich aus der sogenannten Neuen Welt und kam erst um das Jahr 1500 mit den Seefahrern aus Südamerika nach Europa. Hier wurden die Erdäpfel 200 Jahre lang nur als Zierpflanze angebaut, bis man sie schließlich auch verzehrte. Heute sind Kartoffeln vom deutschen Speiseplan kaum mehr wegzudenken.

Wie schwer war eine Ritterrüstung?

Unsere bewaffneten Vorfahren hatten einiges zu tragen. Allein der Helm eines Ritters konnte 10 Kilogramm wiegen. In einem Turnier schleppte ein Ritter bis zu 40 Kilogramm mit sich herum – so viel konnte nämlich die gesamte Rüstung wiegen. Um ehrlich zu sein: Da war auch eine ganze Menge Schau dabei. Sehr praktisch war so eine Rüstung nämlich nicht. Schon um das eigene Pferd zu besteigen, musste der Ritter entweder Helfer um Unterstützung bitten oder mithilfe einer Treppe oder Leiter auf sein Pferd klettern. Wenn die Ritter tatsächlich in den Kampf zogen, trugen sie eine leichtere Panzerung.

Was ist bis heute aus der Ritterzeit übrig geblieben?

Die Ritterzeit ist nach wie vor lebendig – in den Redewendungen unserer Sprache. So war ein Bürger einfach jemand, der auf einer Burg oder in der Nähe einer Burg wohnte. Ein Verbrecher führt etwas im Schilde, aber auch ein Ritter: Der führte nämlich sein Wappen im Schilde – das heißt, sein Familienwappen war auf dem Schild abgebildet. Wenn der Ritter und seine Familie gute Herrscher waren, so führte er Gutes im Schilde. Durch das Wappen konnte man ihn auch erkennen, wenn er in voller Rüstung hoch zu Ross in den Kampf zog. Dann saß er – noch eine Redewendung – auf hohem Ross, und seine Untertanen sahen ihn als überheblich und arrogant an, wie man es noch heute tut, wenn jemand auf hohem Ross sitzt.

Und noch mehr Überbleibsel aus der Ritterzeit! Bei den Rittern ging es nicht zimperlich zu. Man musste schon hieb- und stichfest sein – gut gerüstet eben wie jemand, der gute, hieb- und stichfeste Argumente hat. Wenn nicht, war der Ritter arm dran, und er konnte nur auf seine Freunde hoffen: Auch die ließen ihn manchmal im Stich. Das bedeutet, sie halfen ihm nicht rechtzeitig, sich vor der Waffe des Gegners zu retten. Das arme Opfer wurde gestochen – man hatte es dem Stich des Gegners überlassen. Vielleicht saß unser Ritter aber auch fest im Sattel, weil er ein besserer Kämpfer und seinem Gegner überlegen war. Dann ließ er sich nicht von dessen Lanzenangriff aus dem Sattel stoßen.

Warum ist Purpur die Farbe der Könige?

Mit Purpur gefärbte Stoffe waren sehr teuer, weil es früher nur Naturfarbstoffe gab. Um sie in der Farbe der Könige zu färben, mussten zahllose Meeresschnecken ihr Leben lassen. Außerdem beherrschte nur das Händlervolk der Phönizier das Färben mit dem Farbstoff Purpur. Dieser Vorgang war eine komplizierte und sehr unangenehme Arbeit, denn der Farbstoff wurde aus einem verfaulten Schneckenbrei gewonnen.

Warum aßen die Menschen im Mittelalter so viel?

Man sieht es auf alten Gemälden: Es wurde viel gegessen in vergangener Zeit. Das hatte einen einfachen Grund: Es fehlte an Wärme. In einer Burg zum Beispiel war nur ein einziges Zimmer mit einem Kamin geheizt – die Kemenate, das Gemach der Frauen, war der einzig warme Aufenthaltsraum. Sogar der Name dieses Zimmers hängt mit dem Wort Kamin zusammen. Im übrigen Gebäude war es lausig kalt, und so brauchte der Körper 5000 bis 7000 Kalorien am Tag, um Wärme zu erzeugen. Da musste man schon ganz schön futtern. Allerdings: Der Winter war eine karge Jahreszeit, und viele Nahrungsmittel gab es nicht – wie auch, ohne Kühlschrank und Tiefkühltruhe?

Wo war in der Ritterburg das Klo?

Ob es der gewöhnliche Ritter, die Burgfräulein oder so große mittelalterliche Dichter wie Walther von der Vogelweide oder Oswin von Wolkenstein betraf – alle Menschen in einer Burg dieser Zeit mussten auch mal wohin. Wenn sie der Drang auf die Toilette zu müssen ereilte, machten sie sich auf den Weg zum Abort-Erker. Unter den Türmchen, Zinnen und anderen herausragenden architektonischen Merkmalen, die unser romantisches Bild einer Burg prägen, dienten zumindest manche Erker recht alltäglichen Zwecken. Sie enthielten ein Plumpsklo, und was der Ritter oder das Burgfräulein hoch oben hinter sich gelassen hatte, fiel durch den Fallschacht nach unten und entschwand – im besten Fall im Wasser des Burggrabens. Dieses Wasser wurde dadurch heftig gedüngt und entwickelte pralles Leben aus dem Pflanzen- und Tierreich. So mancher Karpfen in der Burgküche … Ach, lassen wird das lieber.

Gab es wirklich Hexen im Mittelalter?

In alten Zeiten gab es Frauen, die besonders viel über Kräuter und Heilpflanzen wussten – damit konnten sie Krankheiten behandeln sowie Frauen bei der Geburt von Kindern helfen. Sie wurden oft um Rat gefragt, weil sie als weise galten. Ihr Wissen gaben sie meist nur mündlich weiter. Als im Mittelalter diese weisen Frauen den herrschenden Fürsten und Kirchenfürsten unbequem wurden, erfand man die Legende von der bösen Hexe, die auf dem Besen reitet und Mensch sowie Tier verzaubert. Selbst für so schlimme Krankheiten wie die Pest, die viele Millionen Menschenleben forderte, wurden diese »Hexen« verantwortlich gemacht. Man verfolgte sie und nahm sie gefangen. Viele von ihnen kamen bei Hexenverbrennungen zu Tode. Heute wissen wir: Es hat nie Hexen gegeben, und es wird auch keine geben, denn niemand kann zaubern oder hexen.

Womit spielten Kinder im Mittelalter?

Ganz so viel Zeit zum Spielen, wie Kinder sie heute haben, hatten Kinder im Mittelalter noch nicht. Sie mussten viel in Haus und Hof helfen, besonders in den ärmeren Familien. Viel Geld konnte niemand für Spielzeug ausgeben, abgesehen von den wenigen wohlhabenden Familien der Fürsten und Edelleute. Babys spielten wie heute mit Rasseln und Beißringen, ältere Kinder hatten Windräder, Kreisel, Puppen oder Murmeln, um sich die Zeit zu vertreiben. Bei den Jungen waren besonders die Steckenpferde beliebt, erinnerten sie doch an die Schlachtrösser der von ihnen bewunderten Ritter. Außerdem spielten die Kinder gern zusammen: Ballspiele, Tanz- und Versteckspiele, Fang-, Sing- und Pfandspiele waren sehr beliebt.

Wie alt wurden Menschen früher?

Die durchschnittliche Lebenserwartung in der Steinzeit lag bei ungefähr 20 Jahren. Das hört sich wenig an, hat aber statistische Gründe: Viele Babys und Kleinkinder starben sehr früh. Wer die Kindheit und frühe Jugend überlebt hatte, konnte schon mal älter als 20 Jahre werden. Im Mittelalter stieg die durchschnittliche Lebenserwartung nur um etwas mehr als zehn

Jahre an: Sie betrug für einen Mann 34 Jahre, für eine Frau (wegen der Gefahren bei der Geburt eines Kindes) nur 28 Jahre. Noch erstaunlicher: Im Jahre 1899 wurde der durchschnittliche Mann nur 46 Jahre alt. Heute liegt die durchschnittliche Lebenserwartung für Männer etwa bei 74 Jahren, für Frauen sogar bei über 80 Jahren. Übrigens: Rein theoretisch können Menschen 120 Jahre und älter werden.

Welche Süßigkeiten kannten die Kinder in vergangenen Tagen?

Schokolade, Mäusespeck, Müsliriegel oder Eis am Stiel konnte man nirgendwo kaufen – sie alle sind Erfindungen der Neuzeit. Aber natürlich waren die Kinder dieser Zeit genauso verrückt nach süßen Sachen, wie Kinder es heute sind. Zucker war im Mittelalter unerschwinglich teuer; er musste importiert werden, weil man noch nicht wusste, dass Zuckerrüben sich zur Herstellung von Zucker eignen. Deshalb mussten die Kinder ihren süßen Hunger mit frischem Obst, Dörrobst oder Honig stillen. Auch Rosinen und Korinthen dürften sehr beliebt gewesen sein. Getrocknete Feigen und Datteln standen ebenfalls auf der Liste der Favoriten. Wenn man es sich recht überlegt – eigentlich sah es gar nicht schlecht aus für den süßen Hunger.

Gab es Robin Hood wirklich?

Der Legende nach lebte er im Sherwood Forest, war der beste Bogenschütze weit und breit und beliebt bei den einfachen Leuten, denn er beraubte die Reichen und gab das Geld den Armen. Außerdem kämpfte er gegen den ungerechten Sheriff von Nottingham. Seit vielen Jahrhunderten erforschen Geschichtsgelehrte, ob es ihn tatsächlich gegeben hat. Zu einem einheitlichen Ergebnis sind sie aber nicht gekommen; gleich mehrere Personen unterschiedlichen Namens werden als mögliche Robin Hoods benannt.

Halbwegs einig ist man sich, dass er im 13. Jahrhundert gelebt haben soll – wenn es ihn denn gab.

Trugen Ärzte im Mittelalter weiße Kittel?

Nein, Ärzte waren im Mittelalter gekleidet wie andere Menschen auch. Erst seit man weiß, dass es Krankheitserreger gibt und dass man sie durch Sauberkeit und Desinfektion in Schach halten kann, haben sich Ärzte für die Farbe Weiß entschieden. Seit Ende des 19. Jahrhunderts tragen Ärzte weiße Berufskleidung. Bei weißer Kleidung sieht man am besten, dass sie noch sauber ist, und weil sie aus den richtigen Fasern besteht, kann man sie bei der Wäsche auch kochen und dadurch perfekt keimfrei machen. Im Operationssaal ist Weiß aber unterdessen nicht mehr in Mode. Dort trägt man blaugrüne oder hellblaue Kleidung, weil das strahlende Weiß die Augen schneller ermüden lässt. Auch die verwendeten textilen Materialien sind nicht mehr weiß – ein weißes Operationstuch, auf das Blut tropft, verfärbt sich rot und kann nicht mehr von der Operationswunde unterschieden werden. Dadurch kam es immer wieder zu schlimmen Problemen, weil Stoffstücke im Körper zurückgeblieben sind. Grüner Stoff hingegen verfärbt sich dunkel, wenn er blutig wird.

Hat es den Nikolaus tatsächlich gegeben?

Es kreisen viele Mythen um den Bischof von Myra, der im 3. Jahrhundert in der heutigen Türkei gelebt hat. Nicht ohne Grund wird der Nikolaus auch mit der Bischofsmütze und dem Krummstab dargestellt. Bischof Nikolaus war sehr beliebt und wurde nach seinem Tod zu einem volkstümlichen Heiligen. Er gilt als Schutzpatron der Kaufleute, Bäcker, Schiffer und Schulkinder.

Wie lange dauerte der kürzeste Krieg?

Während sich der Dreißigjährige Krieg tatsächlich 30 Jahre hinzog, dauerte der Konflikt zwischen Sansibar und der Kolonialmacht Großbritannien im Jahre 1896 nur 38 Minuten. Dann ergab sich Sansibar. So kurz die kriegerische Auseinandersetzung auch war: Auf der Seite Sansibars kamen 300 Soldaten ums Leben, 200 wurden verletzt. Die britische Armee hatte keine Todesopfer zu beklagen.

Warum grüßen Soldaten, indem sie die Hand an den Kopf heben?

Diese zumeist ziemlich zackig ausgeführte Handbewegung hat ihren Ursprung vermutlich im Mittelalter. Wenn sich zwei Ritter in voller Rüstung begegneten, so öffneten sie das Visier ihres Helms, um ihrem Gegenüber das Gesicht zu zeigen und somit mitzuteilen: Ich bin dir freundlich gesinnt! Möglich, dass auch das kurze Lüften des Hutes mit dieser Gepflogenheit zu tun hat.

FORSCHER UND ENTDECKER

Hat Kolumbus Amerika entdeckt?

Kolumbus gilt als der Entdecker der Neuen Welt, doch schon lange vor ihm haben sich Europäer in Nordamerika aufgehalten. Leif Eriksson, Sohn Eriks des Roten, landete rund 500 Jahre vor Kolumbus auf Neufundland und gründete dort eine Wikingersiedlung. Noch vor Eriksson segelte ein anderer Wikinger, Bjarni Herjólfsson, an den Küsten Nordamerikas entlang, als er im Jahre 985 auf dem Weg nach Grönland in Seenot geriet und die Orientierung verlor. Die ersten Menschen jedoch kamen zu Fuß von Sibirien nach Amerika – als Jäger und Sammler in der Steinzeit. Ihre Nachfahren sind die Ureinwohner Amerikas.

Der höchste Berg der Erde: Wer war als Erster oben?

Den 8849 Meter hohen Mount Everest erklommen erstmals Edmund Hillary und Tenzing Norgay, und zwar am 29. Mai 1953. Mittlerweile hat es schon mehr als 8000 Besteigungen auf den höchsten Gipfel der Erde gegeben. Übrigens: Es gibt auf unserem Planeten insgesamt 14 Berggipfel, die über 8000 Meter hoch sind.

Welche wichtige Entdeckung machte Robert Koch?

Robert Koch entdeckte im Jahre 1882 den Erreger der Tuberkulose, einer schlimmen Lungenkrankheit. Im Laufe der Jahre gelang es ihm, einen Impfstoff dagegen zu entwickeln, durch den Tausende von Erkrankten gerettet werden konnten. Für seine Entdeckung erhielt Robert Koch im Jahre 1905 den Nobelpreis, die höchste wissenschaftliche Auszeichnung.

Warum heißen die Röntgenstrahlen Röntgenstrahlen?

Die Röntgenstrahlen sind nach ihrem Entdecker benannt: Wilhelm Conrad Röntgen. Dieser große Physiker fand am 8. November 1895 eine geheimnisvolle neue Strahlung, die später seinen Namen erhielt. Röntgenstrahlen können festes Material durchdringen und dadurch eine Fotografie des Innern möglich machen. Sie werden heute in der Medizin zum Erkennen von Krankheiten und in der Technik zur Materialprüfung genutzt.

Wie schlau war Einstein?

Einen Test zu Lebzeiten hat er nie gemacht, aber die Wissenschaftlerin Catherine M. Cox hat 1926 geschätzt, wie intelligent große Persönlichkeiten gewesen sein sollen. Einsteins IQ (Intelligenzquotient) soll nach ihren Schätzungen zwischen 160 und 180 gelegen haben. Übertroffen wurde er noch vom Philosophen Gottfried Wilhelm von Leibniz (205) und dem Dichter Johann Wolfgang von Goethe (210). Das Verfahren von Cox wurde aber von vielen Wissenschaftlern kritisiert. Wie schlau ein Mensch mit IQ 180 ist? Der durchschnittliche IQ liegt bei etwa 90 bis 110.

Was macht man in der Mensa?

Man isst sich satt. Die »Mensa academica« ist eine billige Essgelegenheit für Studenten, die bekanntermaßen nur über wenig Geld verfügen – sozusagen die Studentenkantine der Universität. Das Wort Mensa wird aber auch noch in einem anderen Zusammenhang gebraucht: *Mensa International* heißt ein Club für besonders intelligente Menschen. Jedes Mitglied muss einen Intelligenzquotienten über 130 besitzen.

ERFINDUNGEN UND ERFINDER

Warum haben oft zwei Menschen dasselbe gleichzeitig erfunden?

Es scheint so, als seien bestimmte Erfindungen oder Entdeckungen einfach »in der Luft gelegen«. Wenn einmal erste Überlegungen abgeschlossen sind und die technischen Voraussetzungen geschaffen wurden, tüftelten häufig mehrere Personen gleichzeitig an einer Idee. Nehmen wir das Telefon: Um seine Erfindung streiten sich Philipp Reis (Erfindung 1861, kein Patent), Alexander Graham Bell (Patent am 14.02.1876), Elisha Gray (Patent am 14.02.1876, aber nur ganze zwei Stunden später) und der Italiener Antonio Meucci (Erfindung angeblich schon 1856, Patent 1871). Wer war es denn nun? Aber wenn wir schon beim Thema sind …

Warum gab es erst ab dem Jahr 1896 Taschenlampen?

Weil es vorher keine geeigneten Batterien gab. Zwar kannte man Batterien bereits als Stromquelle, doch waren es sogenannte Nasszellen – Batterien mit ausgesprochen viel Flüssigkeit darin. Da es sich bei dieser Flüssigkeit auch noch um eine Säure handelte, war transportables Licht eine ausgesprochen unpraktische Sache. Übrigens wurden Handlampen zuerst als Grubenlampen im Bergbau oder als Fahrradlampen benutzt.

Und wer hat den Teebeutel erfunden?

Nein, nicht Theo Beutel! Auch nicht die Ostfriesen. Es war der amerikanische Teehändler Thomas Sullivan, der seinen Kunden um das Jahr 1904 in Seide verpackte Teeproben zuschickte. In dem Glauben, das dies von Sullivan so vorgesehen sei, warfen diese den ganzen Teebeutel ins heiße Wasser. Nun konnte der Tee direkt nach der Zubereitung getrunken werden. Einfach großartig!

Wer hat den Fußball erfunden?

Die Chinesen. Das geschah weit vor unserer Zeit: Schon im 3. Jahrhundert v. Chr. wurde in China gekickt. Das Spiel hieß Ts'uh-küh und gehörte zur militärischen Ausbildung. Doch auch die Zivilbevölkerung fand Gefallen daran, und schon bald entwickelte sich ein Regelwerk, das Fouls und unsportliches Verhalten auf dem Spielfeld verhindern sollte. Der Fußball war damals eine Kugel aus Lederfetzen, gefüllt mit Tierhaaren oder Federn. Mit der Zeit wurde das Ballspiel zum Nationalsport, geriet jedoch um das Jahr 700 n. Chr. wieder in Vergessenheit. Mit dem modernen Fußballspiel hat die chinesische Variante aber wenig zu tun – dessen Ursprung findet sich nämlich in England.

Hat Melitta Bentz den Kaffeefilter erfunden?

Das ist richtig, und zwar im Jahre 1908. Die ersten Modelle fertigte die Dresdnerin in Heimarbeit und zeigte dabei erstaunlichen Einfallsreichtum: Für ihren ersten Kaffeefilter nahm Melitta Bentz einen Messingtopf, schlug mit Nägeln Löcher in dessen Boden, legte Löschpapier aus den Schulheften ihres Sohnes hinein, streute Kaffeepulver darauf, goss kochendes Wasser darüber … und unten tropfte der fertige Kaffee heraus – ganz ohne Kaffeesatz. Eine großartige Idee! Schon bald wurde daraus ein erfolgreiches Produkt. Noch heute schwören Kaffeetrinker auf die Qualität von Filterkaffee.

Wer erfand den Suppenwürfel?

Das war, kaum zu glauben, Julius Maggi! Im Jahre 1908 brachte er das praktische Produkt auf den Markt. Auch sonst war der Schweizer Unternehmer seiner Zeit voraus: Julius Maggi übernahm von seinem Vater die »Hammermühle« in Kemptthal. Seinen Arbeitern gewährte er freie Samstagnachmittage sowie Kinderzulagen zum Lohn. Bei Maggi & Cie. gab es außerdem eine Betriebskrankenkasse, einen Veloklub, einen Schachklub und ein firmeneigenes Orchester, in dem der Boss selbst mitspielte.

Wer hatte die erste Zahnbürste?

Natürlich lässt sich nicht genau bestimmen, ob sich nicht schon in finsterer Vorzeit einer unserer Vorfahren eine Zahnbürste gebastelt hat. Die erste Zahnbürste, von der wir aber mit Sicherheit wissen, stammt aus dem Jahre 1498. Sie gehörte dem Kaiser von China und bestand aus Knochen, in die man Schweineborsten eingelassen hatte. Die erste Zahnbürste mit Kunststoffborsten wurde 1938 hergestellt. Noch eine großartige Erfindung für die Zahnhygiene: 1961 kam die zweifarbige Zahnpasta auf den Markt.

Wer hat das Flugzeug erfunden?

Das erste Flugzeug ohne Motor, das sich tatsächlich in die Lüfte erhob, konstruierten Gustav und Otto Lilienthal. 1891 erreichten sie damit Flugweiten bis zu 25 Meter, 1894 mit einem verbesserten Flugzeug bis zu 250 Meter. Der erste bemannte Motorflug gelang den Brüdern Wright im Jahre 1903. Vom Fliegen geträumt haben die Menschen aber schon immer. In der altgriechischen Sage von Dädalus und Ikarus wollen Vater und Sohn auf selbst gebauten Schwingen der Gefangenschaft entfliehen, doch der Sohn kommt der Sonne zu nah.

Wer waren die ersten Flieger?

Kaum zu glauben: Die ersten Passagiere im Heißluftballon der Brüder Mongolfier waren ein Hammel, eine Ente und ein Hahn. Letzterer soll sich bei der Landung das Bein gebrochen haben und später im Kochtopf gelandet sein – ähnlich erging es vermutlich auch der Ente. Der Hammel hatte als einziger Flugpionier Glück: Er erhielt einen Ehrenplatz am Hofe des Königs – bis zu seinem Lebensende.

Wer hat das Klopapier erfunden?

Wie so vieles: die Chinesen. In der Provinz Henan entdeckten Forscher das älteste Klo mit Wasserspülung. Es soll über 2000 Jahre alt sein. Auch das Klopapier haben die Chinesen erfunden. Die alten Römer standen auf Handarbeit, erst später kam ein Stock mit einem Schwamm daran in Gebrauch. Das finstere Mittelalter griff zu Stroh, Laub oder Blattwerk, bestenfalls zu Stofffetzen. Zu Zeiten des Sonnenkönigs im 17. und 18. Jahrhundert kam die Wolle von Schafen in Mode, und erst in der frühen Neuzeit verwendete man Zeitungen für hinterlistige Zwecke. Ausgewiesenes Klopapier, beim Händler zu kaufen, ist erst seit Ende des 19. Jahrhunderts bekannt, und erst das 20. Jahrhundert machte das Klopapier zum Marken- bzw. Luxusartikel, vorperforiert, mit garantierter Blattzahl und im besten Falle mehrlagig. Das erste Wasserklosett in Europa konstruierte übrigens der Engländer John Harington im Jahre 1596.

Wer hat die Pommes Frites erfunden?

Das sollen die Belgier gewesen sein, die ihren Fisch besonders gern in viel Fett frittiert haben. Doch während eines besonders harten Winters im 17. Jahrhundert, in dem das Angeln nur schwer möglich war, soll ein einfallsreicher Bauer aus der Wallonie auf die Idee gekommen sein, Kartoffelstreifen zu rösten. Kartoffeln heißen in Belgien »*pommes de terre*« (Erdäpfel), und Pommes Frites bedeutet nichts weiter als »frittierte Kartoffeln«.

Wer hat den Fahrstuhl erfunden?

Ein König, der zu faul zum Treppensteigen war. König Ludwig XV. ließ 1743 in seinem Palast in Frankreich den ersten Aufzug bauen. Aufzüge nannte man damals »fliegende Stühle«. Dieser fliegende Stuhl befand sich außen am Gebäude und konnte den König vom Erdgeschoss bis zum obersten Stockwerk bringen. Da weder die Dampfmaschine noch der Elektromotor erfunden waren, mussten solche frühen Aufzüge entweder von den Passagieren selbst oder von Bediensteten mit Muskelkraft nach oben bewegt werden. Später baute man mit Dampf angetriebene und hydraulische Modelle. Bis zum ersten elektrischen Aufzug hätte König Louis XV. noch 160 Jahre warten müssen: Dieser wurde erst 1903 ins 55 Meter hohe Beaver Building in New York eingebaut.

Wer hat die Glühbirne erfunden?

Die Glühbirne hat viele Väter: Als ihr Erfinder gilt der Amerikaner Thomas Alva Edison, der im Laufe seines Lebens viele technische Geräte entwickelt hat. Doch meldete der Amerikaner J. W. Starr bereits im Jahre 1845 ein Patent auf eine Glühbirne an, bei der eine Kohlefaser in einem Glaskolben leuchtete. 1854 baute der in New York lebende deutsche Uhrmacher Heinrich Goebel eine Glühbirne mit einem Faden aus verkohltem Bambus (von seinem Spazierstock) in einem Glaskolben. Stromquelle waren einfache Batterien. Leider ließ er sich seine Erfindung nicht patentieren. 25 Jahre später im Jahre 1879 entwickelte Thomas Alva Edison schließlich eine alltagstaugliche Glühbirne mit luftleerem Glaskolben und meldete sie zum Patent an. Bald darauf konnte man diese auch in den Läden kaufen. Allerdings wurden Glühbirnen damals noch in Handarbeit gefertigt und waren sehr teuer. Die Glühbirne hat sogar noch einen vierten Erfinder: Der englische Fotograf und Erfinder Joseph Swan entwickelte unabhängig von Thomas Alva Edison eine Glühbirne mit luftleerem Glaskolben. Edison und Swan konnten sich jedoch einigen und gründeten sogar eine gemeinsame Firma.

Wer hat die Salami erfunden?

Die Salami, Lieblingswurst vieler Kinder, ist uralt – besser gesagt ihr Rezept. Es taucht erstmals in einem Kochbuch aus dem Jahre 228 v. Chr. auf. Den Namen könnte die Wurst von der Stadt Salamis auf Zypern erhalten haben. Aber auch Italien hat eine lange Salami-Tradition und beansprucht die Wortherkunft für sich: »*In salamoia*« heißt auf italienisch »gesalzen/gepökelt«.

Wer hat das Papier erfunden?

Im alten Ägypten wurde eine Art Papier aus den Blättern der Papyruspflanze hergestellt. Im 2. Jahrhundert n. Chr. begannen die Chinesen, Papier aus Stofffasern zu schöpfen. In Europa dagegen schrieb man lange Zeit auf Pergament, das aus gegerbten Tierhäuten hergestellt wurde und sehr teuer war. Die Herstellung von Papier aus Stofffasern begann in Italien im Jahre 1268, in Deutschland erst um 1390. Vor den Menschen stellten Tiere bereits Papier her, und das seit vielen Hunderttausenden von Jahren: Die Wespen bauen ihre Nester aus gekauten Holzfasern, also einer Art

Papier. Erst 1843 kamen die Menschen auf die Idee, es den Wespen nachzumachen und Holzschliff – fein zerriebene Holzfasern – als Rohstoff für die Papierherstellung zu verwenden. Heute wird Papier je nach Verwendungszweck aus einem Gemisch aus Holzfasern, Textilfasern und anderen Zusätzen hergestellt.

Wer hat das erste Buch gedruckt?

Gedruckt wurde in vielen Kulturen der Erde schon vor langer Zeit. So haben die Menschen in China bereits 500 v. Chr. bewegliche Buchstaben und Druckstöcke aus Holz oder Knochen benutzt. Bücher haben sie damit noch nicht gedruckt – es gab kein Papier in ausreichender Menge. Als Erfinder der neuzeitlichen Druckkunst gilt Johannes Gutenberg, der das Drucken mit beweglichen Einzelbuchstaben entwickelt hat. Als erstes Buch druckte er im Jahre 1455 eine Bibel.

Wer hat die Nudeln erfunden?

Eine seltsame Frage, aber irgendwer muss die Nudeln ja erfunden haben – die Italiener waren es jedenfalls nicht. Im ostasiatischen Raum kennt man Nudeln bereits seit 4000 Jahren. Dort gibt es sie nicht nur aus Weizengrieß, sondern auch aus Mais, Reismehl oder sogar aus Bohnen. Wer nun denkt, der Entdecker Marco Polo habe die Nudel aus Asien nach Italien gebracht, täuscht sich. Im 13. Jahrhundert waren die Nudeln auch in Italien längst bekannt – ein römisches Kochbuch aus dem 1. Jahrhundert n. Chr. beschreibt bereits die Herstellung von Nudeln. Die Vielfalt der heute bekannten Sorten allerdings ist wirklich den Italienern zu verdanken: Spaghetti, Rigatoni, Penne, Maccheroni, Ravioli und Tagliatelle entstammen alle den berühmten Pasta-Fabriken aus und um Neapel.

Wer erfand den Teddybären?

Der Erfinder war der amerikanische Präsident Theodore Roosevelt, und zwar ausgerechnet auf einer Bärenjagd. Weil es keine erwachsenen Bären gab, banden die Gastgeber der Jagd einen jungen Bären an ein Seil und forderten den Präsidenten auf, ihn zu erschießen. Ihr hoher Gast sollte nicht ohne eine Jagdbeute nach Hause gehen. Theodore Roosevelt schoss nicht auf den kleinen Bären, sondern sagte: »Wenn ich diesen kleinen Bären töte, könnte ich meinen Kindern nie wieder in die Augen sehen!« Am nächsten Tag stand es in der Zeitung, und ein Pressezeichner namens Barryman hatte einen niedlichen kleinen Bären dazu gezeichnet – Teddy's bear. Denn der amerikanische Präsident wurde von seinen Freunden gerne Teddy gerufen. Später kam Teddys Bär als Kinderspielzeug auf den Markt.

Wer hat das Streichholz in der Schachtel erfunden?

Bastler und Forscher versuchten lange Zeit vergeblich, eine handliche Lösung für das Anzünden von Feuer zu erfinden. Doch dabei ging vieles schief, denn meist setzten sie auf den gelben Phosphor. (»Lichtträger«), einen Stoff, der sich an der Luft selbst entzünden kann. So manchem Pioniere der Streichholztechnik ging nicht nur die Hose in Flammen auf, wenn er seine selbst entwickelten Streichhölzer im Alltag testete. Die ersten tatsächlich funktionierenden Streichhölzer entwickelte der Apotheker John Walker aus der englischen Stadt Stockton-on-Tees. Er nannte seine Erfindung »Friction Lights«. Die ersten auch im Alltag brauchbaren Streichhölzer, sogenannte Sicherheits-Zündhölzer, hergestellt mit rotem Phosphor und nur an einer speziellen Reibefläche anzuzünden, kamen aus Schweden und wurden deshalb Schwedenhölzer genannt. Eine schwedische Firma hatte 1848 das Patent zu ihrer Herstellung gekauft.

Wer hat das Kochen, Braten und Backen erfunden?

Der Zufall. Es wird irgendwann in grauer Vorzeit gewesen sein, als die Urmenschen ihr Fleisch noch roh aßen. Vermutlich fiel eines Tages ein Stück davon in das Feuer. Weil die Urmenschen nichts zu verschenken hatten, warfen sie es nicht weg, sondern probierten es. Und es muss ihnen geschmeckt haben – zumindest besser als das rohe Fleisch … Ähnlich war es vermutlich mit dem Backen. Möglicherweise hat ein Tongefäß mit Getreidebrei – eine Art Ur-Müsli – zu nahe am Feuer gestanden und war plötzlich hart geworden: das erste Brot. Nach diesem Prinzip könnte auch die erste Suppe entstanden sein. Die ältesten Kochrezepte wurden allerdings nicht aufgeschrieben. Schließlich gab es noch gar keine Schrift.

Wer hat die Zahnpasta erfunden?

Wahrscheinlich waren es die Ägypter – zumindest hat man ein Rezept für Zahnpasta auf einem alten Stück Papyrus entdeckt. Ein Pulver, das schöne weiße Zähne versprach, wurde vor dem Gebrauch mit Speichel angemischt und bestand aus Steinsalz, getrockneten Lilienblüten sowie Pfeffer. Wie moderne Forscher herausfanden, soll die Lilie Wirkstoffe enthalten, die gegen Zahnfleischerkrankungen helfen.

Wie hieß das erste Waschmittel?

Die Marke ist bis heute eine der bekanntesten: Persil kam 1907 auf den Markt und revolutionierte das Waschen. Zuvor hatte man – auch in der ersten Waschmaschine, die 1858 von Hamilton Smith in Pittsburgh erfunden wurde – die Wäsche in aufwendiger Handarbeit mit Seifenlauge waschen müssen.

Wer hat unsere Schrift erfunden?

Die älteste bekannte Schrift ist über 5000 Jahre alt: Die Keilschrift der Sumerer wurde in Mesopotamien verwendet und war eine Art Bilderschrift. Wenig später nutzten auch die Ägypter eine solche Schrift, die Hieroglyphen. Auch die Schriftzeichen der Chinesen sind viele tausend Jahre alt. Die Germanen, unsere Vorfahren, und viele andere Völker in Europa nutzten zunächst Runen-Schriften mit ganz eigenen Zeichen. Später übernahmen sie das Alphabet, wie wir es heute benutzen, von den Römern. Die wiederum kannten es von den Etruskern und Griechen. Allerdings benutzten die Etrusker nur 23 Buchstaben, die Griechen fügten die Buchstaben X, Y und Z hinzu. Es gibt Schriften aus der Geschichte der Menschheit, die bis heute nicht entziffert sind, so eine geheimnisvolle Schrift aus dem Königreich Elam.

Seit wann gibt es in Europa Porzellan?

Das erste brauchbare europäische Porzellan stellten im Jahre 1710 Ehrenfried von Tschirnhaus und Johann Friedrich Böttger in Meißen her. Böttger hatte sich ursprünglich mit der Herstellung von Gold befasst, aber bald bemerkt, dass die weiße Masse aus einem Gemisch von Kaolin, Feldspat und Quarz mehr Aussicht auf Erfolg versprach. In Meißen entstand daraufhin eine bedeutende Porzellanmanufaktur.

Wer hat das Wochenende erfunden?

Der freie Sonntag ist schon in der Bibel festgehalten, auch die Menschen jüdischen Glaubens haben den Sabbat – den freien Samstag allerdings gibt es noch nicht so lange. In Deutschland und in vielen anderen Industrienationen erkämpften die Gewerkschaften von den Unternehmen immer kürzere Arbeitszeiten, und mit der 40-Stunden-Woche (5 Tage x 8 Stunden) kam der freie Samstag. Das war etwa im Jahr 1965. In vielen anderen Ländern der Erde – zum Beispiel in China – arbeiten die Menschen noch heute sieben Tage in der Woche und auch mehr als acht Stunden am Tag. Einen gesetzlich festgelegten Urlaub kennen sie nicht. Wir haben es also ziemlich gut.

Wie alt ist eigentlich Nivea-Creme?

Schon unsere Großmütter benutzten sie: Nivea-Creme ist mittlerweile über 110 Jahre alt. Im Jahre 1911 entwickelte der Chemiker Dr. Oscar Troplowitz bei der Beiersdorf AG eine Creme aus dem Wollwachsfett von Schafen und einem besonderen Emulgator – Eucerin. Der Name der weißen Creme stammt übrigens von dem lateinischen Wort für Schnee »*nix, nivis*« ab. Nivea bedeutet »die Schneeweiße«.

ALLTAG GESTERN

Was war zuerst da: Gabel oder Löffel?

Der Löffel ist die ältere Erfindung. Schon im Mittelalter besaß jeder einen, meist aus Holz geschnitzt, und brachte ihn überallhin mit – das Essbesteck gehörte nicht wie heute den Gastgebern. Damit aß man dann bei den Mahlzeiten aus dem gemeinsamen Topf. Gab es keinen Brei oder keine Suppe, sondern handfestere Nahrung wie Fleisch, so nahm man ein Messer zur Hilfe – und natürlich die Hände. Auch am Hofe des Königs wurde auf diese einfache Art gespeist. Gabeln – und damit feinere Tischsitten – setzten sich bei uns erst vor etwa 300 bis 400 Jahren durch. Es hielt sich nämlich lange der Glaube, die Gabel sei ein Werkzeug des Teufels und der Hexen. Noch heute wird in vielen Ländern auf der Erde üblicherweise mit den Händen gegessen. In China benutzt man seit etwa 4000 Jahren Stäbchen. Die Nahrungsmittel werden in der Küche dafür extra klein geschnitten und in mundgerechten Portionen serviert.

Wie hat man eigentlich früher gebügelt?

Früher füllte man glühende Eisenbarren, erhitzte Steine oder gar brennende Kohle in hohle Bügeleisen aus Gusseisen – eine heiße Angelegenheit. Das Bügeleisen mit einer elektrischen Heizspirale erfand im Jahre 1889 der Kellner Charles Carpenter aus Minneapolis, USA. 1926 führte man in der chemischen Reinigung Eldec Company in New York das erste Dampfbügeleisen vor.

Mussten die Kinder früher nach jeder Mahlzeit spülen?

Ja, durchaus, wenn sie alt genug dazu waren. Zwar wurde der erste handbetriebene Geschirrspüler bereits 1886 von Josephine Cochrane erfunden, aber es sollte noch lange dauern, bis solche Geräte in die Haushalte einzogen. In Deutschland folgte 1929 die erste elektrische Spülmaschine von der Firma Miele – immer noch zu teuer für die meisten Familien. Da mussten die Kinder also weiterhin mithelfen. Und mal ehrlich: Das Ein- und Ausräumen der Spülmaschine macht doch auch nicht wirklich Spaß …

Was machten die Menschen vor der Erfindung des Klopapiers?

Erfunden wurde das Einzelblatt-Klopapier 1857 von Joseph Gayetty; es galt jedoch lange als Luxusgut. Erst nachdem es in Amerika ab 1907 in Form von Rollen auf den Markt kam, konnte sich Klopapier durchsetzen. In Deutschland bot Hans Klenk ab 1928 das HAKLE Klosettpapier an, und von da an ging es bergauf mit der Sauberkeit auf dem stillen Örtchen – obwohl viele Menschen weiterhin lieber zugeschnittenes Zeitungspapier oder alte Kataloge benutzten. Vor dem Toilettenpapier wurden auch mal Steine, eingeweichte Maiskolben, Ballen aus Pflanzenfasern, Grasbüschel und andere Kuriositäten verwendet. Gute alte Zeit? Schwamm drüber!

Was taten unsere Vorfahren, bevor es einen Spiegel gab?

Vermutlich spiegelten sie sich in einer Wasseroberfläche. Bereits vor 4000 Jahren wurden in Ägypten Spiegel aus poliertem Kupfer verwendet, die sich allerdings nur die reichen Menschen leisten konnten. Vor 700 Jahren folgten Glasspiegel mit Zinnblech oder Quecksilber als Spiegelschicht.

Hinten versilberte Spiegel, wie wir sie heute noch benutzen, erfand 1835 der Chemiker Justus Liebig.

Wie hat man sich früher die Haare getrocknet?

Bevor man Strom als Energiequelle nutzen konnte, blieben nur Handtücher. Der erste Föhn kam 1910 auf den Markt, war aber eher eine Gefahrenquelle als ein brauchbares Hilfsmittel. Das Gerät wog fast 2 Kilogramm und vor der 90 °C heißen Luft musste man sich ganz schön in Acht nehmen. Außerdem war er mehr als 50-mal so teuer wie ein gewöhnlicher Haarschnitt. Weniger gefährlich wurde das Föhnen der Haare, als im Jahre 1930 der Temperaturregler erfunden wurde.

Wer kam auf die Idee mit dem Fingerabdruck?

Verbrecher und ihre Untaten gab es schon immer, aber seit dem Ende des 19. Jahrhunderts haben sie es schwerer. Edward Henry, ein englischer Beamter in Indien, entwickelte ein System, mit dessen Hilfe die Fingerabdrücke eines Menschen genau identifiziert und kategorisiert werden konnten. Denn jeder Fingerabdruck ist einzigartig auf der Welt. Edward Henrys kriminaltechnische Neuerung ging wie ein Lauffeuer um den Globus. Am 1. April 1903 wurde das Verfahren in Dresden eingeführt. Übrigens: Die Chinesen nutzten schon vor vielen tausend Jahren Fingerabdrücke als Unterschrift unter Verträgen.

Was waren die ersten Worte, die über ein Telefon gesprochen wurden?

Kaum zu glauben, es soll folgender Satz gefallen sein, als Johann Philipp Reis, den Apparat am 26. Oktober 1861 zum ersten Mal der Öffentlichkeit vorführte: »Das Pferd frisst keinen Gurkensalat!« Philipp Reis kümmerte sich aber nicht weiter um seine Erfindung, und so war es Alexander Graham Bell, der das Telefon im Jahre 1876 patentieren ließ. Die ersten Worte, die Mr. Bell über Telefon gesagt haben soll, waren für seinen Assistenten bestimmt: »Mr. Watson, kommen Sie sofort, ich brauche Sie!«

Goss Urgroßvater wirklich Wasser in seine Fahrradlampe?

Was sich für uns heute ziemlich verrückt anhört, war bis in die 1950er-Jahre üblich: Fahrräder und auch manche Motorräder hatten sogenannte Carbidlampen. Diese Lampe hatte einen Behälter, in den kleine Brocken von Calciumcarbid gefüllt wurden – ein Stoff, der ein Gas abgibt, wenn man ihn mit Wasser in Kontakt bringt. In einen zweiten Behälter wurde das Wasser gefüllt, das durch eine Düse auf das Calciumcarbid tropfte. Das aufsteigende Gas wurde in einen Brenner geleitet und angezündet. Die Acetylenflamme wurde durch einen Hohlspiegel verstärkt. Fertig war die Fahrzeugbeleuchtung in einer Zeit, in der es den Nabendynamo noch nicht gab!

Wann ging der Verkehr in den Untergrund?

Die erste Untergrundbahn der Welt ging 1863 in London in Betrieb. Sie verband die Stationen Paddington (nach der auch der bekannte Bär benannt wurde) und Farrington Street. Anfangs wurden die Züge mit Dampf angetrieben, ab 1890 wurde elektrischer Strom als Energiequelle genutzt. Die erste U-Bahn auf dem europäischen Kontinent fuhr übrigens nicht in Paris oder Berlin, sondern 1896 in Budapest. Erst am 19. Juli 1900 wurde die Pariser Metro eröffnet.

Konnte mein Urgroßvater schon surfen gehen?

Er müsste zu den Pionieren des Sports gehört haben. Während auf Hawaii bereits ab dem 18. Jahrhundert fleißig gesurft wurde, dauerte es noch eine ganze Zeit, bis es auch hierzulande populär wurde. Die erste Konstruktion für das Windsurfen – ein Surfbrett mit einem Segel obendrauf – stammt von dem Erfinder Peter Chilvers aus dem Jahr 1958, aber erst der Bootsbauer Newman Darby führte das Sportgerät als »Darby Sailboard« zum Erfolg. 1964 begann man damit, Surfbretter zum Windsurfen nicht mehr als Einzelstücke, sondern für den Verkauf in kleiner Serie herzustellen. Wenn dein Großvater damals in den USA gelebt hat, könnte er zu den ersten Surfern gezählt haben.

Stimmt es, dass es eine Mauer gab, die mitten durch Berlin verlief?

Nach dem Zweiten Weltkrieg wurde Deutschland von den Siegermächten geteilt. Es existierten zwei Staaten: die Bundesrepublik Deutschland im Westen und die Deutsche Demokratische Republik (DDR) im Osten. Die am 13. August 1961 erbaute Mauer durch die ebenfalls geteilte Hauptstadt Berlin sollte verhindern, dass dem östlichen deutschen Staat, der DDR, die Bürger fortliefen. Sie wurde erbaut, weil immer mehr Menschen aus diesem kommunistischen Staat in den Westen flohen. Die Machthaber der DDR nannten sie den »antifaschistischen Schutzwall«, der ihr Staatsgebiet vor »Abwanderung, Unterwanderung, Spionage, Sabotage, Schmuggel, Ausverkauf und Aggression aus dem Westen« schützen sollte. In Wirklichkeit sollte sie die Bürger der DDR nur daran hindern, in die Freiheit zu fliehen. Die Mauer war 155 Kilometer lang, und 43 Kilometer davon lagen innerhalb der Stadt. 300 Wachtürme waren mit Uniformierten besetzt, die verhindern sollten, dass Menschen trotz der Mauer zu fliehen versuchten. Mindestens 190 Flüchtlinge starben an der Mauer, die von Soldaten bewacht und mit Selbstschussanlagen ausgerüstet war, bis in der Nacht vom 9. auf den 10. November 1989 die Berliner Mauer für immer fiel.

SEIT WANN …?

Seit wann gibt es eigentlich Coca-Cola?

Coca-Cola wurde im Jahre 1886 vom Apotheker Dr. John S. Pemberton aus Atlanta gebraut und als Mittel gegen Kopfschmerzen und Depressionen verkauft. Nachdem der Geschäftsmann Asa Griggs Candler die Rechte an der Marke erworben hatte, gründete dieser 1892 die *The Coca-Cola Company*. Vier Jahre später wurde das Getränk ein großer Erfolg in den gesamten USA und bald auch über die Landesgrenzen hinaus. Die Rezeptur wird bis heute geheim gehalten; die genaue Zusammensetzung von Coca-Cola kennen angeblich nur eine Handvoll Menschen. Das Originalrezept wird in einem gut gesicherten Tresor aufbewahrt.

Seit wann gibt es die CD?

Die CD oder Compact Disc wurde 1979 von den Firmen *Philips* und *Sony* erfunden. Auf der CD sind die Töne digital, das heißt als Folge von Nullen und Einsen aufgezeichnet. Beim Abspielen werden sie von einem Laserstrahl mit ungeheurer Geschwindigkeit (etwa 4 Millionen Zeichen pro Sekunde) abgetastet und wieder in Töne umgewandelt. Anfangs sollte die CD 11,5 Zentimeter Durchmesser haben; schließlich einigte man sich auf 12 Zentimeter – denn nur so passte die 9. Sinfonie von Ludwig van Beethoven in ganzer Länge auf eine CD.

Seit wann gibt es Fallschirme?

Entworfen hat ihn schon Leonardo da Vinci im Jahre 1458, aber es dauerte noch 500 Jahre, bis dessen Konstruktion getestet wurde. Einer der Erfinder des Heißluftballons, Joseph Montgolfier, experimentierte mit Fallschirmen. 1783 sprang der Physiker Louis-Sébastian Lenormand mit zwei Fallschirmen von einem Baum – und später mit einem anderen Modell vom Observatorium in Montpellier. Zwei Jahre darauf baute der Ballonfahrer Jean Pierre Blanchard seinen ersten Fallschirm, 1793 wagte er schließlich den Absprung wegen eines Notfalls – sein Heißluftballon war defekt. Blanchard landete aber sicher wieder auf dem Boden.

Seit wann spielt man schon auf einer Flöte?

Die Flöte ist eines der ältesten Musikinstrumente. 1990 entdeckte die Archäologin Susanne Münzel in der Geißenklösterle-Höhle bei Blaubeuren eine Flöte aus einem Vogelknochen. Das Alter: etwa 35 000 Jahre! Ein anderer Fund aus Österreich offenbarte eine 19 000 Jahre alte Flöte aus dem Schienbein eines Rentieres. In China hat man bei Ausgrabungen eine 9000 Jahre alte Flöte gefunden. Sie war aus dem hohlen Ellenknochen eines Kranichs hergestellt. Ob die Kinder in der Steinzeit schon zum Flötenunterricht mussten?

Seit wann gibt es Haushaltsgeräte?

In Ur-Ur-Uromas Küche musste noch alles von Hand gemacht werden, aber mit der Zeit kam der Fortschritt: der erste Gasherd 1802, der Dosenöffner 1855, die erste handbetriebene Spülmaschine 1886, der erste Kühlschrank 1913, der automatische Toaster 1919, die Einbauküche 1927 und die erste Trockenhaube für den Hausgebrauch 1951.

Seit wann gibt es Tomatenketchup?

Das Grundrezept zu dieser Soße war wohl schon seit Jahrhunderten bekannt – in China. Unter dem Namen »*kê-tsiap*« brachten Seefahrer die chinesische Fischsoße mit in die Vereinigten Staaten; erst 1790 kamen die Tomaten hinzu. Nachdem Henry John Heinz, ein Nachfahre deutscher Emigranten, die Soße für sich entdeckt hatte, wandelte er das Rezept ab und ließ ab 1876 Ketchup in großen Mengen industriell herstellen und verkaufen. Nicht umsonst ist *Heinz* noch heute eine der bekanntesten Ketchup-Marken.

Seit wann ist die Freiheitsstatue das Wahrzeichen von New York?

Schon seit mehr als 130 Jahren: Am 28. Oktober 1886 wurde die Dame mit der Fackel offiziell im Hafen New Yorks eingeweiht. Errichtet zur Weltausstellung in Paris 1878, stellte sie ein Geschenk Frankreichs an die Vereinigten Staaten dar. Ihre Konstrukteure gingen in die Geschichte ein: F. A. Bartholdi, Ideengeber und Designer, sowie Architekt Gustave Eiffel, verantwortlich für das tragende Gerüst und später Erbauer des nach ihm benannten Eiffelturms. Die Freiheitsstatue besteht aus 300 kupfernen Einzelteilen, ist 46 Meter hoch und steht auf einem 27 Meter hohen Podest. Vom Sockel bis zur Fackel gemessen ist *Lady Liberty* insgesamt 93 Meter hoch.

Seit wann klebt das Klebeband?

Die Erfindung geht offiziell auf den Amerikaner Richard Drew zurück, der als junger Ingenieur bei der Firma *3M (Minnesota Mining & Manufacturing Corporation)* an einer Abdeckung für Autolackierungen tüftelte. 1925 entwickelte er das erste Abdeckklebepapier, fünf Jahre später folgte das durchsichtige Klebeband. Doch schon 1896 soll ein deutsches Unternehmen ein klebendes Papierband erfunden haben: ein Pflaster. Weil es die Haut reizte, wurde das Heftpflaster kurzerhand zur Abdichtung von Fahrradreifen verkauft. Ebendieses Unternehmen brachte 1936 auch den Tesafilm auf den Markt. Den Namen »Tesa« verdanken wir übrigens der Dame »Tesmer, Elsa« (so schrieb man damals die Namen), die dort bis 1908 als Sekretärin und Kontoristin arbeitete. Aus den ersten zwei Buchstaben ihres Nachnamens sowie den letzten beiden ihres Vornamens bastelte sie bei einem Wettbewerb den Markennamen.

Seit wann gibt es Knöpfe?

Knöpfe für Kleider kamen bei den Römern in Mode. Zuvor hatte man seine Tunika (ein faltiges Gewand) mit einer Fibel geschlossen, der Vorläuferin der Sicherheitsnadel. Durch Schlaufen verbundene Knebel wie beim Dufflecoat, einem klassischen Mantelmodell, verwendete man schon 2000 v. Chr. im Vorderen Orient.

Seit wann kennt man den Kompass?

Schon im 3. Jahrhundert v. Chr. sollen die Chinesen die magnetischen Eigenschaften von Magnetit erkannt und als Hilfsmittel für die Schifffahrt genutzt haben. Schriftliche Erwähnung findet der Kompass erstmals in einem Buch um das Jahr 1090. Der chinesische Kaiser Ching Wang soll im Jahr 1160 freischwimmende Magnetnadeln als Geschenk an einen Diplomaten gesandt haben. Diese Nadeln nannte man »*fse-nan*« – übersetzt »Andeuter des Südens«.

Seit wann gibt es Lego-Steine?

1932 gründete der Tischler Ole Kirk Christiansen aus Billung in Dänemark die gleichnamige Firma, um Kinderspielzeug anzufertigen, darunter auch erste Bausteine aus Holz. Gemeinsam mit seinem erwachsenen Sohn experimentierte er ab 1949 mit Kunststoffbausteinen, bis 1958 der Durchbruch gelang und die uns heute noch gebräuchlichen Lego-Steine den Markt eroberten. Der Name Lego ist übrigens ein Kunstwort, zusammengesetzt aus »*leg godt*« – dänisch für »spiele gut!«

Seit wann gibt es die Mikrowelle?

Seit 1946. Ihr Erfinder Percy Spencer arbeitete bei der amerikanischen Rüstungsfirma *Raytheon* an einem Bauteil für Radaranlagen – einem sogenannten Magnetron –, als ihm ein Schokoriegel in der Hosentasche schmolz. Höchst erstaunt darüber, begann Spencer, Versuche mit den ausgestrahlten Mikrowellen anzustellen: Maiskörner wurden in der Nähe der Vakuumröhre zu Popcorn, Obst und Gemüse erhitzten sich, sogar ein Ei soll er als Versuchsobjekt benutzt haben – mit verheerendem Ergebnis, denn Eier explodieren in einem Mikrowellenfeld. Spencer verfolgte die Idee weiter, und 1947 wurde unter seiner Mithilfe der erste Mikrowellenherd der Welt produziert. Das Gerät war ziemlich unhandlich: etwa 350 Kilogramm schwer, doppelt so hoch wie ein Kühlschrank und über 5000 Dollar teuer. Außerdem musste es während des Betriebes mit Wasser gekühlt werden.

Seit wann gibt es in Europa Porzellan?

Das erste brauchbare europäische Porzellan stellten im Jahre 1710 Ehrenfried von Tschirnhaus und Johann Friedrich Böttger in Meißen her. Böttger hatte sich ursprünglich mit der Herstellung von Gold befasst, aber für dieses Vorhaben besondere, hochtemperaturfeste Schmelztiegel aus keramischen Rohstoffen benötigt und selber hergestellt. Bald bemerkten Tschirnhaus und er, dass die weiße Masse aus einem Gemisch von Kaolin, Feldspat und Quarz großes Potenzial besaß und mehr Aussicht auf Erfolg versprach als das Gold, dessen Gewinnung ohnehin nicht gelang. In Meißen entstand daraufhin eine bedeutende Porzellanmanufaktur.

Seit wann kann man Pralinen essen?

Die Praline verdankt ihren Namen dem Feldmarschall Comte de Plessis-Praslin (sprich: Pralin), dessen deutscher Koch und Konditor als Erster eine Masse aus Nüssen und Mandeln mit Schokolade überzogen haben soll – für die Teilnehmer eines Reichstags im Jahre 1625, also vor bald 400 Jahren. Wie viele Pralinen man seither wohl gegessen hat?

Seit wann kann man seine Fehler wegradieren?

Einen Radiergummi gibt es seit dem 18. Jahrhundert. In manchen Quellen gilt der Physiker und Astronom Magellan (1722–1790) als dessen Erfinder: Er soll als Erster eine Mischung aus Naturkautschuk zum Radieren benutzt haben. Andere behaupten, der britische Naturforscher Edward Nairne habe die Wirkung des gummiartigen Stoffes im Jahre 1770 entdeckt und ihm auch den Namen »Rubber« gegeben. Es war wohl wieder eine dieser Entdeckungen, die quasi in der Luft lag.

Seit wann gibt es eigentlich Regenschirme?

Schirme sind seit über 4000 Jahren im Einsatz. Wie Abbildungen auf antiken Kunstwerken aus Ägypten, Griechenland, Assyrien und China verraten, wurden sie ursprünglich als Schutz vor der Sonne benutzt. Es wird angenommen, dass der wasserabweisende Schirm erst ab dem 17. Jahrhundert Verwendung fand, und dann vor allem in den Händen französischer Damen. Der Regenschirm mit zusammenlegbarem Stahlgerippe wurde 1852 von Samuel Fox im regenreichen Großbritannien konstruiert und unter dem Namen *Brolly* bekannt. Dass es noch kleiner geht, bewies Hans Haupt 1928: Er erfand den »Knirps«, einen Schirm, den man zusammenschieben und in der Tasche verstauen kann.

Seit wann trinkt man Kakao?

Das leckere braune Getränk kommt aus Mexiko und war ein Genussmittel der Maya und Azteken. Genannt »*cocoatl*«, übersetzt mit Bitterwasser, vermischte man es mit Chili sowie anderen Gewürzen und nahm es schaumig geschlagen als Suppe oder Brei mit Maismehl zu sich. Kakao diente als Opfergabe für die Götter und Könige, als Zahlungsmittel oder auch als Medizin.

Seit wann gibt es eigentlich Schokolade?

Um das Jahr 1528 brachten die Spanier die Frucht der Kakaopflanze erstmals nach Europa. Lange wurde Schokolade ausschließlich in den Fürstenhäusern als gezuckertes Heißgetränk konsumiert. Erst ab 1674 gab es die Süßigkeit auch in fester Form als Riegel oder Keks. Allerdings lässt sich diese Schokolade kaum mit der heutigen vergleichen. Die erste Schokoladentafel, welche die Firma *Fry & Sons* in England ab 1847 produzierte, war ausgesprochen hart und musste regelrecht geknabbert werden – in ihrem Rezept war noch keine Kakaobutter enthalten. Die angenehm weiche und zart schmelzende Konsistenz verdanken wir der Schweizer Firma *Lindt* und ihrer bahnbrechenden Entdeckung des Conchierens. Danke!

Seit wann singt man »Stille Nacht, heilige Nacht«?

Das Weihnachtslied »Stille Nacht, heilige Nacht« stammt aus dem Jahre 1818, ist also mehr als 200 Jahre alt. Den Text schrieb Joseph Mohr, die

Musik stammt von Franz Xaver Gruber. Das älteste deutsche Weihnachtslied schlägt »Stille Nacht, heilige Nacht« aber um Längen: Es heißt »Sei uns willkommen, Herre Christ« und wurde wohl erstmals im Jahre 1100 gesungen. Die ursprünglichen Noten werden im Aachener Dom aufbewahrt.

Seit wann gibt es Strom in den Häusern?

Es ist noch nicht lange her, dass Petroleumlampen und Gaslicht unsere Häuser erhellten. Die Elektrifizierung begann in den Städten, und zwar in den Jahren zwischen 1890 und 1900. Zuerst galt elektrisches Licht als Luxus – man beleuchtete vor allem größere öffentliche Plätze, Restaurants, Theater und Vergnügungsstätten. Vor 1914 waren nur etwa 10 Prozent aller Privathaushalte in den Städten mit elektrischem Licht versehen; das sollte sich in den 1920er-Jahren jedoch ändern. Nachdem die Städte zum großen Teil mit Elektrizität versorgt waren, begann sich das Stromnetz in die Randbereiche auszuweiten, und in den 1930er-Jahren waren auch die meisten ländlichen Regionen an das Netz angeschlossen. Übrigens: Laut Auskunft der Vereinten Nationen (UN) haben rund 840 Millionen Menschen auf der Erde immer noch keinen Zugang zu Strom.

Seit wann gibt es Handys?

Das erste kommerzielle Mobiltelefon war das *Motorola DynaTAC 8000X*, das im Jahre 1983 auf den Markt kam. Es war 800 Gramm schwer und kostete ungefähr 4000 Dollar. Sein Akku reichte für eine Stunde Gesprächszeit. Das unhandliche und teure Gerät wurde bereits im ersten Jahr von über 300 000 Menschen erworben. Auch das erste Mobiltelefon in Deutschland kam von *Motorola*: das *Motorola International 3200* wurde 1992 erstmals angeboten. Es trug wegen seiner Form den Spitznamen »der Knochen«.

Seit wann gibt es Rasenmäher?

Mit eigener Körperkraft betriebene Rasenmäher gibt es seit 1805. Ein Mann namens Thomas Plucknett soll ihn erfunden haben. Andere sagen, der Geistliche Reverend Patrick Bell sei der Erfinder dieses nützlichen Gerätes gewesen. Gleichgültig, wer es war: Rasenmähen war einfach zu anstrengend. 1902 kamen die ersten Mäher mit Benzinmotor und 1926 die ersten Elektromotor-Mäher in den Handel. Doch selbst das Hinterherlaufen war manchen Leuten noch zu strapazierend, und so wurde Ende des letzten Jahrtausends der voll motorisierte Aufsitztraktor zum Verkaufsschlager.

Seit wann gibt es Rollschuhe?

Merlin hat sie erfunden! Nein, nicht der Zauberer Merlin, sondern der belgische Erfinder Jean-Joseph Merlin im Jahre 1759. Seine Rollschuhe hatten je zwei große Rollen an jedem Schuh – genau genommen waren es einfach Schlittschuhe, unter die er Räder montierte. Er nannte sie »*patins à roues alignées*« – Rollschuhe mit Rollen in einer Reihe. Es waren also echte Inliner! 1863 konstruierte der Amerikaner James L. Plimpton Rollschuhe mit je vier Holzrollen, die er sich patentieren ließ. Und seltsamerweise gerieten die Inliner wieder in Vergessenheit. Erst über 100 Jahre später erinnerte man sich wieder daran: 1980 kamen unter dem Namen »Rollerblades« moderne Inliner auf den Markt.

Seit wann schreiben Schüler mit dem Füller?

Für viele hundert Jahre war der Federkiel das einzige Schreibgerät in Europa. Die dicke, schräg angeschnittene Gänsefeder ist auf vielen alten Abbildungen zu sehen und war seit dem 5. Jahrhundert üblich. 1748 stellte Johannes Janssen, Assistent des Aachener Bürgermeisters, Stahlfedern her, die er bald in alle Welt verkaufte. Aber noch immer musste man die Feder regelmäßig ins Tintenfass tauchen. Den ersten wirklich funktionierenden Füllfederhalter mit eingebautem Tintentank konstruierte 1884 Lewis Edson Waterman, dessen Firma noch heute existiert. Tintenpatronen für Füller gibt es seit 1935. Diese erfand M. Perraud, ein Direktor der Firma *Waterman.*

Seit wann kennt man eigentlich das Skifahren?

Menschen stehen vermutlich schon seit über 8000 Jahren auf diesen Brettern: Im Altai-Gebirge im heutigem China hat man Skier auf einer steinzeitlichen Felszeichnung gefunden – ein Jagdszenario auf Skiern. Auch in Skandinavien gibt es Funde, die auf eine 4000 Jahre alte Skitradition hindeuten. Kein Wunder, denn dort gibt es auch heute noch sehr viel Schnee.

Seit wann gibt es Toastbrot?

Seit es das Feuer und das Brot gibt. Um Brotscheiben über dem offenen Feuer zu toasten, benutzte man Hilfsmittel wie Gabeln, Zangen, Feuerroste und Pfannen. Der erste elektrische Toaster wurde von Frank Shailor in den USA erfunden – im Jahre 1908. Übrigens hat man Brot in der Vergangenheit nicht nur wegen des Geschmackes getoastet: Es war so auch länger haltbar, weil es nicht schimmelte. Schon im alten Ägypten und Griechenland wurde das Brot aus ebendiesem Grund geröstet. Mit der Eroberung durch die Römer kam die Sitte schließlich zu den Briten, die den gerösteten Scheiben 1430 den Namen »Toast« gaben.

Wie lange gibt es schon Bleistifte?

Der Bleistift hat eine lange Geschichte: Im Mittelalter noch tatsächlich aus Blei, aber auch aus Silber hergestellt, griff man im 15. Jahrhundert erstmals zu einer Mischung aus Blei und Zinn. Erste Holzfassungen schützten vor schmutzigen Fingern. Im Jahre 1658 entdeckte man das Mineral Grafit, das auch heute noch bei der Fertigung von Bleistiften benutzt wird. Es wurde zu Stäbchen zerkleinert und in Holz eingefasst. Besonders die Künstler liebten diese weichen Zeichenstifte, doch aufgrund der umständlichen und langwierigen Herstellung waren diese kaum erschwinglich. Erst als Josef Hardtmuth in Wien eine keramische Mine aus Grafitstaub und Ton im Ofen »backen« konnte, war der moderne Bleistift geboren. Das Besondere an dieser Herstellungsart: Man kann bestimmen, wie hart oder weich die Bleistiftmine werden soll. Es gibt eine eigene Skala für den Härtegrad von Bleistiften: Ganz weiche tragen die Bezeichnung 9B, ein Bleistift mit der Bezeichnung 4B ist mittelweich, HB oder F liegen vom Härtegrad genau in der Mitte, und von H über 4H bis 9H werden die Stifte immer härter.

Seit wann gibt es Briefmarken?

Im Jahre 1653 verpachtete der französische König Ludwig XIV. die Rechte der Pariser Stadtpost an Monsieur Renouard de Villayer. Dieser stellte Briefkästen auf und führte eine einheitliche Postgebühr von damals einem Sol pro Sendung ein. Man erhielt einen Papierstreifen mit der Aufschrift »*Billet de port payé*«, befestigte ihn an dem Brief und warf diesen dann in den Kasten. Eine revolutionäre Neuerung, denn bisher hatte immer der Empfänger das Porto bezahlt. Die erste Briefmarke zum Aufkleben kam in England heraus. Die Druckereibesitzer und Zeitungsverleger James Chalmers aus Dundee gilt als der Erfinder der Briefmarke, die am 6. Mai 1840 von der britischen Post eingeführt wurde. Es war eine schwarze 1-Penny-Marke.

Seit wann gibt es Nutella?

Der leckere braune Brotaufstrich ist seit 1964 unter dem Namen »Nutella« zu kaufen. Das Rezept stammt von dem italienischen Konditor Pietro Ferrero, der im entbehrungsreichen Kriegsjahr 1940 den wenigen Kakao, den er auftreiben konnte, mit gerösteten Haselnüssen aus seiner Heimatregion Piemont mischte. Das Ergebnis: eine streichbare Schokocreme, die zunächst den Namen »*Pasta gianduja*« – Nougat-Paste – bekam. Dieses Rezept machte die Firma in wenigen Jahren weltberühmt.

Wann wurde die erste Tagesschau ausgestrahlt?

Die erste regelmäßige Nachrichtensendung im deutschen Fernsehen war ein Weihnachtsgeschenk: Am zweiten Weihnachtsfeiertag 1952 begrüßte der Tagesschausprecher Cay Dietrich Voss die Zuschauer und Zuschauerinnen des einzigen deutschen Fernsehsenders zum ersten Mal. Der Name »Tagesschau« passte allerdings noch nicht ganz: Anfangs wurde sie nur dreimal in der Woche ausgestrahlt.

Seit wann gibt es Adventskalender?

Bevor es Adventskalender gab, hängten Familien nacheinander 24 Bilder auf – das letzte an Heiligabend. Der erste gedruckte Adventskalender wurde im Jahre 1903 in München auf den Markt gebracht und zeigte 24 Türen mit jeweils einem Bild dahinter. Sein Erfinder war der Pfarrerssohn Gerhard Lang, Buchhändler und Verleger von Beruf. Innerhalb weniger Jahre wurde der Adventskalender in ganz Deutschland und in den 1920er-Jahren schließlich auch international beliebt.

PHYSIK, CHEMIE UND SACHKUNDE

Die Welt steckt voller Fragen: Wie viel Wasser ist im Meer? Stimmt es, dass im Meerwasser Gold aufgelöst ist? Kann Mehl ein Sprengstoff sein? Können Computer denken? Was ist los im Bermuda-Dreieck? Warum funkeln die Sterne am Himmel? Diese und viele andere Fragen aus dem Wissenschaftsgebieten Physik, Chemie und Sachkunde beantwortet dieses Kapitel kurz und knapp, informativ und unterhaltend.

DAS LICHT

Seit wann weiß man, wie schnell das Licht ist?

Ernsthafte Messversuche wurden erstmals im Laufe des 19. Jahrhunderts durchgeführt. Den beiden Physikern Albert Abraham Michelson und Edward Williams Morley gelang im Jahre 1887 eine erste genaue Messung der Lichtgeschwindigkeit. In den Folgejahren wurde der Wert präzisiert: Das Licht legt im Vakuum innerhalb einer einzigen Sekunde 299 792 458 Meter zurück. Diese Geschwindigkeit ist konstant, das heißt unveränderlich. Das Licht aus einer Taschenlampe, die in einer Rakete mitfliegt, ist nicht schneller als das Licht aus einer unbewegten Taschenlampe.

Warum kann man das Licht beim Einschalten nicht aus der Glühbirne kommen sehen?

Wenn man den Wasserhahn aufdreht, sieht man das Wasser ja auch aus der Leitung fließen. Warum also verhält es sich mit dem Licht anders? Weil das Licht zu schnell und unser Auge zu langsam ist. Erinnerst du dich? Lichtstrahlen breiten sich mit einer Geschwindigkeit von 300 000 Kilometern pro Sekunde aus. Der Weg zwischen Glühbirne und Auge ist somit in unvorstellbar kurzer Zeit zurückgelegt – keine Chance also, das mitzuverfolgen.

DIE ZEIT

Wie genau geht die genaueste Uhr?

Eine der genauestens Uhren der Welt steht in Colorado, USA: Sie soll in 15 Milliarden Jahren nur eine Sekunde falsch gehen. Im internationalen Zentralinstitut *Bureau International des Poids et Mesures* (BIPM) – zu deutsch: *Internationales Büro für Maß und Gewicht* (IBMG) – nahe Paris arbeitet ein weiterer, sehr genauer Zeitmesser: eine Atomuhr, die alle Zeitsignale anderer Atomuhren weltweit sammelt und abgleicht. Cäsium-Atomuhren sind besonders exakt, da sie die Schwingungen von Atomen für die Zeitmessung nutzen.

Warum ticken manche Uhren und andere nicht?

Das Ticken der Uhr ist ein Geräusch, das aus dem Uhrwerk kommt. Deshalb ticken alle mechanischen Uhren – solche mit einer Feder zum Aufziehen oder mit Gewichten, welche die Zahnräder in der Uhr antreiben. Moderne Uhren sind meist mit einem Schwingquarz versehen und ticken nicht. Manche allerdings werden mit einem zusätzlichen Tickgeräusch ausgestattet, denn viele Menschen finden das Ticken einer Uhr gemütlich.

Warum hat die Uhr zwei Zeiger?

Das liegt daran, dass bei der Uhr mit einer einzigen Skala mehrere Informationen angezeigt werden. Auf ein und demselben Zifferblatt werden die Stunden und die Minuten dargestellt. Für die Stunden ist der kleinere

Zeiger gültig, für die Minuten der größere. Beide benutzen dasselbe Zifferblatt. Es gibt sogar Uhren, auf denen noch ein langer, dünner Sekundenzeiger mitläuft. Drei Zeiger – eine Skala – drei Informationen: Ist das nicht genial?

Sind Zeitreisen möglich?

Für die Frage nach einer Reise in die Vergangenheit gibt es eine einfache Antwort: Wären sie möglich, hätten uns wahrscheinlich schon unsere Nachfahren aus der Zukunft besucht. Ob Zeitreisen in die Zukunft möglich sind? Ernsthafte Wissenschaftler sagen eindeutig Nein zu einem Reiseziel in der Vergangenheit oder in der Zukunft. Es gibt aber einige theoretische Physiker, die mithilfe von bestimmten Formeln errechnet haben, dass es doch funktionieren könnte. Allerdings spielen in diesen Überlegungen Schwarze Löcher eine große Rolle, und die sind für Menschen ziemlich tödlich. Einige kreative Köpfe suchen aber immer noch nach einem Weg …

Kann man in die Vergangenheit gucken?

Ja, und du tust es möglicherweise ziemlich oft. Nämlich immer dann, wenn du in den Sternenhimmel blickst. Viele – oder besser gesagt die meisten Sterne sind sehr weit von der Erde entfernt, und ihr Licht braucht Jahre, Jahrhunderte, Jahrtausende oder sogar Millionen und Milliarden von Jahren, um unsere Erde zu erreichen. Es kann sogar sein, dass du das Licht eines Sternes siehst, der bereits nicht mehr existiert.

Warum gibt es die Sommer- und die Winterzeit?

Die mitteleuropäische Sommerzeit (MESZ) wurde in Deutschland im Jahre 1980 eingeführt. Aber warum? Auf die Idee kam man während der Ölkrise in den 1970er-Jahren. Da es abends durch die Zeitverschiebung eine Stunde länger hell bleibt, sollte Energie eingespart werden. Daran denkt man heute kaum noch, aber alle freuen sich über die langen Sommerabende. Übrigens: In Italien und Frankreich stellt man die Uhren schon seit 1966 bzw. 1967 auf Sommerzeit um.

Warum hat die Woche sieben Tage?

Das weiß keiner so genau. In anderen Kulturen hat es auch Kalender mit längeren oder kürzeren Wochen gegeben. Unser Kalender allerdings kennt die Sieben-Tage-Woche seit über 2000 Jahren. Ein Grund dafür könnte in der Schöpfungsgeschichte liegen: Gott schuf die Welt in sechs Tagen – am 7. Tag ruhte er. Andere Erklärungen verbinden die Woche mit der Anzahl der (damals bekannten) »Planeten«. Zu ihnen zählte man Sonne, Mond, Mars, Merkur, Jupiter, Venus und den Ringplaneten Saturn. Dritter Erklärungsversuch: Eine Woche mit sieben Tagen entspricht in etwa einem Viertel eines Mondumlaufs.

Warum hat der Tag 24 Stunden?

Die Aufteilung des Tages in 24 Stunden verdanken wir den Babyloniern. Sie verwendeten neben dem Dezimalsystem (Zahlensystem auf der Basis der Zahl 10) auch das Hexadezimalsystem (Zahlensystem auf der Basis der Zahl 6). So kam es zu den 24 Stunden – 4 x 6 Stunden. Bei den Römern hatte der Tag zwölf Stunden, gefolgt von zwölf Stunden Nacht. Eigentlich ist die Einteilung des Tages in 24 Stunden völlig willkürlich. Man könnte den Tag genauso in 144 Stunden zu je zehn Minuten, 72 Stunden zu je 20 Minuten oder in 15 Stunden zu je 96 Minuten einteilen.

Wann feiern die Chinesen Neujahr?

Das neue Jahr in China beginnt seine Zeitrechnung zwar auch am 1. Januar, aber gefeiert wird nicht wie bei uns in der Silvesternacht. Das chinesische Neujahrsfest fällt immer auf die erste Neumondnacht zwischen dem 21. Januar und dem 20. Februar. Man begeht das Neujahrsfest mit der ganzen Familie und begrüßt das neue Jahr mit Drachenumzügen, Feuerwerk und einem Neujahrsessen.

WASSER, SEEN, OZEANE ...

Wie kommt das Wasser in die Quelle?

Der Kreislauf beginnt beim Meer. Durch die Wärme der Sonne steigt über dem Meer Wasserdampf auf, der sich zu Wolken formt. Der Wind treibt die Wolken über das Land, wo sie sich abregnen, und das Wasser versickert in die Erde. Wenn eine wasserundurchlässige Lehmschicht verhindert, dass die Regentropfen nach unten abfließen können, entsteht ein Bach. Oder aber das Grundwasser wird wieder hoch an die Oberfläche gedrückt – als Quelle. Dem Gefälle der Landschaft folgend, fließt das Wasser nun zurück in Richtung Meer, vereinigt sich mit anderen Bächen zu einem kleinen Fluss und mit anderen Flüssen zu einem Strom, der schließlich wieder in das Meer mündet.

Warum ist Wasser eine besondere Flüssigkeit?

Wasser ist die einzige Flüssigkeit in unserer alltäglichen Umgebung, die drei unterschiedliche Zustandsformen (Aggregatzuständen) aufweist. Wir kennen Wasser als Eis im festen Zustand, in flüssiger Form, wie bei Flüssen und Seen, und im gasförmigen Zustand als Wasserdampf.

Warum schwimmen Eiswürfel obenauf?

Eis schwimmt auf der Oberfläche, weil es leichter ist als flüssiges Wasser. Man sagt: Wasser hat das spezifische Gewicht 1, während Eis nur ein Gewicht von 0,9 hat. Das ist auch der Grund, warum Eisberge auf dem Wasser schwimmen. Weil Wasser aber nur geringfügig schwerer ist, befindet sich der größte Teil des Eisbergs unter Wasser und nur seine Spitze ragt über die Oberfläche. Wäre Eis schwerer als Wasser, so würde es auf den Boden der Meere sinken und dort unerreichbar für die Sonnenstrahlen liegen bleiben. Vermutlich wären unsere Meere völlig eingefroren.

Woher kommt Mineralwasser?

Mineralwasser speist sich aus den Tiefen der Erde. Es wird aus natürlichen Quellen gewonnen und nahezu unverändert zum Trinken angeboten. Nur schädliche Substanzen wie zum Beispiel Eisen oder Schwefel dürfen entfernt werden. Weil Mineralwasser manchmal einen langen Weg durch das Gestein genommen hat, ist es mit Mineralien angereichert. Übrigens: Nicht jede Mineralwasserquelle liefert trinkbares Mineralwasser. Wasser aus manchen Quellen kann nur zur äußeren Anwendung und zu Heilzwecken verwendet werden.

Warum ist Wasser nass?

Wasser ist eine Flüssigkeit, die aus vielen kleinen, leicht gegeneinander zu verschiebenden Teilchen besteht, den Wassermolekülen. Bei höheren Temperaturen geht Wasser in einen gasförmigen Zustand über – es verdunstet. Was das Wasser nass macht, ist seine Eigenschaft, an allen Gegenständen haften zu bleiben. Wenn du deine Hand ins Wasser tauchst, fließt es um deine Finger herum. Ziehst du sie heraus, bleibt ein dünner Wasserfilm auf deiner Haut zurück – sie ist benetzt. Dieser Wasserfilm verdunstet und erzeugt dabei Verdunstungskälte: Deine Hand fühlt sich nass an. »Nass« ist also ein Wort für eine Empfindung oder Beobachtung. Nicht jeder Gegenstand wird nass, wenn er mit Wasser in Berührung kommt. Es gibt eine Pflanze, deren Blätter perfekt gegen das Nasswerden geschützt sind: die Lotusblume. Wenn man ein Lotusblatt unter dem Mikroskop betrachtet, erkennt man winzige Erhebungen auf der Oberfläche, die verhindern, dass

Wassermoleküle haften bleiben können. Zusätzlich wird das Blatt durch eine dünne Wachsschicht vor Nässe geschützt.

Warum fließt Wasser immer bergab?

Dass Wasser immer nur bergab fließen kann, ist eine der vielen Folgen der Schwerkraft. Die Erde zieht jeden einzelnen Wassertropfen an, und wenn er könnte, würde er senkrecht nach unten fallen. Da dies meist nicht geht – natürlich schon gar nicht in einem Flusslauf – folgt das Wasser dem Weg des geringsten Widerstandes.

Wie wird Leitungswasser sauber?

Das Wasser wird aus einer Quelle, einem Stausee oder einem Fluss entnommen, im Wasserwerk gereinigt und gefiltert. Um es für den Gebrauch vorzubereiten, werden außerdem schädliche Mineralien entfernt sowie gesundheitsförderliche zugegeben. Zuletzt wird das Wasser leicht gechlort – Chlor und viele seiner Verbindungen können Krankheitserreger töten. Aus dem Wasserhahn kommt Trinkwasser in bester Qualität.

Warum blubbert Mineralwasser?

Das liegt an dem Gas mit der chemischen Formel CO_2, welches auch in der Atemluft vorkommt: Kohlendioxid. Bei der Herstellung von Mineralwasser wird es unter Druck in die Flaschen gepresst und bleibt im Wasser gelöst. Wenn man die Flasche öffnet, sinkt der Druck ab und das CO_2 kann in Form von kleinen Bläschen entweichen. Es gibt auch natürliches Mineralwasser, in dem eine gewisse Menge CO_2 gelöst ist. Bei stark perlendem Mineralwasser wurde es aber meist nachträglich zugesetzt.

Warum blubbert Wasser, wenn man es heiß macht?

Wenn man Wasser erhitzt, bilden sich an den heißesten Stellen des Gefäßes Dampfblasen, die aufsteigen und Bereiche der Flüssigkeit erreichen, die noch zu »kalt« für Wasserdampf sind. Aus dem Dampf wird wieder flüssiges Wasser, während unten neue Dampfblasen entstehen. Die ganze Flüssigkeit »blubbert«.

Warum zerstört Seife den schönen Schaum in der Badewanne?

Das liegt daran, dass Seife und Badeschaum auf unterschiedliche Weise Bläschen bilden. Auch Badezusatz und Shampoo stören sich manchmal gegenseitig bei der Bildung von Schaumblasen. Ihre Bläschen haben unterschiedliche Oberflächenspannungen und zerstören sich deshalb gegenseitig, weil sie das Gleichgewicht zwischen Luft und der Schutzhaut des Schaumbläschens durcheinanderbringen.

Warum fließen Flüsse in so verrückten Kurven?

Dass Flüsse sich in Kurven durch Täler schlängeln, hängt mit den Strömungseigenschaften des Wassers zusammen. An einem Hindernis, zum Beispiel einem Stein, bilden sich Strudel, sodass Sand vom aufgewirbelten Wasser fortgetragen wird. Dieser Sand lagert sich später an Stellen wieder ab, wo der Fluss langsamer fließt – an der Innenseite einer Kurve. Dort, wo das Wasser schnell dahinschießt, zum Beispiel an der Außenseite einer Kurve, wird neuer Sand fortgespült. Die Kurve verstärkt sich selbst und verändert und verschiebt sich langsam. Der Fluss »wandert« so durch sein Tal.

Wo fließt der längste Fluss der Welt?

Der längste Fluss der Erde ist mit 6671 Kilometern der Nil, der vom Äquator bis zum Mittelmeer durch Afrika fließt. Dabei durchquert er die Länder Uganda, Äthiopien, den Sudan und Ägypten. Das größte Flusssystem der Erde besitzt dagegen der Amazonas in Südamerika. In diesem Fluss und in seinen Nebenflüssen strömen zwei Drittel des Flusswassers auf dieser Erde ins Meer.

Wie viel Wasser hat das Meer?

Schätzungen gehen von einer unglaublichen Gesamtmenge von 1,4 Milliarden Kubikkilometern Wasser aus – 96,5 Prozent davon sind Salzwasser und fließt in unseren Meeren. Übrigens, ein Kubikkilometer ist ein Würfel von 1000 Metern Kantenlänge. Zum Vergleich: Alle Süßwasserseen und Flüsse der Erde zusammengenommen, umfassen »nur« 130 000 Kubikkilometer Wasser. Der Süßwasseranteil macht insgesamt 35 Millionen Kubikkilometer aus – mehr als zwei Drittel davon sind jedoch in den Eismassen an den Polen sowie in Gletschern gespeichert.

Warum sind die Meere salzig?

Niemand hat Salz hineingestreut – Salzlieferanten sind die Flüsse, die auf ihrem Weg Salze und Mineralien aus dem Gestein und der Erde waschen und diese bis zum Meer tragen. Wenn das Wasser später als Wasserdampf wieder aufsteigt und in Regenwolken zum Land geblasen wird, bleiben die gelösten Mineralien im Meer zurück. Deshalb werden unsere Ozeane immer salziger.

Warum steigt das Meer nicht immer weiter an?

Zahllose Bäche, Flüsse und Ströme ergießen ihr Wasser in die Meere der Erde – doch wo geht das ganze Wasser hin? Einen großen Teil verlieren die Meere durch Verdunstung. Als Wolken reisen bis zu 13 000 Kubikkilometer durch die Lufthülle unseres Planeten, ein Teil von ihnen regnet irgendwo wieder herunter, und damit beginnt der Kreislauf des Wassers von Neuem.

Warum gibt es auf dem Meer Wellen?

Wind und Wellen sind eng miteinander verbunden. Es sind die Strömungen der Luft, die kreisförmige Bewegungen an der Meeresoberfläche auslösen. Aus kleinen Wellen werden mit der Zeit große, wenn sich ihre Kräfte addieren. Am stärksten ist der Wellengang des Meeres, wenn es Sturm gibt. Weil das Wasser aber sein Energie langsamer als die Luft wieder verliert, hält der Wellengang auch nach dem Sturm noch an. Man spricht von einer Dünung. Die Wellen reichen übrigens nicht sehr tief ins Wasser hinab. In ein paar Metern Wassertiefe herrscht Ruhe, auch wenn an der Wasseroberfläche ein Unwetter tobt.

Stimmt es, dass im Meerwasser Gold ist?

Tatsächlich: In 1000 Litern Meerwasser sind 0,004 Milligramm Gold gelöst. Das ist allerdings eine unvorstellbar kleine Menge. Jedoch füllt die Ozeane der Erde eine unvorstellbar große Menge Meerwasser: 1 386 000 000 Kubikkilometer oder 1386 Trillionen Liter – und in diesem Meerwasser sind, wie man errechnen kann – 20 Millionen Tonnen Gold gespeichert. Zum Vergleich: Weltweit wurden weniger als 200 000 Tonnen Gold geschürft, das meiste natürlich auf dem Festland. Im Meer sind viele Schätze versteckt, die größten davon unsichtbar …

Warum ist das Meer blau?

Es erscheint uns blau, weil sich der Himmel darin spiegelt. Das ist auch der Grund, weshalb das Meer an Regentagen eine schmutzig-graue Farbe annimmt. Aber es gibt noch einen anderen Grund: Wenn Sonnenlicht auf Wasser trifft, werden die darin enthaltenen Farben unterschiedlich stark absorbiert. Rot und Orange sind schon nach wenigen Metern Wassertiefe herausgefiltert. Gelb und Grün werden kurz darauf verschluckt. Übrig bleibt das blaue Licht, das zum Teil auch reflektiert wird. Deshalb unterscheidet sich die Farbe des Himmels und die des Meeres auch immer ein wenig.

Warum können Schiffe schwimmen, obwohl sie aus Eisen sind?

Schiffe können schwimmen, weil sie hohl sind. Wären sie ganz aus Eisen, würden sie sofort versinken. Ein Körper schwimmt, wenn er weniger wiegt als das Wasser, das er verdrängt, also beim Eintauchen zur Seite drückt. Und Schiffe verdrängen sehr viel Wasser.

Wie bremst ein Supertanker auf dem Meer?

Auf die Bremse treten kann der Kapitän eines Supertankers nicht. Wenn er abbremsen muss, werden die Schiffsschrauben zunächst angehalten und dann andersherum – also in umgekehrter Drehrichtung – wieder in Betrieb gesetzt. Das Schiff wird sozusagen nach hinten gezogen. Da es aber eine sehr große Masse hat, dauert es lange, bis das Schiff zum Stillstand kommt. Bei sehr großen Schiffen kann der Bremsweg viele Kilometer lang sein.

Warum gibt es in der Wüste kein Wasser?

Aus mehreren Gründen: Zum einen ist die Wüste vielleicht an einem ungünstigen Ort entstanden, an den keine Regenwolken gelangen, zum Beispiel hinter einer hohen Gebirgskette. Zum anderen verhindert die Bodenbeschaffenheit, dass sich ein Grundwasserspiegel bildet. Auch die Temperaturen spielen eine Rolle. So entstehen in heißen Ländern häufiger Wüsten als bei uns im kühleren Norden – das Wasser verdunstet unter der Hitze der Sonne besonders schnell.

Woher kommen die Tautropfen?

Über den Tag erhitzt sich die Luft und speichert Wasserdampf. Kühlt die Luft in der Nacht ab, vermag sie die Feuchtigkeit nicht länger zu halten: Kleine Wassertropfen setzen sich am Boden und an Gegenständen ab. Tautropfen sind also nicht die Tränen von Feen oder Nachtschmetterlingen, sondern ganz einfach kondensiertes Wasser aus der Luft.

Wie kommt das Wasser durch den Strohhalm?

Wenn du am Strohhalm saugst, entsteht innen ein Unterdruck. Da aber außen der ganz normale Luftdruck auf der Flüssigkeit lastet, steigt das Getränk im Strohhalm auf und fließt in deinen Mund. Praktisch, oder?

Warum ist Schnee weiß?

Ein Schneefeld erscheint uns als eine weiße Fläche, weil er alle Farben des Lichts gleichmäßig reflektiert. Weißes Licht besteht nämlich aus vielen Farben – aus den Farben des Regenbogens, wissenschaftlich das sichtbare Spektrum genannt. Andere Gegenstände, die vom weißen Sonnenlicht angestrahlt werden, reflektieren nur einen Teil seiner Farben. Ein Blatt sieht grün aus, weil es grünes Licht reflektiert. Ein blauer Ball verschluckt alle Farbanteile des Lichtes bis auf das Blau, in dem wir ihn sehen. Schnee absorbiert keine Lichtanteile – er wirft das gleiche weiße Licht zurück, das ihn zuvor getroffen hat.

Warum gibt es milchiges und klares Eis?

Warum sind Eiszapfen meist klar, Eiswürfel aus dem Kühlschrank milchigtrübe und Eisberge auf dem Ozean sogar ganz weiß? Durchsichtiges Eis hat sich so langsam gebildet, dass die im Wasser enthaltene Luft entweichen konnte. Trübungen des Eises werden von kleinen Luftblasen hervorgerufen. Gefriert das Eis sehr schnell, bleibt noch viel Luft darin und es sieht weiß aus.

Warum kann Eis bläulich oder grün aussehen?

Manchmal schimmert Gletschereis bläulich-weiß; das von Eisbergen kann sogar grünlich erscheinen. Die bläuliche Farbe haben Gletscher, weil ihr Eis sehr stark zusammengepresst wurde und nun das Licht auf eine andere Weise bricht als gewöhnliches Eis im Winter. Die Entstehung der Farbe Grün im Eis gibt noch Rätsel auf. Vermutlich wird sie von eingeschlossenen Partikeln verursacht.

Warum schmelzen Eisberge nicht?

Doch doch, Eisberge schmelzen schon, wenn sie in wärmere Regionen kommen. Nur sind sie so groß, dass wir es zuerst nicht bemerken. Wie lange Eisberge durch die Meere schwimmen und wann sie verschwinden, hängt von ihrer Größe ab und davon, wohin sie sich bewegen. Im Polarmeer »lebt« ein Eisberg mehr als zehn Jahre. Wenn er in wärmere Gewässer und Regionen driftet, ist er nach ein paar Monaten, bestenfalls nach einigen Jahren, verschwunden.

Warum taut Eis auf, wenn man Salz darauf streut?

Die Antwort ist ziemlich kompliziert: Das Salz löst den hauchdünnen Oberflächenfilm auf, der das Eis umgibt. Das Eis schmilzt, bis sich alles Salz im Schmelzwasser gelöst hat. Die Energie dazu holen sich die Salzmoleküle aus dem Eis selbst. Kaum zu glauben: Das Eis wird dabei kälter. Ein einfacher Versuch bestätigt das: Gib zerstoßenes Eis in ein Glas, stelle ein Thermometer hinein und miss die Temperatur! Dann streue Salz hinein – die Temperatur geht sofort nach unten.

HIMMEL, LUFT UND WETTER

Wie schwer ist Luft?

Luft wiegt nichts, glaubst du? Keineswegs – ein Liter Luft bringt etwa 1,3 Gramm auf die Waage – ein Gramm weniger als ein 1-Cent-Stück (2,3 Gramm). Ein Kubikmeter (ein Würfel mit 1 Meter Kantenlänge) beinhaltet 1000 Liter Luft und ist fast 1300 Gramm schwer – so schwer wie fünf mittelgroße Orangen.

Was ist eigentlich flüssige Luft?

Glücklicherweise ist Luft nur flüssig, wenn sie etwa –192 °C kalt ist. So kalt ist es auf der Erde nirgendwo, auch nicht am Nord- oder Südpol. Flüssige Luft kann man also nur künstlich erzeugen, indem man sie mit technischen Mitteln sehr stark abkühlt. Ist sie einmal verflüssigt, kann man die Luft gießen wie Wasser, aber darin schwimmen sollte man nicht: Wenn man eine frische Blüte hineintaucht, gefriert sie augenblicklich so stark, dass sie bei jeder Berührung in kleine Stückchen zerbröselt.

Was ist das Ozonloch?

Unsere Lufthülle besitzt in ziemlich großer Höhe eine Schutzschicht gegen schädliche Strahlungen der Sonne: die Ozonschicht. Ozon ist eine besondere Form des Sauerstoffs, die schädliche Strahlen auffangen kann. Nur über dem Nordpol und dem Südpol der Erde fehlt die Ozonschicht: An diesen beiden Stellen gibt es je ein Ozonloch. Wer dort lebt, bekommt mehr Strahlung ab als Menschen an anderen Orten der Erde und kann leichter an Hautkrebs erkranken. Durch bestimmte Schadstoffe in der Luft (Kohlendioxid, Methan, Florkohlenwasserstoffe) wird die Ozonschicht geschädigt. Schlimmer noch: Es könnten sogar neue Löcher in der Ozonschicht irgendwo über dem Globus entstehen. Im Augenblick scheint das Ozonloch über dem Südpol jedoch langsam wieder zu schrumpfen.

Warum kann man das Ozonloch nicht einfach zustopfen?

Das ist doch ganz einfach: Man schießt mit einer Rakete eine Menge Ozon nach oben in die Atmosphäre und füllt das entstandene Loch wieder auf. Wenn es so einfach wäre! Jedes Jahr entweichen Millionen von Tonnen von schädlichen Gasen in die Lufthülle der Erde, die das Ozon in großer Höhe zerstören. Man müsste viel zu viele Raketen mit Ozon nach oben schicken, und deren Abgase würden wiederum die Ozonschicht in Gefahr bringen.

Warum wird die Luft auf der Erde nicht weniger?

Wir atmen sie jeden Tag ein, Milliarden von Menschen und noch viel mehr Tiere auf der ganzen Welt. Zum Glück atmen wir auch wieder aus, und zwar genauso viel Luft und andere Gase, wie wir eingeatmet haben. Aber: Wir alle verbrauchen Sauerstoff. Doch die Konzentration dieses Gases bleibt mit etwa 21 Prozent immer gleich. Wie ist das möglich? Auch in der ausgeatmeten Luft steckt Sauerstoff, und zwar solcher, der an Kohlenstoff gebunden ist: im Gas Kohlendioxid. Dieses Gas wiederum atmen die Pflanzen auf der Erde ein und zerlegen es – in Kohlenstoff, den die Pflanzen zum Wachsen brauchen, und Sauerstoff, den sie wieder in die Luft abgeben. So bleibt die Menge an Sauerstoff in der Lufthülle der Erde gleich.

Wie stark ist der Luftdruck?

Im Wetterbericht hört man es häufig: Der Luftdruck steigt oder der Luftdruck fällt. Wie stark der Luftdruck ist, bemerkt man, wenn irgendwo die Luft fehlt. Wie bei einem Versuch, den im Jahre 1654 der Physiker Otto von Guericke in Magdeburg erstmals durchgeführt hat. Er fügte zwei Halbkugeln aus Gusseisen zusammen und pumpte die Luft heraus. 16 Pferde konnten die luftleeren »Magdeburger Halbkugeln« nicht auseinanderziehen, so stark drückte der Luftdruck sie zusammen.

Woher kommen Kondensstreifen?

Wenn Flugzeuge hoch am Himmel fliegen, hinterlassen sie eine Spur: den Kondensstreifen. Dieser hat den Namen von seiner Entstehung: Wasserdampf in den Abgasen der Triebwerke kondensiert in der kalten Höhenluft an den Rußteilchen, die ebenfalls aus den Triebwerken kommen. Zu sehen ist ein weißer Streifen, der den gesamten Flugweg der Maschine markiert. Wie lange ein Kondensstreifen am Himmel steht, hängt vom Wetter ab. Starke Winde verwehen ihn schnell, aber bei bestimmten Wetterlagen bilden sich sogar Wolken aus den Kondensstreifen eines Flugzeuges.

Warum ist es im Winter kalt?

Das liegt daran, dass unsere Erde während ihrer Reise um die Sonne die Neigung ihrer Achse verändert. Dadurch fallen auf der Nordhalbkugel die Sonnenstrahlen im Sommer senkrechter von oben, im Winter dagegen schräger auf die Erdoberfläche. Außerdem ändert sich die Länge der Tage: Während der warmen Jahreszeit wärmt die Sonne die Erde erheblich länger als an den kurzen Tagen in der Winterzeit.

Warum ist es nachts kälter als tagsüber?

Ganz einfach: weil uns tagsüber die Sonne wärmt. Selbst wenn der Himmel mit Wolken bedeckt ist, erreichen uns immer noch Wärmestrahlen der Sonne – ganz im Gegensatz zur Nacht, wenn keine Wärmeenergie mehr bis zur Erdoberfläche dringt. Vom Sonnenuntergang bis zum Sonnenaufgang am Morgen verliert die Nachtseite zusätzlich Wärme, außer, der Nachthimmel ist bedeckt. Dann nämlich wirken die Wolken wie eine Bettdecke und speichern die Wärme auf der Erde. Ist der Himmel klar, strahlt die Erdoberfläche mehr Wärme in das Weltall ab. Klare Nächte – besonders im Winter – sind meist besonders kalt.

Warum schneit es im Winter, statt zu regnen?

Es schneit im Winter, weil die Feuchtigkeit in der kalten Winterluft zu Schneeflocken kristallisiert. Damit das passiert, muss die Temperatur in den Wolken zwischen –4 und –20 °C liegen. Ist es kälter, so ist die Luft zu trocken für Schneeflocken. Übrigens: Jede Schneeflocke sieht anders aus. Keine gleicht der anderen.

Wie kalt ist es am Nordpol?

Das kommt auf die Jahreszeit an. Im arktischen Sommer sind am Nordpol Temperaturen um 15 °C und darüber durchaus möglich. Im arktischen Winter ist es finster, und die Durchschnittstemperatur liegt bei –25 °C. Nachts können die Temperaturen bis unter –60 °C absinken.

Wie kalt kann es eigentlich werden?

Die tiefste je auf der Erde gemessene Temperatur betrug –89,2 °C. Gemessen wurde sie 1983 in einem unbewohnten Gebiet in der Antarktis. In

Russland soll es 1926 die tiefste je gemessene Temperatur in einem Wohngebiet gegeben haben: –71,1 °C. Doch es kann noch kälter werden, und zwar gleich um 200 Grad: Die tiefste überhaupt mögliche Temperatur beträgt –273,15 °C. Sie wird absoluter Nullpunkt genannt. Warum es nicht kälter werden kann? Ganz einfach: Temperatur entsteht, wenn sich Moleküle in einem Stoff bewegen. Je schneller sie sich bewegen, desto mehr Energie besitzen sie und desto wärmer ist der Stoff. Am absoluten Nullpunkt ist beinahe ein Stillstand erreicht: Weniger Bewegung bei Molekülen kann es nach den Gesetzen der Quantenphysik nicht geben. Bei –273,15 °C liegt der Nullpunkt der Kelvin-Skala – 0 °K. Diese thermodynamische Temperaturskala ist nach William Thomson, dem späteren Lord Kelvin, benannt, der sie im Alter von 24 Jahren entwickelte.

Stimmt es, dass die Erde immer wärmer wird?

Im Laufe der Erdgeschichte hat sich das Klima auf unserer Erde immer wieder geändert. Mal sind die Temperaturen in unseren Breiten gestiegen, mal wurde es kälter. In der Kohlezeit gab es tropische Wälder mitten in Europa, in der Eiszeit lag Deutschland unter Gletschern begraben. In den letzten 100 Jahren sind die Temperaturen auf der Erde jedoch mit nie gekannter Geschwindigkeit gestiegen. Auch wenn es schon immer Schwankungen gegeben hat, ist der momentane Klimawandel durch die Menschen und die Schadstoffe ihrer Industrie verursacht.

Warum ist der Himmel blau?

Das weiße Licht der Sonne besteht aus farbigen Anteilen. Wenn das Licht der Sonne auf die Luftteilchen der Erdatmosphäre trifft, reagieren die verschiedenen Farben unterschiedlich. Alle Farben außer Blau durchdringen die Atmosphäre recht gut. Blaues Licht hingegen wird herausgefiltert und weit gestreut. Dadurch bekommt der Himmel seine Farbe, und weil das

Blau im Sonnenlicht »fehlt«, wirken die Strahlen auf uns gelb (Mischung aus Rot und Grün). Fallen die Strahlen schräg durch die Lufthülle, wenn die Sonne tief am Himmel steht, werden auch noch die grünen Anteile des Lichts herausgefiltert. Uns erreichen nur die roten Sonnenstrahlen – fertig ist das Abendrot.

Wohin ziehen die Wolken?

Wenn Wolken am Himmel ziehen, scheinen sie ein Ziel zu haben. Das ist nicht so – sie werden einfach vom Wind angetrieben. Dabei kann es durchaus sein, dass die Windrichtung am Boden eine andere ist als in einigen hundert Metern Höhe. Dann sieht es für uns Menschen am Erdboden aus, als zögen die Wolken gegen die Windrichtung.

Wie hoch sind die Wolken?

Manchmal scheint es, als könnte man sie mit bloßen Händen greifen, dann wieder wirken sie unerreichbar. Wie weit ist es also wirklich bis zu den Wolken? Es gibt welche, die auf der Erde liegen. Man nennt sie »Nebel«. Regenwolken (Nimbostratus) stehen ungefähr in 500 bis 2000 Metern Höhe. Mittelhohe Wolken wie die Schönwetterwolken (Cumulus und Altocumulus) sind in einer Höhe von 2000 bis 5000 Metern zu finden, Gewitterwolken reichen auch mal bis zu einer Höhe von 12 000 Metern hinauf. Feine Schäfchen- und Federwolken (Cirruswolke und Cirrocumulus) bestehen aus Eiskristallen und stehen 5000 bis 13 000 Meter über uns am Himmel.

Warum regnet es?

Es regnet, wenn eine Wolke abkühlt und der Wasserdampf im Innern zu kleinen Tröpfchen kondensiert. Dies geschieht zum Beispiel, wenn die

Wolke in eine kühle Luftströmung gerät oder ein Gebirge überqueren und dabei in kühlere Höhen aufsteigen muss.

Woher kommen Hagelkörner?

Hagel entsteht, wenn im Sommer die Regentropfen eines Gewitters durch eiskalte Luftschichten fallen. Anders als Schneeflocken sind Hagelkörner kompakt und hart. Manche Hagelkörner machen den Weg zwischen Himmel und Erde gleich mehrfach und werden dabei größer und größer. Sie fallen zunächst durch die eiskalte Luftschicht, werden dann aber wieder von einem kräftigen Warmluftstrom nach oben getragen und stürzen erneut durch die Kaltluft. Besonders im Gebirge soll es bei bestimmten Wetterlagen Hagelkörner so groß wie Tennisbälle geben.

Wie entsteht ein Regenbogen?

Die beiden Bedingungen für einen Regenbogen sind: Es muss regnen – und die Sonne muss scheinen. Wenn die Strahlen der Sonne nun seitlich auf die herabfallenden Regentropfen treffen, wirken diese wie kleine Prismen – sie zerlegen das Licht in seine farbigen Bestandteile: Rot, Orange, Gelb, Grün, Blau und Violett. Je heftiger der Regen und je dunkler die Regenwolken, desto farbenprächtiger wirkt der Regenbogen. Er befindet sich immer genau in der Himmelsrichtung, die dem Stand der Sonne gegenüberliegt.

Warum kann man im Nebel so schlecht sehen?

Im Nebel befindet man sich eigentlich in einer Wolke, die auf dem Boden liegt. Die vielen feinen Wassertröpfchen in der Luft streuen die Lichtstrahlen in alle Richtungen, sodass man nicht mehr geradeaus sehen kann und nur mäßig weißes Licht übrig bleibt. Da hilft nur Vorsicht.

METALLE, STEINE UND KRISTALLE

Was ist der Unterschied zwischen Stein und Kristall?

Ein gewöhnlicher Stein ist undurchsichtig und sieht an der Oberfläche matt aus. Ein Kristall hingegen ist ebenmäßig, oft durchsichtig und glänzt an der Oberfläche. Das liegt an der Art und Weise, wie die Bestandteile in den beiden Steinen geordnet sind. Im Kristall nehmen die Moleküle eine besondere, strenge Ordnung ein und können deshalb so gleichförmige, oft durchsichtige Strukturen bilden. Aber nicht jeder Kristall ist durchsichtig. Es gibt auch Steine, die zwar aus Kristallen bestehen, die aber so klein, undurchsichtig und miteinander verklumpt sind, dass man auf den ersten Blick nichts von Kristallen bemerkt. Erst unter der Lupe oder dem Mikroskop erkennt man die Schönheit eines solchen Steines.

Woher kommen Edelsteine?

Edelsteine entstanden unter großem Druck und bei hohen Temperaturen im Inneren der Erde. Der Prozess dauerte viele Millionen Jahre, und nur selten bildeten sich wirklich schöne, klare und durchsichtige Steine – ihre Seltenheit ist auch der Grund, warum sie so teuer gehandelt werden. Aussehen, Form und Farbe von Edelsteinen richten sich nach ihrer Zusammensetzung. Als besonders wertvoll gelten Diamanten, die aus einem einzigen Stoff bestehen: Kohlenstoff. Andere wertvolle Edelsteine sind Smaragde, Saphire und Rubine.

Ist ein Zuckerwürfel ein Kristall?

Nein, ein Zuckerwürfel ist nicht von selbst entstanden wie zum Beispiel ein Salzkristall, sondern wurde in der Zuckerfabrik hergestellt. Streuzucker wird in eine Form gepresst, und heraus kommen die fertigen Zuckerwürfel. Ähnlich wie ein Kristall entsteht der Kandiszucker. Die Zuckerbrocken von Kandis wachsen in einer Zuckerlösung, die ständig in Bewegung gehalten wird. Es dauert etwa drei Wochen, bis ein großes Stück Kandis gewachsen ist.

Kann etwas härter als ein Diamant sein?

Eigentlich ist ein Diamant das härteste natürliche Material, das es gibt. Forscher sollen aber Ende der 1990er-Jahre Kohlenstoffatome in besonderer Form (sogenannte Fullerene) bei sehr hohem Druck und einigen 100 °C zu einem Material verbacken haben, das härter als Diamanten gewesen sein soll – und um ein Vielfaches teurer.

Warum rostet Edelstahl nicht?

Der im Jahre 1913 von dem Metallurgen Harry Brearley zufällig entdeckte Edelstahl ist eine Eisen-Chrom-Nickel-Legierung. Nickel und Chrom schützen das kohlenstoffarme Eisen (Stahl) vor der Verbindung mit Sauerstoff. Sie verhindern das Rosten durch eine Passivschicht, die nur wenige Atome dick ist. Selbst wenn Edelstahl beschädigt wird, bildet sich diese Schicht sofort neu – Edelstahl repariert sich sozusagen von selbst. Man findet Edelstahl in der Küche (Spüle), im Automobilbau, in der Umwelttechnik, in der chemischen Industrie und überall dort, wo Eisen sehr widerstandsfähig sein muss.

Ist Glas ein Kristall?

Obwohl ein Stück Glas wie ein Kristall aussehen kann, ist Glas im wissenschaftlichen Sinn kein Kristall. In Kristallen sind die Moleküle anders angeordnet als im Glas. Außerdem besitzt ein Kristall einen festen Schmelzpunkt – Glas wird mit steigenden Temperaturen langsam weicher und flüssiger.

Seit wann gibt es Glas?

Glas wurde schon 3500 v. Chr. in Ägypten und Mesopotamien hergestellt. In Tell el-Amarna entdeckte Sir William Matthew Flinders Petrie 1894 eine Glashütte – so nennt man eine Glasfabrik –, die aus der Zeit 1400 v. Chr. stammt. Das älteste bekannte Stück Glas kommt aus Ägypten und wurde etwa 1550 v. Chr. hergestellt.

Welches Material ist das Schwerste?

Wer vermutet, dass es sich um Blei oder Gold handelt, liegt falsch. Der schwerste aller Stoffe ist mit Sicherheit nicht auf der Erde zu finden. Es wird angenommen, dass ein Stück Materie von einem Neutronenstern von der Größe eines Zuckerwürfels 100 Millionen Tonnen wiegt – das entspricht in etwa dem Gewicht aller Menschen auf der Erde zusammen! Ein Neutronenstern entsteht, wenn eine Sonne ausgebrannt ist und am Ende ihres Lebensweges in sich zusammenstürzt.

Wie entstehen Tropfsteine?

Die bizarren Gebilde, die man in einer Tropfsteinhöhle bestaunen kann, entstehen ganz langsam: Regenwasser sickert durch das Gestein. Da es durch das darin gelöste Kohlendioxid etwas sauer ist, löst sich ein wenig Kalkgestein auf. Mit jedem Tropfen, der fällt, bleibt ein kleines bisschen Kalk zurück – sowohl oben an der Austrittsstelle des Tropfens als auch an der unteren Stelle, wo er auftrifft. Es ist so wenig, dass ein Tropfstein in 100 Jahren nur etwa 1 Zentimeter wächst. Die Tropfsteingebilde haben einen Namen: Die von oben herabhängenden heißen Stalaktiten, die von unten hochwachsenden Stalagmiten. Die ältesten und größten Tropfsteine, die wir kennen, sind über zwei Millionen Jahre alt.

Warum fühlt sich Metall kalt an?

Metall besitzt eine besonders gute Leitfähigkeit für Wärme. Wenn man einen Metalllöffel in eine Tasse mit heißem Kakao stellt, dauert es nicht lange, bis auch der Stiel des Löffels heiß ist. Wenn man ein Stück Metall anfasst, führt es die Körperwärme sofort in sein Inneres ab – dieser Prozess entzieht dem berührenden Finger Wärme. Bei einem schlechten Wärmeleiter, wie zum Beispiel Holz, geschieht dies nicht oder zumindest viel langsamer.

Warum isst man Eier nicht mit einem silbernen Löffel?

Silber ist ein Edelmetall, das aber – anders als Gold – mit einer ganzen Reihe von Stoffen Verbindungen eingeht. Ganz begierig ist Silber darauf, sich mit Schwefelwasserstoff und anderen schwefelhaltigen Stoffen zu verbinden. Ausgerechnet in Eiern ist Schwefelwasserstoff enthalten – schnupper mal an einem Ei, du kannst es riechen, denn es riecht – nach faulen Eiern! Für Eier besser geeignet sind also Löffel aus Stahl oder Plastik. Schwefelwasserstoff kommt aber nicht nur in Eiern vor, sondern ist auch sonst vielfach zu finden, zum Beispiel in geringen Mengen in unserer Atemluft. Das ist auch der Grund dafür, dass Silberlöffel nach einiger Zeit in der Schublade schwarz anlaufen.

Warum wird Gips hart?

Gips kommt in der Natur vor und ist ein recht festes Mineral (Calciumsulfat) aus feinen Kristallen. Der Gips, den wir im Baumarkt kaufen können, wurde bei der Herstellung gebrannt – das heißt, auf eine Temperatur von 120 bis 130 °C erhitzt. Dabei verliert der Stoff einen Teil des sogenannten Kristallwassers – und seine Form. Wenn man den Gips nun zum Füllen von Löchern in der Wand nutzen will und das Pulver mit Wasser verrührt, bilden sich neue, miteinander verfilzte Gipskristalle. Der Gips wird hart – er bindet ab, wie der Fachmann sagt.

Warum brennt Papier und Stein nicht?

Wenn etwas brennen soll, muss etwas Brennbares darin vorhanden sein. Bei einer Verbrennung findet eine Verbindung mit dem Sauerstoff in der Luft statt. Im Papier ist Kohlenstoff enthalten, der sich schon bei ziemlich geringer Temperatur mit Sauerstoff verbindet. Im Gestein hingegen sind keine Stoffe vorhanden, die so einfach eine Verbindung mit Sauerstoff eingehen können.

URGEWALTEN

Brechen Vulkane aus, wenn sie sauer auf die Menschen sind?

Keine Angst, Vulkane brechen nicht aus, wenn sie schlechte Laune haben. Mit uns Menschen hat das nichts zu tun. Ein Vulkan spuckt Rauch, Feuer und Lava, wenn der Druck in seinem Inneren zu groß geworden ist. Aus den Tiefen der Erde drückt Magma (so heißt das flüssige Gestein) nach oben und sucht sich einen Weg an die Oberfläche durch Risse und Schwachstellen im Gestein. Dort, wo es hervortritt, entsteht ein Vulkan – oder es gab einen solchen schon. Vulkane sind die Überdruckventile der Erde. Oft schlafen sie viele hundert Jahre lang und gelten als erloschen. Und plötzlich brechen wieder Rauch und Lava aus ihnen hervor.

Wie heiß ist ein Blitz?

Ein Blitz ist eine elektrische Entladung, in der eine Temperatur von bis zu 30 000 °C erreicht wird. Das ist unglaublich heiß, wenn man weiß, dass auf der Sonnenoberfläche Temperaturen von »nur« 5000 bis 6000 °C herrschen. Der Einschlag eines Blitzes in den Boden kann sogar Sand oder Gestein zum Schmelzen bringen.

Woher kommen Blitze?

Wenn sich im Sommer feuchtwarme und kalte Luftschichten berühren und aneinander vorbeigleiten, entsteht dabei elektrische Ladung: Wassertropfen und Eiskristalle stoßen gegeneinander und laden sich elektrisch auf – jeweils mit entgegengesetzter Polung. Aufsteigende Eiskristalle sind positiv geladen, die herabfallenden Wassertropfen hingegen negativ. Wird die Spannung zwischen dem oberen und dem unteren Teil der Wolke zu groß, entsteht ein elektrischer Brückenschlag: ein Blitz.

Wie entstehen Wirbelstürme?

Wirbelstürme sind nichts weiter als besonders starke Winde. Sie entstehen, wenn in der Luft große Temperaturunterschiede herrschen. Weil Warmluft aufsteigt, strömt von unten Kaltluft nach. Durch die Corioliskraft, die mit der Erdrotation zusammenhängt, entstehen starke Wirbel, die sich um ihre Achse drehen. Besonders über den großen Landflächen Nordamerikas erhitzt sich die Luft im Sommer stark – so stark, dass Tornados entstehen können.

Warum donnert es bei Gewitter?

Der Donner ist das Echo des Knalls, den jeder Blitz erzeugt. Weil die meisten Blitze weit entfernt von uns stattfinden, sehen wir zuerst ihr Licht, das optische Bild des Ereignisses, das mit 300 000 Kilometern pro Sekunde blitzschnell bei uns ist. Jedoch hören wir das beim Blitzschlag entstehende Geräusch wegen der viel langsameren Schallgeschwindigkeit – nur 330 Meter pro Sekunde – mit beachtlicher Verspätung. Blitze, die ganz in unserer Nähe einschlagen, haben keinen rollenden Donner, sondern verursachen nur einen sehr lauten, scharfen Knall.

Woher kommen Erdbeben?

Als unsere Erde vor einigen Milliarden Jahren entstand, war sie eine glühende Kugel aus flüssigem Gestein – und das ist sie immer noch. Zwar ist die Außenhülle unseres Planeten abgekühlt, aber drinnen geht es immer noch heiß und flüssig zu. Die Kontinente – die festen Landmassen der Erde – schwimmen auf flüssigem Magma. Dort, wo sie sich berühren oder aneinanderstoßen, bilden sich Risse. Manchmal verhaken sich die Gesteinsplatten des Erdmantels miteinander oder sind so stark gegeneinander gepresst, dass sie sich nicht mehr bewegen können. Erst wenn eine sehr große Spannung aufgebaut ist, löst sich die Verbindung zwischen den Gesteinsplatten mit einem Ruck: das Erdbeben.

Wie entstehen Berge?

Es gibt unterschiedliche Arten von Bergen, und sie entstehen auf unterschiedliche Weise. Am besten zu verstehen ist die Entstehung der Vulkane: Magma aus dem Erdinneren quillt aus einem Riss hervor und türmt sich so lange auf, bis ein Berg entstanden ist. Andere Berge entstehen, weil die Kontinente auf dem flüssigen Magma schwimmen wie Eisschollen auf dem Meer. Drücken zwei Kontinente gegeneinander (wie das Afrika und Europa tun), so wirken große Kräfte auf das Gestein, die ganze Gebirgsketten auffalten und emporheben können. Genau aus diesem Grund gibt es die Alpen – sie sind ein junges Faltengebirge, das sich »erst« vor etwa 50 Millionen Jahren in die Höhe schob.

Wo wehen die stärksten Stürme?

Die höchsten Windgeschwindigkeiten auf der Erde werden in Tornados erreicht: Hier kann sich Luft mit bis zu 600 Kilometern pro Stunde Geschwindigkeit bewegen. Hurrikans erreichen »nur« 250 Kilometer pro Stunde, und zwar meist in der Nähe des Sturmzentrums, das »Auge« genannt wird. Noch stürmischer geht es auf den großen Gasplaneten Jupiter und Saturn zu: Dort werden Windgeschwindigkeiten von bis zu 650 Kilometern pro Stunde erreicht, und Sturmsysteme können sich über Jahre und Jahrzehnte dort halten.

Warum gibt es im Sommer mehr Gewitter als im Winter?

Es kracht im Sommer häufiger, weil die Temperaturunterschiede zwischen Warmluft und Kaltluft größer sind als im Winter. Meist handelt es sich um sogenannte Wärmegewitter, die dort entstehen, wo stark erwärmte Luft aufsteigt und Gewitterwolken bildet. Solche Gewitter sind nur örtlich begrenzt. Gewitterfronten bringen im Sommer häufig einen Wetterwechsel.

Was ist los im Bermuda-Dreieck?

Immer wieder gibt es Berichte über Flugzeuge und Schiffe, die im Bermuda-Dreieck spurlos verschwinden. Viele davon sind Erfindungen von Menschen mit sehr großer Fantasie. So sollen Außerirdische dort Fallen aufgestellt haben, um Menschen für ihre Forschungen einzufangen. Auch Geschichten über Monsterkraken und andere Meeresungeheuer wurden schon erzählt. Sachlich betrachtet, könnte die besondere geografische Lage und das damit verbundene außergewöhnliche Wetter mit plötzlich auftretenden Gewitterstürmen eine Rolle spielen. Es gibt aber auch Forscher, die behaupten, dass es tatsächlich eine ganz besondere Gefahr im Bermuda-Dreieck gibt; riesige Mengen Methan im Meeresboden, das unter bestimmten Bedingungen in einer großen Blase nach oben steigen kann. Gerät ein Schiff in eine solche Blase, so geht es unweigerlich unter, weil es im Meerwasser-Gas-Gemisch seinen Auftrieb verliert. Für das Verschwinden von Flugzeugen werden Störungen im Magnetfeld der Erde verantwortlich gemacht, die den Piloten die Orientierung erschweren.

COMPUTER UND INTERNET

Wer hat den Computer erfunden?

Die ersten Ideen zum Thema Computer gab es bereits vor vielen hundert Jahren: Der katalanische Philosoph und Theologe Raimundus Lullus hatte schon Anfang des 14. Jahrhunderts eine Maschine erdacht, die man als Vorläufer des heutigen Computers ansehen kann. Der englische Mathematiker Charles Babbage (1791–1871) hat Maschinen konzipiert, die wie ein heutiger Computer funktionieren. Seine im Jahr 1833 entworfene *Analytical Engine* sollte schon eine Möglichkeit zur Dateneingabe und einen (im Vergleich zu heutigen Computern) winzigen Arbeitsspeicher besitzen. Wirklich bauen konnte er sie allerdings noch nicht – wie wir heute wissen, hätte sie aber tatsächlich funktioniert!

Wer baute den ersten wirklich funktionierenden Computer?

Der erste tatsächlich funktionierende Computer wurde 1938 in Berlin-Kreuzberg von Konrad Zuse konstruiert und gebaut. Es war die programmgesteuerte Rechenmaschine *Z1*. Das Nachfolgemodell *Z3* baute Konrad Zuse 1941. Das Gerät war mit Relais (Magnetschaltern) bestückt, riesengroß, verbrauchte (im Vergleich zu einem modernen Computer) viel Strom und ratterte, wenn es arbeitete. Später wollte Konrad Zuse die Relais der *Z3* durch Röhren ersetzen, doch es scheiterte an seinen finanziellen Möglichkeiten.

Seit wann haben Computer eigentlich Festplatten?

Die erste Festplatte wurde am 13. September 1956 vom Computerhersteller *IBM* vorgestellt. Das Gerät wog etwa eine Tonne, hatte innen 50 Datenscheiben, jede knapp über 60 Zentimeter im Durchmesser, und konnte 5 Megabyte an Daten speichern. Man konnte die Festplatte für einen monatlichen Festpreis von 3200 Dollar mieten. Selbst auf dem kleinsten USB-Stick bringt man heute mehr Daten unter.

Wann wurde eigentlich die Computermaus erfunden?

Ohne Maus macht das Arbeiten mit dem Computer keinen Spaß. Die Computermaus soll schon 1968 erfunden worden sein. Als ihr Erfinder gilt der Computerpionier Dr. Douglas Engelbart vom *Stanford Research Institute* in den USA – doch mit der heutigen Maus hatte diese nur wenig zu tun. Andere Quellen sprechen davon, dass der Forscher Jean-Daniel Nicoud, Professor an der *Eidgenössischen Technischen Hochschule* in Lausanne, die wahre Vorgängerin der Computermaus erfunden haben soll.

Warum ist es in Computerfabriken so sauber?

Es ist deshalb so sauber, weil in Computerchips oder Prozessoren mittlerweile alles so klein ist. Die Leiterbahnen in einem Prozessor zum Beispiel liegen nur Bruchteile eines Mikrometers auseinander. Auch das winzigste Staubkorn könnte ein Bauteil unbrauchbar machen. Ein Mikrometer ist ein Tausendstel Millimeter.

Wann wurde der erste Intel-Computerprozessor gebaut?

1971 baute die Firma *Intel* für die Firma *Busicom (Business Computer)* des Japaners Yoshio Kojima einen Chip für den ersten Tischrechner. Als man bei *Intel* erkannte, dass die neue Technik die Welt der Computer auf den Kopf stellen würde, kaufte *Intel* die eigene Entwicklung für ein Vielfaches des Verkaufspreises zurück.

Seit wann gibt es das Internet?

Im Jahre 1969 entstand das *ARPANET*, kurz *ARPA* für »*Advanced Research Projects Agency*«, als Vorläufer des heutigen Internets. Es war eine Entwicklung des amerikanischen Verteidigungsministeriums und sollte die Kommunikation der Mitarbeiter zwischen Universitäten und Forschungsinstituten erleichtern. Doch es war noch unsicher und funktionierte nicht richtig. Als Informatiker in den Jahren 1973/74 das neue Internetprotokoll *TCP/IP* entwickelten, nahm die Sache Fahrt auf. Schon Anfang der 1980er-Jahre arbeitete das Netz wie unser heutiges Internet – allerdings noch mit deutlich weniger Benutzern. Bekannt wurde das Internet in den 1990er-Jahren, nachdem es über die Universitäten hinaus zugänglich gemacht worden war.

Welche Nachricht wurde als erste über das Internet verschickt?

Am 29. Oktober 1969 übertrugen Computerpioniere über den Vorläufer des Internets, das sogenannte *ARPANET*, die beiden Buchstaben »LO« über eine Strecke von 500 Kilometern von der Universität Los Angeles nach Menlo Park. Etwas wenig für eine erste Botschaft? Das System sollte eigentlich den Text »LOGIN« übertragen, doch der Computer stürzte ab. Eine Stunde später – der Computer funktionierte wieder – gelang die geplante Übertragung.

Warum sind die Tasten auf der Computertastatur so durcheinander?

Kannte da jemand das ABC nicht? Die QWERTY-Tastatur stammt aus dem Jahre 1868. Christopher Latham Sholes, der die Schreibmaschine 1867 erfunden hat, soll die Buchstaben nach einigen Versuchen absichtlich so angeordnet haben. Damit sich die Typenhebel der Schreibmaschine beim schnellen Tippen nicht verhedderten, legte er die am häufigsten benutzten Buchstaben am weitesten auseinander. Dadurch hatten die Hebel nach dem Anschlag Zeit, auf ihre Grundposition zurückzuschnellen.

Woher kommt das @?

Dieses besondere Zeichen, das man auch Klammeraffe, Arroba oder Mäuschen (wegen des langen Schwanzes) nennt, wurde 1972 von Ray Tomlinson zu dem gemacht, was es heute ist. Der amerikanische Informatiker setzte das Zeichen zwischen den Namen des Benutzers und den des Computers, den er verwendete. Zuvor war @ bei französischen, spanischen und portugiesischen Kaufleuten als veraltete Bezeichnung für ein Gewicht (*Arroba*) in Gebrauch. Heute wird es als Trennzeichen für E-Mail-Adressen benutzt.

TECHNIK, PHYSIK UND CHEMIE IM ALLTAG

Warum ist der Meter so lang, wie er ist?

Früher gab es Längenmaße, die mit dem menschlichen Körper zu tun hatten. Die Einheit *Fuß* zum Beispiel war die Länge eines Fußes (eines ziemlich großen), eine *Elle* hingegen die Länge eines Unterarms. Ein *Klafter* war das Maß zwischen den Fingerspitzen, wenn man beide Arme seitlich ausstreckte (umgerechnet ca. 1,80 Meter). Mit dem Maß *Schritt* versuchte man, längere Strecken zu messen. Die Römische Meile hatte zum Beispiel tausend Schritt. Diese Art, Maße anhand des menschlichen Körpers festzulegen, hatte aber auch Nachteile. Nicht überall war ein Fuß gleich lang, und auch ein Schritt war für einen großen Menschen länger als für einen kleinen. Deshalb erarbeitete die Akademie der Wissenschaften in Paris ein allgemeingültiges Längenmaß: Am 17. April 1795 wurde der Meter in Frankreich als Maß eingeführt. Ein Meter sollte genau der vierzigmillionste Teil eines Längengrades der Erde sein. Weil man mittlerweile festgestellt hat, dass diese Unterteilung nicht ganz richtig ist, legt man die Länge eines Meters heute anders fest: Ein Meter ist die Strecke, welche ein Lichtstrahl im luftleeren Raum im 299 792 458sten Bruchteil einer Sekunde zurücklegt. Nicht ganz einfach, oder?

Wie kommt die Mine in den Bleistift?

Nicht nur im Bleistift, auch im Buntstift sitzt eine runde Mine, die wir vorne anspitzen und zum Schreiben oder Malen verwenden. Man könnte sie auf unterschiedliche Art und Weise in den Bleistift bringen: Zum Beispiel könnte man einfach ein Loch in ein rundes Stück Holz bohren und flüssigen Minenbrei hineinfüllen. Oder man schießt die Minen mit hoher

Geschwindigkeit auf ein Stück Holz. Aber nein, die Minen werden einfach in ein halbrundes Stück Holz mit einer Rille darin gelegt, dann mit einem ebensolchen Stück Holz abgedeckt. Die beiden Hälften des Bleistifts werden schließlich miteinander verleimt.

Warum kann Mehl ein gefährlicher Sprengstoff sein?

Müller und Mühlenarbeiter leben gefährlich: 14 Tote, 17 Verletzte und über 100 Millionen Deutsche Mark Sachschaden waren die Folge der größten Mehlstaubexplosion in der Geschichte der Bundesrepublik. Ein kleines Feuer in der Bremer Rolandmühle führte am 6. Februar 1979 zu einer Kettenreaktion. Jede Einzelexplosion wirbelte neuen Mehlstaub auf, der wiederum explodierte. Was macht Mehl so gefährlich? Wenn es als feiner Staub in der Luft schwebt, ist es von viel Sauerstoff umgeben. In der richtigen Mischung zwischen Luft und Mehlstaub genügt ein Funke, wie er zum Beispiel beim Herausziehen eines Steckers aus der Steckdose entsteht, und das Mehl verbrennt blitzartig – es explodiert.

Warum wird das Schnitzel beim Braten braun?

In der heißen Pfanne wird das Fett erhitzt. Es erwärmt das Schnitzel, dessen äußeren Schichten sich in der Hitze verändern. Eiweißstoffe und zuckerähnliche Substanzen zersetzen sich, und dabei entstehen Farbstoffe, die das Schnitzel so lecker aussehen lassen – man nennt sie Melanoide oder Melanoidine.

Was versteht man unter Sonar?

Sonar ist ein Ortungssystem, das mithilfe von Schallwellen oder Ultraschallwellen arbeitet. Es wird unter anderem auf U-Booten eingesetzt.

Schallwellen werden ausgesandt, von Hindernissen oder dem Meeresboden reflektiert und von einem Empfänger wieder aufgefangen. Auf einem Monitor entsteht aus den zu erwartenden Signalen ein Bild der Umgebung. Fischer setzen das Sonar zum Auffinden von Fischschwärmen ein. Auch die Natur nutzt es: Delphine verfügen über eine Art Sonarsystem, mit dem sie die Umgebung sehr genau wahrnehmen können. Auch Fledermäuse orientieren sich mithilfe von Schallwellen.

Seit wann blitzt es beim Fotografieren?

Schon ziemlich lange, denn anfangs setzten Fotografen in ihren Ateliers Magnesiumpulver in Brand, um ausreichend Licht für ihre Fotos zu erhalten. Mit dem neuen Verfahren des Stroboskopblitzes, welches Harold E. Edgerton 1931 am MIT (*Massachusetts Institute of Technology*) entwickelte, konnten Bewegungen erstmals fotografisch festgehalten werden. Und schon 1938 fotografierte Edgerton Leichtathleten in Aktion – mit Mehrfachblitzaufnahmen. Kaufen konnte man Elektronenblitzgeräte ab 1939 unter dem Namen *Kodatron*.

Warum gehen Glühlampen kaputt?

So ein Glühdraht in einer Glühbirne oder in einer Halogenlampe – man nennt ihn auch Wendel – ist ein Wolframfaden. Er könnte eigentlich ewig halten, denn er steckt in einem nahezu luftleeren Raum oder sogar in einem Schutzgas, das den Faden vor der Verbindung mit Sauerstoff schützt. Aber die hohe Temperatur ermüdet das Metall, und irgendwann bricht es. So schnell wie eine von Heinrich Goebels Kohlefadenlampen aus dem Jahr 1854 geht eine Glühbirne jedoch nicht kaputt. Die brannten nämlich nur ein paar Stunden. Glühbirnen werden mittlerweile durch LEDs – Leuchtdioden – ersetzt, die weitaus haltbarer sind und zudem noch Energie sparen.

Wie genau ist die empfindlichste Waage?

Roderic Lakes, Professor an der *University of Wisconsin*, hat sie gebaut: Die Waage reagiert noch auf ein Gewicht von 0,000 000 000 000 000 000 000 000 000 000 000 000 000 000 000 000 002 Gramm.

Welches ist die längste Brücke der Welt?

Lange Zeit war der »*Lake Pontchartrain Causeway*« in den USA mit genau 38,42 Kilometer die längste Brücke der Welt. Mittlerweile gibt es aber in China acht längere Brücken und eine weitere in Thailand. Auf Nummer eins der Brücken-Charts ist die *Große Danyang–Kunshan Brücke* mit 164,8 Kilometer Länge. Zwei weitere Brücken in China und noch eine in Taiwan sind über 100 Kilometer lang. Das längste freistehende Brückenstück gehört zur japanischen *Akashi-Kaikyō-Brücke*: 1991 Meter ohne jede Unterstützung liegen zwischen zwei Pfeilern.

Venedig – die Stadt der Brücken?

450 Brücken nennt Venedig sein Eigen, die Stadt, die mehr Wasserwege als Straßen besitzt. Eine beachtliche Zahl, aber Amsterdam hat mit über 1000 Brücken, die über seine Grachten führen, mehr zu bieten. Den absolut ersten Platz allerdings belegt Hamburg: Die große Hafenstadt im Norden Deutschlands besitzt 2472 Brücken – mehr als Venedig, Amsterdam und London zusammen.

Warum geht im Kühlschrank das Licht aus, wenn man die Tür schließt?

Geht es wirklich aus, fragt sich so mancher Geizhals und befürchtet, dass die Glühbirne im geschlossenen Kühlschrank die Stromrechnung in die Höhe treibt. Keine Angst, das passiert nicht. Wenn man die Kühlschranktür öffnet, wird ein Lichtschalter betätigt und das Licht geht an. Schließt man die Kühlschranktür anschließend wieder, trennt der Schalter an der Tür die Glühbirne vom Strom. Sie kann nicht anders und muss ausgehen.

Warum ist Glas durchsichtig?

In undurchsichtigen Stoffen herrscht Unordnung. Teilchen sausen wie verrückt hin und her und versperren einander den Weg. Auch Lichtstrahlen haben keine Chance – sie bleiben in dem Wirrwarr stecken. Bei Glas ist das anders: Die Bestandteile des Glases gehen eine Verbindung ein und ordnen sich sehr übersichtlich an. Alle Teilchen bewegen sich auf fest vorgeschriebenen Bahnen, und zwischen den einzelnen Molekülen ist viel Raum – Platz genug für die Lichtstrahlen, um ungehindert hindurchzugehen.

Wie funktioniert eine Mikrowelle?

In der Mikrowelle herrscht ein elektromagnetisches Feld, das unglaubliche 2000 Millionen Mal in der Sekunde schwingt. Viele Stoffe werden von diesem Feld nicht beeinflusst, zum Beispiel Glas oder Porzellan. Andere wie Wasser, Fett und Eiweißstoffe schwingen im Rhythmus der Mikrowellen mit – die Moleküle der Nahrungsmittel bewegen sich so schnell, dass Wärme entsteht. Deshalb bleibt Mikrowellengeschirr aus Porzellan und Glas ziemlich kühl, aber das Essen erwärmt sich.

Warum ist Wechselstrom aus der Steckdose so gefährlich?

Wenn durch unseren Körper ein Wechselstrom fließt, verkrampfen sich die Muskeln im Rhythmus dieses Stromes – unglaubliche 50-mal in der Sekunde. Das kann zur Folge haben, dass man das stromführende Teil nicht mehr loslassen kann. Besonders gefährdet ist ein sehr wichtiger Muskel: unser Herz. Wenn ein Wechselstrom durch den Körper fließt, kann es nicht mehr richtig schlagen, sondern zittert nur noch. Auch wenn man den Strom abschaltet, vermag es möglicherweise nicht von allein wieder richtig zu schlagen. Hier kann nur noch eine Herzmassage oder ein Defibrillator Leben retten! Sofort den Notarzt rufen!

Kommen Strahlen aus einem Atomkraftwerk?

Eigentlich sollten aus einem Atomkraftwerk überhaupt keine Strahlen nach außen dringen. Aber ganz dicht sind diese Stromerzeuger nie. Radioaktive Strahlen kommen auch in der Natur vor: Bestimmte Gesteine und auch die Sonne geben sie ab. In kleiner Menge sind sie nicht sonderlich gefährlich, aber wenn man zu viel radioaktive Strahlen abbekommt, kann man davon krank werden. Es gibt drei Arten von radioaktiver Strahlung, die unterschiedlich gefährlich sind: Alphastrahlen reichen nicht weit und werden bereits von der Kleidung und der Haut aufgehalten. Die sind aber gefährlich, wenn sie im Körper (zum Beispiel von radioaktiv belasteter Nahrung) abgegeben werden. Dann können sie Körperzellen zerstören. Betastrahlen reichen weiter (3 bis 4 Meter) als Alphastrahlen, richten aber in den Zellen nicht ganz so großen Schaden an. Sie können Haut und Kleidung durchdringen. Die Gammastrahlen jedoch reichen viele hundert Meter weit und werden nur von wenigen Stoffen aufgehalten. Wenn sie stark sind, stellen sie die gefährlichste Art von Radioaktivität dar. Auf ihre Weise können alle Arten von radioaktiven Strahlen Körperzellen schädigen und dadurch Krebs erzeugen. Krebs entsteht, wenn Körperzellen viel zu schnell und nicht nach ihrem eigentlichen Bauplan wachsen.

Wann war der erste Film zu sehen?

Die erste kinematografische Vorstellung (so nannte man die Filmvorführung damals) veranstalteten am 28. Dezember 1895 die Brüder Auguste und Louis Lumière. Im *Grand Café* in Paris fand die erste öffentliche Kinovorführung statt. Dreißig Zuschauer waren gekommen und sahen im Salon *Indien* gleich elf Filme von etwas mehr als einer Minute Länge. Die Veranstaltung dauerte etwa 20 Minuten und war dennoch ein historisches Ereignis.

Was ist ein Perpetuum mobile?

Seit Jahrhunderten haben Wissenschaftler und Forscher versucht, eine Maschine zu bauen, die, einmal in Betrieb gesetzt, ohne weitere Energiezufuhr läuft – Perpetuum mobile bedeutet »dauernd beweglich«. Mehr noch: Diese Supermaschine sollte Energie produzieren und dadurch Arbeit für die Menschen verrichten. Doch leider muss eine solche Maschine ein Traum bleiben. Sie kann gar nicht funktionieren, denn das widerspräche den Naturgesetzen.

Wie kommt der Strom in die Batterie?

Nein, er wird nicht hineingefüllt. Strom entsteht in der Batterie durch einen chemischen Prozess. Zwischen zwei unterschiedlichen Metallpolen fließt Strom, den wir nutzen können. Dabei verändern sich Stoffe in der Batterie. Ist dieser Prozess abgelaufen und sind alle Stoffe umgewandelt, so ist die Batterie leer. Bei einem Akku kann man den Vorgang umkehren, indem man ihm elektrische Energie zuführt.

Warum klebt Klebstoff überall, nur nicht in der Tube?

Beim Kleben trägt man Klebstoff auf zwei Teile auf, die miteinander verbunden werden sollen. Dann wartet man darauf, dass der Kleber »ablüftet« – das heißt, bis das Lösungsmittel, welches den Klebstoff flüssig macht, verdunstet ist. Kurz bevor der Klebstoff aushärtet, drückt man die beiden Teile zusammen – fertig ist der Klebevorgang. Genau das kann in der Tube nicht geschehen. Weil das Lösungsmittel des Klebers nicht verdunsten kann, bleibt der Kleber flüssig und klebt auch nicht an der Tube fest. Wenn man allerdings die Tube nicht richtig verschließt, geht das Lösungsmittel auch in der Tube langsam verloren. Dann verstopft die Düse der Tube, und der Klebstoff wird unbrauchbar.

Warum kommt Ketchup nach dem Schütteln besser aus der Flasche?

Ketchup ist eine merkwürdige Flüssigkeit: Wenn die Flasche lange steht, ordnen sich die Bestandteile des Ketchups so an, dass eine ziemlich feste, zähflüssige Pampe entsteht – fast eine Art Gelee. Durch das Schütteln löst sich diese Ordnung auf, und die Flüssigkeit in der Flasche kann wieder besser fließen. Alle Substanzen mit solchen Eigenschaften wie Ketchup nennt man thixotrop. In diesem Fremdwort stecken die griechischen Wörter für »berühren« und »verändern«. Eine thixotrope Flüssigkeit verändert durch Berührung oder Bewegung ihre Eigenschaften.

Warum funkeln Wunderkerzen so schön?

Wunderkerzen bestehen größtenteils aus Aluminiumpulver, das mithilfe von Stärke an einen Kupferdraht befestigt wird. In das Aluminiumpulver werden außerdem Bariumnitrat – ein Stoff, der Sauerstoff abgibt – und einzelne feine Eisenspäne gemischt. Zündet man die Wunderkerze, so verbrennt das Aluminiumpulver mit hellem Licht. Immer dann, wenn ein Eisenspan erwischt wird, fliegt er als heller Funke davon.

Warum fliegen gekaufte Luftballons und die selbst aufgeblasenen nicht?

Fliegende Luftballons werden mit Helium oder Wasserstoff gefüllt – diese beiden Gase sind leichter als Luft. Dadurch bekommt der Ballon einen Auftrieb und steigt bis zu den Wolken auf. Luftballons, die wir mit unserer Atemluft aufblasen, sind genauso schwer wie die Luft drumherum und haben deswegen keinen Auftrieb.

Wer macht die roten Streifen in die Zahnpasta?

Vorn in der Tube sitzt ein Röhrchen mit seitlichen Schlitzen, durch das die Zahnpasta aus der Tube gedrückt wird. In der Fabrik wird zuerst etwas farbige Zahnpasta in die Tube gegeben und dann von hinten mit weißer Zahnpasta so eingefüllt, dass die farbige Füllung vorn an der Öffnung sitzt. Wenn du nun Zahnpasta aus der Tube drückst, muss sich diese durch das Röhrchen mit den Schlitzen quetschen und nimmt dabei etwas von der farbigen Zahnpasta mit. So entstehen die farbigen Streifen.

Warum knistern Chipstüten?

Sicher hast du dich auch schon einmal darüber geärgert: Jemand greift bei einem spannenden Film in die Chipstüte, und plötzlich verstehst du kein Wort mehr, weil die Verpackung so laut knistert. Warum tut sie das? Es gibt doch genug Verpackungen, die nicht so einen Lärm machen! Ja, aber würdest du an knackige Chips denken, wenn sie in einer weichen »Wabbelverpackung« steckten? Kämen sie dir nicht viel weniger knusprig vor?

Genau das haben sich die Werbeagenturen gedacht, welche die Hersteller von Chips beraten haben. Eigentlich eine ganz klare Sache, oder?

Kann die Schildkröte ihren Panzer ausziehen?

Man sieht es manchmal in Trickfilmen: Die Schildkröte schlüpft aus ihrem Panzer und hüpft einfach so in der Gegend herum. Das sieht lustig aus, hat aber nichts mit der Wirklichkeit zu tun. Der Panzer der Schildkröte ist ein Teil ihres Skeletts. Er besteht aus Knochenplatten, die sich aus der Wirbelsäule und den Rippen des Tieres gebildet haben. Er ist mit dem übrigen Körper verwachsen und wächst mit ihm mit. Wie sonst könnte es sein, dass kleine Schildkröten einen kleinen Panzer, große aber einen entsprechend großen haben? Auch ist der Panzer nicht völlig unempfindlich – außen schützt ihn nur eine dünne Schicht aus Horn.

Wo kann man die besten Schneemänner bauen?

Sicher am Nordpol oder Südpol, werdet ihr jetzt denken. Irrtum: Dort ist der Schnee viel zu fein und zu pulverig. Selbst ein Schneeball gelingt nur mit Mühe, wenn man den Schnee in der warmen Hand antaut. Nur in den wenigen Tagen des Sommers hätte man dort eine Chance, nämlich dann, wenn der Schnee in der Sonne zu schmelzen beginnt. Dann klebt er am besten, und deshalb gelingen die besten Schneemänner hier bei uns in Mitteleuropa.

Bleibt die Sonne in der Sonnencreme stecken?

Nicht alle Strahlen der Sonne werden von Sonnencreme aufgehalten. Das sichtbare Licht und die Wärmestrahlung gehen ungehindert hindurch. Nur die gefährlichen ultravioletten Strahlen werden zu großen Teilen herausgefiltert. Bestimmte Stoffe in der Sonnencreme wandeln die UV-Strahlen in ungefährliche Wärmeenergie um. Andere Sonnencreme-Sorten funktionieren wie ein Spiegel: Kleine Teilchen in der Creme reflektieren das Sonnenlicht, sodass es in der Haut keinen Schaden anrichten kann.

Woher kommt das Konfetti?

In Österreich ist das Wort auch für Zuckergebäck in Gebrauch. Ursprünglich stammt Konfetti aus Italien und leitet sich vermutlich von dem italienischen Wort »*confetto*«, das Vorbereitete, das Zurechtgemachte ab. Gemeint sind die Süßigkeiten und kleinen Geschenke, die man bei Umzügen unter die Zuschauer und Zuschauerinnen zu werfen pflegte. Später ersetzte man die Süßigkeiten manchmal durch spezielle, allein zu diesem Zweck hergestellte Gipsstückchen sowie kleinen Papierfetzen, die den Namen Konfetti behielten. Das kommt dabei heraus, wenn gespart wird.

Welches Puzzle hat die meisten Teile?

Den Weltrekord für das größte Puzzle der Welt liegt bei über einer Millionen Puzzlestücke. In der deutschen Stadt Ravensburg setzten die Bürger und Bürgerinnen 2008 das Riesen-Puzzle auf dem zentralen Marktplatz zusammen. Aus Ravensburg kommt auch die Herstellerfirma vieler Puzzles, die jedermann kaufen kann. Sicherlich wird bald irgendwo auf der Welt ein noch größeres Puzzle herausgebracht werden. Puzzles gibt es übrigens seit über 260 Jahren. Die ersten kamen in Frankreich und England um das Jahr 1760 auf.

Warum ist die 13 eine Unglückszahl?

Als das Dutzend (12 Stück) noch eine wichtige Maßeinheit war, ist dieser Glaube an die Unglückszahl aufgekommen. Nach altem Glauben ist die 13 eine Art »übersteigerte 12«, und 13 gleiche Teile werden auch ein Teufelsdutzend genannt. Der Tag hat zwölf und nicht 13 Stunden, das Jahr hat zwölf und nicht 13 Monate, es gab zwölf Apostel, und es war der 13., der Jesus beim letzten Abendmahl verriet. Daher war man der Ansicht, dass die 13 die Ordnung des gesamten Weltgebäudes stört. Dazu kam noch, dass der Freitag als Wochentag als Unglückstag galt, weil Jesus an einem Freitag gekreuzigt wurde. Zusammen ergeben der Freitag und die 13 also doppeltes Unglück – meinen manche Leute noch heute. Dabei ist die 13 nur eine Zahl wie alle anderen.

Warum springen im Bundestag manchmal Hammel?

Schafe gibt es im Bundestag nicht. Der »Hammelsprung« ist schon seit 1894 als politisches Abstimmungsverfahren in Gebrauch. Es kommt dann zum Tragen, wenn in einer Abstimmung im Parlament die Mehrheit der Abgeordneten durch Handheben oder Aufstehen nicht genau festgestellt werden kann. Dann verlassen die Abgeordneten den Plenarsaal und betreten ihn wieder durch eine von drei Türen: die jeweils für Ja, Nein oder Enthaltung stehen. So kann die Anzahl der abgegebenen Stimmen genau gezählt werden. Den Namen verdankt das Verfahren einer Tür im Reichstag: Über dieser war eine geschnitzte Verzierung angebracht, die den einäugigen Riesen Polyphem mit einer Schafherde darstellte. Aber das ist eine andere Geschichte, nämlich eine aus der griechischen Sagenwelt.

Stimmt es, dass man in ein paar Sekunden zehn Prozent abnehmen kann?

Nicht wirklich, aber man kann es sich vorgaukeln: Wenn die Waage zu viel anzeigt, einfach heruntersteigen, die Waage nehmen und sie auf eine weiche Unterlage stellen, zum Beispiel auf die flauschige Badematte vor dem

Waschbecken. Schon zeigt sie bis zu 10 Prozent weniger Gewicht. Eine Gruppe an Wissenschaftlern aus Großbritannien hat diesen erstaunlichen Effekt untersucht. Steht die Waage auf einer harten Stellfläche, so biegt sich ihr Boden durch. Weil sie für diese Art des Gebrauchs konstruiert ist, zeigt sie das korrekte Gewicht. Auf einer weichen Unterlage wird der ganze Boden der Waage unterstützt – und das Ergebnis auf der Gewichtsskala verfälscht. Dünner wird man dabei also nicht.

RUND UM DEN ALLTAG

Hier geht es kreuz und quer: Warum werden Möhren beim Kochen weich, Eier aber hart? Warum sind Kanaldeckel rund? Welches Essen ist gesund, welche Getränke sollte man vermeiden? Warum haben Mama und Papa morgens manchmal einen Brummschädel? Solche und andere Fragen und die Antworten dazu findest du in diesem Kapitel.

GESUNDES ESSEN

Was macht den Apfel eigentlich so gesund?

In einem ganz gewöhnlichen Apfel stecken über 10 000 unterschiedliche Stoffe, von denen viele für unsere Gesundheit förderlich sind. Erforscht ist davon nur ein kleiner Teil – etwa 140 Substanzen. Energie spendet der gesunde Fruchtzucker, den der Körper langsamer aufnimmt als den weißen Kristallzucker aus dem Supermarkt. Er ist die bessere Energiereserve.

Ist die braune Spitze einer Banane ungesund?

Manche Menschen essen sie nicht mit, die braune Stelle ganz unten in der Banane, dort, wo die Banane an der Pflanze festgewachsen war. Diese Stelle schmeckt nicht so süß und lecker wie die übrige Banane, sondern eher ein bisschen bitter. Giftig oder gesundheitsschädlich ist dieses Stück nicht. Wer es nicht mag, lässt es eben übrig. Wer es isst, hat keine Gesundheitsbeeinträchtigung zu befürchten. Alles an der Banane ist sehr gesund. Sie liefert unserem Körper Fruchtzucker, Pflanzeneiweiß, eine Menge Ballaststoffe und Mineralien wie zum Beispiel Kalium, Magnesium, Phosphor und Eisen. Deshalb wird sie auch von Radrennsportlern gern als Kraftreserve und Energielieferant bei Wettkämpfen mitgenommen. Die natürliche Verpackung ist dabei überaus praktisch.

Woher kommen die Fischstäbchen?

Nein, sie schwimmen nicht als Schwarm eckiger Fische im Meer, sie wachsen auch nicht auf dem Fischstäbchenbaum und sie werden nicht von den

Eskimos geschnitzt. Fischstäbchen kommen aus der Fabrik – aus der Fischfabrik. Schon auf dem Meer werden die gefangenen Fische zerlegt und nur ihr Fleisch ohne Gräten, Flossen und Schuppen wird eingefroren. An Land werden die großen gefrorenen Blöcke aus Fischfleisch von Maschinen zersägt und immer weiter verkleinert, bis sie genau die Größe eines Fischstäbchens haben. Nun fehlt nur noch die knusprige äußere Hülle, die Panade. Die verpasst eine andere Maschine den Fischstäbchen – dann werden sie in der Friteuse in heißem Fett vorgebraten – allerdings nur ein paar Sekunden lang. Jetzt geht es zum Fließband, wo die Fischstäbchen in Schachteln gepackt werden. Im Tiefkühllaster reisen sie dann zum Supermarkt, damit du sie kaufen kannst.

Warum bleiben gefrorene Sachen frisch?

Lebensmittel werden schlecht, wenn sie von Bakterien oder Pilzen zersetzt werden. Diese Organismen brauchen aber Wärme, damit ihr Stoffwechsel funktioniert und sie sich vermehren können. Deshalb werden leicht verderbliche Lebensmittel im Sommer besonders schnell schlecht. Friert man aber Fische oder Fleisch ein, so haben die Zersetzungsbakterien und andere Kleinstlebewesen keine Chance: Unterhalb einer bestimmten Temperaturgrenze kommen ihre Lebensprozesse fast oder sogar vollständig zum Stillstand.

Was macht das Sauerkraut sauer?

Essig und Zitrone sind es jedenfalls nicht. Sauer wird der fein geschnittene Weißkohl – denn nichts anderes ist Sauerkraut – durch Milchsäurebakterien. Diese Mikroorganismen leben von Zucker und Stärke; Milchsäure geben sie dabei als Verdauungsprodukt ab. Die macht das Sauerkraut haltbar und sorgt dafür, dass es gesund und gut verdaulich ist. Milchsäurebakterien sind auch für die Herstellung von Joghurt in Gebrauch.

Warum schmeckt Brot süß, wenn man es lange kaut?

Die im Brot enthaltene Stärke wird durch Verdauungssäfte in unserem Speichel zersetzt. Sie zerfällt zu Zucker – und der schmeckt süß. Anders als die mit Zucker gesüßten Backwaren machen uns die Kohlenhydrate im Brot lange satt, da sie ihre Energie nur nach und nach abgeben. Brot ist deswegen ein gesunder Kraftspender.

Warum schmeckt eine Frucht, wie sie schmeckt?

Eine Frucht bekommt ihren einzigartigen Geschmack durch bestimmte Aromastoffe, die je nach Art der Frucht in einer ganz besonderen Mischung vorkommen. Meist handelt es sich dabei um sogenannte Ester – Verbindungen aus Säuren und Alkoholen. Fruchtaromen kann man künstlich herstellen – ob sie allerdings genauso gut schmecken wie das »Original«?

Mit einem Giftpfeil erlegt – ist die Beute giftig?

Warum sterben Menschen nicht, die ein Tier essen, dass mit vergifteten Pfeilen erlegt wurde? Dafür gibt es mehrere Gründe: Zum einen zerfällt das Gift, wenn das Fleisch durch Kochen oder Braten zubereitet wird. Zum anderen richten die meisten Pfeilgifte vor allem Schaden im Blutkreislauf an. Wenn man das Gift hinunterschluckt, wird es ganz einfach von der Magensäure zersetzt. Schließlich könnte es auch sein, das die Naturvölker, die Pfeilgifte verwenden, eine gewisse Immunität gegen das Gift erworben haben, weil sie immer kleine Mengen davon mit ihrer Nahrung aufnehmen.

Was macht den Pfeffer so scharf?

Es ist der Stoff Piperin, der den Pfeffer so scharf macht. Außerdem enthält Pfeffer ätherische Öle, die den Geschmack bestimmen. Wenn man Pfeffer mitkocht, geht sein Aroma nicht verloren – die Schärfe verstärkt sich eher noch. Deshalb gibt man ihn den Speisen erst nach dem Kochen zu, es sei denn, man mag es richtig scharf. Die Schärfe von Pfeffer nehmen wir übrigens nicht über die Geschmackszellen der Zunge wahr. Pfeffer erregt die Zellen im Mund, die für die Wärmewahrnehmung zuständig sind.

Warum heißt das Eisbein Eisbein?

Wer gern Eisbein mit Sauerkraut isst, fragt sich bestimmt, woher das Eisbein seinen frostigen Namen hat. Es heißt so, nicht weil es aus dem Kühlhaus kommt, sondern weil es den Knochen enthält, aus dem früher Kufen für Schlittschuhe hergestellt wurden. Eigentlich praktisch: Erst bekommt man eine leckere Mahlzeit und danach auch noch ein brauchbares Sportgerät …

Warum isst man freitags Fisch?

Das hängt mit dem christlichen Glauben zusammen: Freitags wird gefastet, da Christus an einem Freitag – dem Karfreitag – am Kreuz für die Sünden der Menschen gestorben ist. Deshalb soll man an einem Freitag auf Fleisch verzichten. Fisch allerdings ist erlaubt und hat sich als die »Freitagsmahlzeit« eingebürgert.

Steckt in Gummibärchen wirklich Schweineblut?

Nein, kein Blut, aber in ganz gewöhnlichen Gummibärchen ist Gelatine beigemischt. Diese ist für die wabbelige, durchsichtige Substanz der Gummibärchen verantwortlich. Gelatine wird hauptsächlich aus der Haut und den Knochen von Schweinen und Rindern hergestellt. Wer so etwas nicht essen möchte, kann sich vegetarische Gummibärchen kaufen. Statt Gelatine werden hier pflanzliche Geliermittel wie Pektin aus Äpfeln, Orangen und Rüben, gewöhnliche Stärke oder das aus Algen gewonnene Agar-Agar eingesetzt.

Warum werden Möhren beim Kochen weich, Eier aber hart?

Durch die Hitze beim Kochen lösen sich in der Möhre die festen Verbindungen aus Stärke und Zellulose. Dadurch wird eine Möhre weich. Beim erhitzten Ei hingegen verkleben sich die flüssigen Eiweißfäden miteinander und bilden eine feste Masse. Je länger man das Ei kocht, desto härter wird es. Das hat allerdings eine gewisse Grenze: Auch wenn man ein Ei eine ganze Stunde lang kocht, wird es nicht etwa so hart wie Beton.

Was bringt das Popcorn zur Explosion?

Popcorn funktioniert wie ein Sprengkörper. Das feuchte Innere eines Maiskorns wird von einer festen äußeren Schale umschlossen. Wirft man das Maiskorn in eine heiße Pfanne, so erhitzt sich das Wasser im Korn und wird zu Wasserdampf. Der dehnt sich aus und drückt, weil er nirgendwo hin kann, von innen so stark auf die äußere Hülle, dass diese plötzlich platzt – heraus fliegt das vom Wasserdampf aufgeblähte Innere des Maiskorns. Zucker oder Salz drauf – Guten Appetit!

Wie kommen die Löcher in den Käse?

Die Löcher werden von Bakterien verursacht. Sie sitzen in der Käsemasse und ernähren sich von Milcheiweiß und Milchzucker. Sobald sie ihre

Nahrung verdaut haben, geben sie das Gas Kohlendioxid ab. Anders als im Mineralwasser kann das Gas in der zähen Käsemasse nicht sofort an die Oberfläche steigen, sondern bleibt darin stecken. Es entsteht ein kugelförmiger Hohlraum, und wenn wir den Käse schneiden, ergibt das ein Loch in der Scheibe.

Warum wird Sahne beim Schlagen steif?

Sahne ist eine Art besonders konzentrierte Milch – Wasser mit vielen Fetttröpfchen darin. Normalerweise schwimmt jedes Tröpfchen einzeln im Wasser. Wenn du nun einen Schneebesen nimmst und die Sahne »schlägst«, rührst du Luft in die Flüssigkeit ein. Die Fetttröpfchen sammeln sich nach und nach an den größeren Luftblasen, bis die einzelnen Bläschen gegeneinander stoßen und sich nicht mehr richtig bewegen können – die Sahne ist steif.

Woraus besteht Honig?

Honig entsteht aus dem Nektar, den die Bienen aus den Blüten holen. Eine Biene muss dabei ziemlich fleißig sein: Erst aus der fünffachen Menge Nektar wird später der konzentrierte Honig. Die Bienen geben dem Nektar körpereigene Enzyme zu, die den Honig reifen lassen. Honig besteht aus verschiedenen natürlichen Zuckerarten, vor allem Fruchtzucker und Dextrin sind reichlich enthalten. Weil beide Zuckerarten vom menschlichen Körper besonders schnell aufgenommen werden, ist Honig ein effektiver Energiespender. Im Honig sind aber auch viele Mineralstoffe enthalten. Die Liste ist lang: Kalium, Kalzium, Natrium, Magnesium, Kieselerde, Eisen, Kupfer, Mangan, Phosphor und Schwefel kommen im Honig vor. Auch Vitamine und Enzyme finden sich darin. Das alles hört sich gesund an, aber zu viel Honig macht mindestens genauso dick wie Zucker!

Warum heißt der Hamburger Hamburger?

Den amerikanischen Hamburger hat vermutlich ein Metzger aus Ohio erfunden, der im Jahre 1892 auf einem Volksfest nicht genügend Würstchen für seine Hot Dogs dabei hatte. Stattdessen briet er Hackfleischbällchen und klemmte sie zwischen die Hälften des Brötchens. Seinen Namen hat der Hamburger vermutlich aus deutschen Kochbüchern aus dem 19. Jahrhundert. Dort heißen die Fleischbällchen »Hamburger Fleisch«. Mit den deutschen Einwanderern kam der Name dann nach Amerika.

Woraus wird Senf gemacht?

Senf wird aus Senf gemacht, oder genauer gesagt: aus den Samen der Senfpflanze. Diese wurde aus Asien nach Europa eingeführt; heute wird sie in vielen Ländern angebaut. Die wichtigste Zutat bei fast jeder Senfsorte sind gemahlene oder ganze Senfkörner – die ziemlich kleinen, meist gelben Samen der Senfpflanze. Weitere Zutaten können unter anderem Zucker, Essig, Pfeffer, Muskat, Meerrettich und vieles mehr sein. Der milde weiße Senf wird zur Herstellung von Speisesenf angebaut, wächst aber auch wild, zum Beispiel in Getreidefeldern oder an Wiesenrändern. Der sehr scharfe schwarze Senf, zu erkennen an seinen kleinen schwarzen Samenkörnern, dient zur Herstellung von Senfspezialitäten. Es gibt nicht einen Senf, sondern viele unterschiedliche Senfrezepte: Ein gutes Feinkostgeschäft führt weißen, gelben, schwarzen, braunen, grünen, süßbayerischen Senf und vermutlich auch englische, holländische und französische Senfsorten wie den bekannten Dijon-Senf. Senf verbessert nicht nur den Geschmack von Speisen, sondern ist auch gesund: Er hilft dem Körper bei der Verdauung.

Warum wird Milch sauer?

Frische Milch direkt von der Kuh wird nach ein paar Tagen sauer, weil darin Lebewesen wohnen: die Milchsäurebakterien. Zunächst sind es nur wenige, doch je länger die Milch steht, desto stärker vermehren sie sich. Die Bakterien verdauen den Milchzucker und geben Milchsäure ab. Dadurch verändert sich die Milch: Sie wird sauer und gerinnt zu Dickmilch, die man essen kann. Bei der Milch aus dem Supermarkt ist das allerdings anders: Sie ist pasteurisiert, das heißt, sie wurde für eine kurze Zeit sehr hoch erhitzt. Alle Milchsäurebakterien (und auch alle anderen Kleinlebewesen, die uns Menschen schaden können) sind abgetötet. Deshalb wird Milch aus dem Supermarkt nicht sauer, sondern einfach ungenießbar.

Enthält Spinat besonders viel Eisen?

Auch wenn der Seemann Popeye von Spinat superstark wird und Magnete an seinen Muskeln hängen bleiben: In Spinat ist nicht mehr Eisen enthalten als in anderen Gemüsesorten. Viel mehr Eisen findest du in Leberwurst, Schokolade oder Pistazien. Das Märchen vom eisenhaltigen Spinat entstand durch einen Fehler vor mehr als hundert Jahren: Bei der Untersuchung von Lebensmitteln verrutschte einem Chemiker das Komma bei den Werten für den Spinat um eine Stelle nach rechts, sodass es so aussah, als habe Spinat im Vergleich zu anderen Gemüsesorten den zehnfachen Eisengehalt. Doch leider ist dieser Messfehler nicht für eine Ausrede gut, wenn Kinder keinen Spinat mögen: Obwohl er in seinen Blättern nicht so unglaublich viel Eisen aufweist, ist Spinat dennoch gesund. Er enthält zum Beispiel die Vitamine A und C in großen Mengen. Wer ihn nicht mag, kann den ebenso gesunden Brokkoli essen.

Warum schmeckt Pfefferminz kühl?

In Pfefferminzbonbons und natürlich auch in der Pflanze sind Stoffe enthalten, welche die Nervenzellen im Mund reizen, die für das Kältegefühl zuständig sind. Der wirksame Inhaltsstoff heißt Menthol. Pfefferminz gaukelt uns also nur vor, dass wir etwas Kühles im Mund haben.

Warum tragen Bäcker und Metzger bei der Arbeit eine Mütze?

Nicht, weil ihnen kalt ist, denn ein Metzger oder Bäcker kann bei der Arbeit schon ganz schön ins Schwitzen kommen. Es geht um die Sauberkeit – aber nicht um die Sauberkeit des Bäckers oder Metzgers. Sicher, der Bäcker will auch keinen Teig in den Haaren haben, aber schlimmer noch und ganz schön eklig wäre es, wenn du morgens Haare vom Bäcker in deinem Frühstücksbrötchen finden würdest. Und wenn der Bäcker oder Metzger eine Glatze hat? Auch Hautschuppen vom Kopf könnten in den Teig oder in die Wurstmasse fallen. Deshalb tragen auch glatzköpfige Bäcker und Metzger bei der Arbeit Mützen auf dem Kopf.

Warum ist die Banane krumm?

Bananen werden krumm, weil sie sich der Sonne entgegenstrecken. Zunächst wächst die Fruchtstaude der Banane senkrecht nach unten. Wenn die noch unreifen Früchte unter den großen Deckblättern hervorkommen, wechseln sie die Richtung, um dem Licht entgegenzuwachsen – dabei werden sie krumm.

Warum sehen Erdbeeren ganz anders aus als andere Beeren?

Weil Erdbeeren eigentlich keine Beeren sind. Erdbeeren gehören zu einer ganz anderen Pflanzengattung. Erdbeeren sind verwandt mit den Rosengewächsen, zu denen Äpfel und Birnen gehören – aber auch Himbeeren und Brombeeren, die ebenfalls keine echten Beeren sind, sondern sogenannte Sammelsteinfrüchte. Bei echten Beeren sind die Samenkörner in weiches Fruchtfleisch eingebettet – bei den Erdbeeren sitzen sie außen. Deshalb sind Erdbeeren Sammelnussfrüchte. Zu den echten Beeren gehören Stachelbeeren, Johannisbeeren, Heidelbeeren, Weintrauben und – kaum zu glauben – Tomate, Kürbis und … Bananen? Ja, korrekt! Die Banane ist eine Beere!

Warum sollte man rohe Kartoffeln nicht essen?

Weil sie – aber nur ein wenig – giftig sind. Kartoffeln gehören zu den Nachtschattengewächsen, deren Blätter, Blüten und Früchte Giftstoffe enthalten. Andere Nachtschattengewächse sind der Tabak und die Tomate. In der Kartoffel kommt das Gift Solanin vor, welches die Pflanze vor Fäulniserregern schützen soll. Beim Menschen verursacht das Gift Gesundheitsstörungen und kann in relativ großer Menge (400 Milligramm pro Kilogramm Körpergewicht) sogar tödlich wirken kann. Zur Beruhigung: 100 Gramm Kartoffeln enthalten im Durchschnitt etwa 6 Milligramm Solanin – ein erwachsener Mann von 80 Kilogramm Körpergewicht müsste also etwa 533 Kilogramm Kartoffeln essen, um sich tödlich zu vergiften. Das Gift ist in allen grünen Pflanzenteilen enthalten. Aber keine Angst – wer ein winziges Stückchen grüne Kartoffel isst, ist nicht in Gefahr. Bei gekochten Kartoffeln besteht überhaupt keine Gefährdung: Durch das Kochen wird das Gift zerstört, Reste davon sammeln sich im Kochwasser. Deshalb sollte man das Wasser vom Kartoffelkochen in der Küche nicht weiterverwenden. Weil Solanin besonders in grünen Pflanzenteilen entsteht, wurden Kartoffeln früher im Keller gelagert. Sie sollten sich nicht im hellen Sonnenlicht grün verfärben oder sogar grüne Sprosse bilden.

Sind Kartoffeln eigentlich die Samen der Kartoffelpflanze?

Die Samen der Kartoffelpflanze sehen aus wie unreife Tomaten und enthalten – wie alle übrigen grünen Pflanzenteile – das giftige Solanin. Die Kartoffel, die auf unseren Teller kommt, ist die Wurzelknolle der Kartoffelpflanze. Wenn das Grün der Kartoffelpflanze im Winter abstirbt, ist in der Kartoffelknolle genug Nahrung gespeichert, damit im Frühjahr eine neue Pflanze daraus wachsen kann. Es sei denn, wir essen sie vorher auf …

Was ist der Spargel nur für eine seltsame Pflanze?

Kaum zu glauben, aber Spargel gehört zu den Blumen, genauer zu den Liliengewächsen. Die Pflanze wird aus der Erde geholt, sobald sie sprießt. Deshalb sind die Spargelstangen auch noch weiß. Durchbrechen sie einmal die Erdoberfläche, färben sie sich wegen des Tageslichts grün. Deshalb werden vor allem die ersten weißen Sprossen des Spargels gegessen. Aber auch grüner Spargel schmeckt gut und erfreut sich immer größerer Beliebtheit. Das sogenannte Spargelgrün, die oberirdischen Triebe der Pflanze, werden in Blumenläden als Dekoration für Blumensträuße verwendet.

Welche Lebensmittel wachsen im Dunkeln?

Es gibt Nahrungsmittel, die können im Dunkeln heranwachsen: Pilze wie Champignons zum Beispiel werden in unterirdischen Räumen herangezogen. Sie brauchen für ihr Wachstum kein Licht. Einer anderen Pflanze verwehrt man das Licht zum Wachsen: Chicoree soll schön weiß aussehen und wird deshalb ohne Licht herangezogen. Die fleischigen Blätter treiben aus der Chicoree-Wurzel aus. Chicoree soll auch im Dunkeln gelagert werden, weil sich seine Blätter sonst grün färben.

Warum essen Kinder so gern Süßes?

Es beginnt schon mit der Muttermilch, die süßlich schmeckt: Weil Kinder intensiver riechen, schmecken und fühlen als Erwachsene, nehmen sie auch den süßen Geschmack intensiver wahr. Entsprechend schmeckt Saures oder Bitteres unangenehmer. Dass Kinder Naschkatzen sind, ist aber nicht besonders schlimm, wenn sie es richtig machen: Morgens nichts Süßes essen und nachmittags lieber eine große süße Sünde als viele kleine nacheinander – und am besten nach jedem süßen Nahrungsmittel die Zähne putzen!

Woher kommt Vanille?

Das Vanillearoma stammt von einer Orchidee: Die Gewürzvanille hat längliche Blätter und gelblich-weiße Blüten. In ihren Früchten, die wie Schoten aussehen, ist das Vanillearoma enthalten. Durch das Trocknen und die weitere Verarbeitung wird daraus Stangenvanille gewonnen. Wenn dein Eis echte Vanille enthält, sind darin kleine braune Körnchen aus den Stangen zu erkennen. Eis ohne diese braunen Sprenkel enthält wahrscheinlich künstliches Vanillearoma.

GESUNDE GETRÄNKE

Welches ist das beste Getränk?

Keine Frage: klares Wasser. Für einen einfachen Durstlöscher enthalten Limonade, Cola, Fruchtsäfte und Milch viel zu viele Nährstoffe und machen dadurch dick. Außerdem leiden die Zähne unter dem vielen Zucker. Wer abends Fruchtsäfte trinkt, sollte daran denken, dass Fruchtsäuren die Zähne angreifen. Zähne putzen nicht vergessen!

Warum ist Limonade ungesund?

Limonade und viele Cola-Getränke enthalten viel zu viel Zucker – in 1 Liter Cola etwa 37 Stück Würfelzucker. Das bedeutet, dass in einem einzigen 0,2-Liter-Glas etwa 7,5 Stück Zucker aufgelöst sind. Einige Limonaden sind noch stärker gesüßt – bis zu 8,5 Stück Zucker pro 0,2-Liter-Glas. In einer Dose Red Bull sind zehn Stück Würfel Zucker verborgen. Ein erwachsener Mensch braucht am Tag etwa 1500 bis 2000 Kalorien an Nahrung. In einer einzigen Familienflasche Limonade stecken mindestens 500 Kalorien – ein Viertel bis ein Drittel des Tagesbedarfs. Wen wundert es dann noch, dass man dick wird, wenn man viel Limonade trinkt?

Was ist eigentlich versteckter Zucker?

Ganz einfach: Zucker, den man nicht sieht. Dass in Limonade und anderen süßen Getränken zu viel Zucker steckt, wissen viele. Aber wer ahnt schon, dass in einer Flasche Ketchup je nach Marke und Rezept 40 bis 45 Stück Würfelzucker und mehr aufgelöst sind? Kein Wunder also, dass Kinder so gerne Ketchup essen. In einem Glas Nuss-Nougat-Creme verstecken sich fast 70 Stück Würfelzucker, ein Glas Honig entspricht sogar der Menge von 133 Stück Würfelzucker. Auch wer Honig isst, nimmt große Mengen Zucker zu sich.

Sind Getränke mit Sauerstoff gesund?

Wie auch Nahrungsmittel in der Lunge nichts zu suchen haben, so gehört Sauerstoff in größeren Mengen weder in den Magen noch in den Darm. Dieses wichtige Gas nehmen wir in ausreichender Menge über die Atemluft zu uns, und unsere Verdauung kann in keiner Weise etwas damit anfangen – außer vielleicht ein paar zusätzliches Blähungen produzieren. Und wenn man einmal so etwas getrunken hat? Zum Glück ist Sauerstoff im Magen nach dem heutigen Wissensstand weitaus weniger gefährlich als Nudeln oder Bratwurst in der Lunge. Die Folgen für das Portmonnaie: rausgeworfenes Geld.

Warum schäumt Bier – und Mineralwasser nicht?

Im Bier sind zahlreiche Stoffe enthalten, die es im Mineralwasser nicht gibt. Wenn im Bier die Kohlensäurebläschen nach oben steigen, lagern sich daran Eiweißmoleküle an und verkleben die Bläschen miteinander. Erst nach und nach platzen sie, und der Schaum fällt in sich zusammen. Im Mineralwasser sausen die Kohlensäurebläschen einfach zur Oberfläche durch – nichts hält sie auf.

Und warum ist der Schaum auf dem Bier nicht gelb?

Ganz einfach: Der Schaum besteht aus den miteinander verklebten, sehr dünnen und durchsichtigen Bläschen, die wie kleine Linsen wirken und das

Licht in alle Richtungen streuen. Ähnlich wie bei den feinen Wassertropfen im Nebel, entsteht die Farbe Weiß, obwohl die Bläschen an sich gar nicht weiß sind.

Warum ist die Milch weiß?

Milch ist weiß, weil die Eiweißstoffe und das Milchfett in Form von sehr kleinen Kügelchen in der Flüssigkeit schwimmen. Einfallende Lichtstrahlen werden in ihre Farben zerlegt und in alle Richtungen zerstreut. Das austretende Licht mischt sich zur Farbe Weiß.

HAUS UND HAUSHALT

Kann man Omas Haushaltstipps heute noch brauchen?

Manche funktionieren nicht mehr: Heute putzt man Fenster nicht mehr mit Zeitungspapier, weil die Druckerschwärze Flecken auf den Kunststoffrahmen macht, die nur schwer zu beseitigen sind. Andere Tipps hätte uns Oma gar nicht geben können: Wie macht man eine kalte Pizza warm? In der beschichteten Pfanne ohne Fett. Was tut man gegen vergilbte Gardinen? Man lässt sie weg. Ein Fenster ohne Gardinen? Gar nicht Omas Ding! Auch mancher Do-it-youself-Tipp aus dem Internet ist einfach zu abgefahren, um in Omas Weltbild zu passen: Wie regelt man das Kartoffelnschälen für die ganze WG? Mit der Bohrmaschine, einem Eimer und einer (neuer) Klobürste ist das kein Problem. Ein paar schnelle Umdrehungen, und die Schale ist weg …

Warum riechen Putzmittel so oft nach Zitronen?

Putzen Zitronen besonders gut? Oder mag man beim Putzen besonders gern Zitronen riechen? Bevor eine Firma ein Putzmittel auf den Markt bringt, unternimmt sie Tests, um möglichst viel davon zu verkaufen. Und bei diesen Tests kam heraus: Putzmittel, die nach Zitronen riechen, gelten als besonders frisch und stark und leistungsfähig. Ebenfalls gut bei den Verbrauchern kamen Mittel an, die einen scharfen Geruch haben. Putzen tun sie alle gleich gut. Eigentlich könnte man ein Putzmittel auf den Markt bringen, das nach Schokolade oder nach frischem Kaffee riecht – nur: Wer würde es kaufen?

Warum ist in so vielen Flaschen gerade 0,7 Liter Flüssigkeit?

Schuld daran soll Dom Perignon sein, ein Mönch und Kellermeister im Kloster von Hautvilliers mitten im französischen Sekt- und Weinbaugebiet. Er fand heraus, dass 0,7 oder 0,75 Liter genau die Menge an Flüssigkeit ist, die ein erwachsener Mann beim Essen zu sich nimmt. Eine Flasche reicht also sicher für zwei Kinder. Dom Perignon hat sich übrigens noch auf andere Weise um das Trinken verdient gemacht: Er hat den drahtgesicherten Sektkorken erfunden, der verhindert, dass der Korken durch den Überdruck in der Flasche herausgedrückt wird.

Warum sind Kühlschränke immer weiß?

Welcher Kühlschrank sieht kühler aus – ein weißer oder ein roter? Nein, nicht cooler, da gewinnt unter Umständen sogar der rote Kühlschrank. Tests von Werbeagenturen haben bewiesen, dass Käufer und Käuferinnen einen weißen Kühlschrank für leistungsfähiger und »kühlstärker« halten als einen andersfarbigen. Das liegt sicher an den Gedankenverknüpfungen, welche die Farbe Weiß auslöst: Schnee, Eisberg, Gletscher, Winter, Nordpol, Pinguin usw.

Weshalb braucht man Geld?

Weil Tauschhandel einfach zu umständlich ist. Manche Waren sind zu groß und zu schwer, um sie zum Tauschen über weite Strecken zu transportieren. Andere Erzeugnisse können nicht weit reisen, weil sie zu schnell verderben, zum Beispiel frische Lebensmittel. Hinzu kommt, dass es lange dauern kann, bis man genau die Ware eintauschen kann, die man gerade braucht. Ein Beispiel: Man möchte einen Schinken kaufen, muss aber erst zwölf Eier gegen einen Ballen Stoff tauschen, weil ein Mann mit einer Sense im Angebot einen neuen Anzug braucht. Die Sense kann man dann schließlich gegen den Schinken eintauschen. Da ist Geld doch deutlich praktischer.

Warum sind unsere Zimmer nicht rund?

Das liegt an den Bausteinen, denn die sind ebenfalls eckig und rechtwinklig. Es wäre nicht ganz einfach, eine runde Wand daraus zu mauern. Nur bei Torbogen wurden eckige Steine in eine runde Form gebracht. Dort, wo Häuser mit anderen Materialien gebaut werden, zum Beispiel aus Lehm, sind auch runde Hausformen in Gebrauch.

SPORT

Wer hat den Fußball erfunden?

Schon bei den Azteken wurde eine Art Fußball gespielt. Das Spiel trug den Namen *Ullamaliztli*. Die Spieler mussten einen Ball durch einen steinernen Ring schießen, der den Kosmos symbolisierte. Das Spiel dürfte nicht sehr engagiert abgelaufen sein, denn die Spieler der Siegermannschaft (!) wurden den Göttern geopfert, damit sie selber zu Göttern werden konnten. Heute verläuft das Leben von Fußballgöttern angenehmer. Im 3. Jahrhundert v. Chr. war in China ein Spiel mit dem Namen *Ts'uh-küh* bekannt, das durchaus dem Fußball ähnlich war. Es diente zunächst der militärischen Ausbildung, entwickelte sich dann aber zum Volksvergnügen und Nationalsport. Der Ball bestand zuerst aus vernähten Lederstücken, ausgestopft mit Federn und Tierhaaren. Um das Jahr 600 n. Chr. gab es dann eine Profiliga, feste Fußballregeln, und es wurde mit einem luftgefüllten Ball gespielt. Um das Jahr 700 n. Chr. geriet das Spiel rätselhafter Weise völlig in Vergessenheit.

Spielte man auch anderswo Fußball – nicht nur in China?

Nicht Ping-pong – Pok ta pok! – viele südamerikanische Völker kannten rituelle Ballspiele. Bei den Maya nannte man das Spiel zu Ehren und zur Unterhaltung der Götter und der jeweiligen Herrscher tatsächlich *Pok ta pok*, was von dem Geräusch herrühren dürfte, das der Ball beim Schießen verursacht.

Wohin in Europa kam der Fußball zuerst?

Bei der mittelalterlichen Variante des Fußballs in England traten zwei Dörfer gegeneinander an. Jedes Team musste versuchen, den Ball durch das gegnerische Stadttor zu befördern. Das »Spielfeld« war, ja nach Lage der gegnerischen Dörfer, mehrere Kilometer lang, und Fairness spielte noch keine Rolle. Verletzte und Tote waren an der Tagesordnung, weshalb das Spiel von der Obrigkeit verboten wurde.

Warum hat eine Fußballmannschaft genau elf Spieler?

Im Jahr 1870 wurde die Mannschaftsstärke auf elf Spieler begrenzt. Warum gerade elf? Ein Erklärungsversuch: In den Schlafsälen der Universitätsfußballer standen damals elf Betten – ein Raum war also ideal für eine Mannschaft. 1923 legte die IFA (*International Football Association*) die Anzahl der Spieler einer Mannschaft auf elf fest. Und eine weitere Regel zur Anzahl der Spieler kam dazu: Auf dem Spielfeld müssen mindestens sieben Spieler einer Mannschaft anwesend sein – sonst kann das Match nicht stattfinden.

Woher kommen die roten und gelben Karten beim Fußball?

Die Erklärung für die roten und gelben Karten ist ganz naheliegend: Natürlich hatte ein Schiedsrichter den Einfall, Fouls auf dem Fußballfeld so zu ahnden. Und es liegt auf der Hand, dass ihm die Idee dazu im Straßenverkehr kam, nämlich als er vor einer roten Ampel stand. Der Schiedsrichter hieß Ken Aston und war der Vorsitzende der FIFA-Schiedsrichterkommission bei der WM 1966. Bei der Weltmeisterschaft 1970 wurde die Regelung zum ersten Mal ausprobiert, seit 1983 gibt es die rote Karte für die

»Notbremse«. Erst 1993 wurden die rote und die gelbe Karte in die internationalen Regeln für das Fußballspiel aufgenommen.

Was muss ein Ironman können?

Ironman ist eine Triathlon-Veranstaltung. Sie umfasst Übungen in drei Sportarten: Die Athleten müssen 3,8 Kilometer schwimmen, 180 Kilometer Rad fahren und einen 42,195 Kilometer langen Marathon absolvieren – und das ohne Pause – direkt hintereinander! Der Ironman-Wettbewerb wurde zum ersten Mal am 18. Februar 1978 auf Hawaii ausgetragen. Keine Chance für Couchkartoffeln und Weicheier!

Warum sind die Olympischen Ringe bunt?

Viele Leute glauben, dass die olympischen Ringe für die fünf Kontinente stehen und deshalb die zum jeweiligen Kontinent passende Farbe tragen. Also der schwarze Ringe für Afrika, der gelbe für Asien, der rote für …??? Welches ist der rote Kontinent? Der Begründer der Olympischen Spiele moderner Zeit, Pierre de Cubertin, hat die Olympische Flagge tatsächlich anders gemeint. In jeder Landesflagge jeder Nation auf der Erde sollte mindestens eine Farbe der olympischen Ringe vorkommen, und eigentlich meinte er sechs Farben, denn er zählte den weißen Hintergrund der Flagge mit. Eine Zuordnung der Ringe zu den Kontinenten beabsichtigte Pierre de Cubertin nicht. Die olympische Flagge wurde übrigens erstmals bei den 7. Olympischen Spielen in Antwerpen gezeigt. Sie sah damals schon wie heute aus: fünf Ringe in zwei Reihen auf weißem Grund, davon die Ringe der oberen Reihe blau, schwarz und rot, die der unteren Reihe gelb und grün.

STRASSE, SCHIENE, LUFT

Warum sind Feuerwehrautos rot?

Feuerwehrautos sind aus verschiedenen Gründen rot. Einmal ist Rot die Farbe des Feuers. So weiß jeder gleich, worum es geht. Außerdem ist Rot eine besonders auffällige Warnfarbe, die wir sofort wahrnehmen. Wären Feuerwehrautos grün, hätten sie geradezu eine Tarnfarbe gewählt (zumindest auf dem Lande). Wären sie blau, grau, braun oder schwarz, so wären sie in der Dämmerung und Dunkelheit nicht gut genug zu erkennen.

Warum nennt man das »Tatütata« auch Martinshorn?

Nein, es war nicht der heilige Martin, der bei Gefahr ins Horn gestoßen hat. Den Namen verdankt das lautstarke Signal seiner Herstellerfirma: der Deutschen Signal-Instrumentenfabrik Max B. Martin. Hier entstand 1932 das »Martin-Horn« als Warnvorrichtung für Polizei und Feuerwehr. Weil »Martin-Horn« aber schwer auszusprechen ist, hat man noch ein kleines »s« in die Mitte gesetzt.

Seit wann sehen Autofahrer rot?

Die erste Ampel überhaupt stammt aus dem Jahr 1868, wurde mit Gas beleuchtet und von einem Polizisten per Hand geschaltet. Leider explodierte sie nach wenigen Tagen und verletzte ihren Bediener schwer. Die erste elektrische Verkehrsampel für den Dauerbetrieb war nur zweifarbig und stand 1914 in Cleveland, Ohio. Dreifarbige Ampeln wurden ab 1920 in New York installiert.

Wie schnell kann ein Auto fahren?

Eines der schnellsten Automobile der Welt heißt *Thrust SSC* und kommt aus Großbritannien. Es wird von zwei Düsentriebwerken beschleunigt, erreichte 1997 sagenhafte 1228 Kilometer pro Stunde und ist für den Straßenverkehr völlig ungeeignet. Weshalb? Schon die extrem heißen Abgase der Triebwerke wären für jeden Fahrradfahrer oder auch Fußgänger äußerst unangenehm, wenn nicht sogar lebensgefährlich. Doch das nächste rekordbrechende Modell steht schon in den Startlöchern: der *Bloodhound LSR* – dieses Überschallauto soll in 55 Sekunden auf 1609 Kilometer pro Stunde beschleunigen können. Die Sache mit den heißen Abgasen hat man aber immer noch nicht im Griff …

Aus wie vielen Teilen besteht ein Auto?

Ein modernes Auto mit Verbrennungsmotor besteht (je nach Typ) aus 5000 bis 6000 Einzelteilen – Kleinteile und Schrauben nicht mitgerechnet. Beim Elektroauto sind es über 1000 Teile weniger. Zum Vergleich: Ein erwachsener Mensch hat insgesamt 206 Knochen, 639 Muskeln und bis zu 30 Billionen Körperzellen: 30 000 000 000 000 Zellen!

Woher kommt das Benzin?

Na, aus einem Tank unter der Tankstelle, denkt jetzt so mancher. Das stimmt schon, aber zuerst muss man das Benzin aus Erdöl gewinnen. Die Raffinerie zerlegt das dickflüssige Öl in seine Bestandteile – vom leichten Gas bis zum zähen Teer, der für den Straßenbau verwendet wird. Früher, zur Zeit der Petroleumlampen, nutzte man vom Erdöl nur das sogenannte Lampenöl und wusste nichts mit dem Gasolin anzufangen, das bei der Verarbeitung übrig blieb. Erst die Erfindung des Verbrennungsmotors und des Autos sorgten dafür, dass man diese Bestandteile des Erdöls sinnvoll nutzen konnte. Benzin gehört zu den leichteren Substanzen im Erdöl; ein anderer Treibstoff ist ein sogenanntes »Mitteldestillat« (ein mittelschwerer Stoff) und wird auch aus dem Erdöl gewonnen: der Kraftstoff Diesel.

Warum wird der Motor warm?

Weil in seinem Inneren eine Verbrennung abläuft. Zwar wird mit einem Teil der dabei gewonnenen Energie das Auto angetrieben, aber neben der Bewegungsenergie entsteht auch Wärme. Mehr Wärme, als man brauchen kann, denn außer der Heizung für den Innenraum kann man die Abwärme des Motors nicht nutzen. Im Gegenteil: Man muss den Motor sogar vor zu viel Wärme schützen. Dies geschieht durch den Kühler, der die Abwärme des Motors nach außen abführt.

Kann man auf Luft fahren?

Viele von uns tun das jeden Tag: Es ist die Luft, welche die Reifen so elastisch und zugleich widerstandsfähig macht. Ohne Luft in den Reifen müssten wir auf einigen Komfort auf den Straßen verzichten. Ganz ohne Reifen fährt das Luftkissenfahrzeug: Es schwebt auf einem Polster aus Luft, das starke Motoren mit Propellern unter dem Fahrzeug aufbauen. Schwebt das Luftkissenfahrzeug einmal, hat es keinen Kontakt zum Untergrund mehr und kann auch über einen holprigen Acker oder die Wellen des Meeres schweben.

Warum fährt man in England auf der linken Straßenseite?

Diese Sitte soll aus dem Mittelalter stammen: Ritter benutzten die linke Seite des Weges, um in der rechten Hand das Schwert zu führen und sich im Falle eines Angriffs verteidigen zu können. Auch wenn Autofahrer heute kein Schwert mehr benutzen, so haben die Briten und früheren britischen Kolonien den Linksverkehr beibehalten.

Woher kommt im Auto der Strom?

Weil es im Auto keine Steckdose gibt, muss es sich selbst mit Strom versorgen. Im Prinzip funktioniert das wie beim Fahrrad: Die Lichtmaschine ist ein Dynamo, der vom Motor des Autos angetrieben wird. Die gewonnene elektrische Energie wird in der Batterie des Autos gespeichert. Von hier aus werden alle elektrischen Verbraucher versorgt: der Anlasser, die Scheinwerfer und die hintere Beleuchtung, das Autoradio, die Motorelektronik und vieles mehr.

Warum kippt man beim Bremsen im Auto nach vorn?

Das liegt an dem physikalischen Gesetz der Massenbeharrung bzw. Trägheit. Jeder Gegenstand in unserem Universum versucht, den Bewegungszustand beizubehalten, in dem er sich gerade befindet. Anders und weniger kompliziert gesagt: Das Auto will weiterrollen, wenn es einmal fährt, und es muss Kraft aufgebracht werden, um es aufzuhalten – Bremskraft. Genauso verhält es sich mit einem menschlichen Körper im Auto.

Warum sind Alleen für Autofahrer so gefährlich?

Straßen mit Baumreihen an den Seiten werden von Autofahrern oft unterschätzt. Wenn ein Auto bei hoher Geschwindigkeit von der Straße abkommt, ist es sehr wahrscheinlich, dass es gegen einen dieser Bäume kracht. Das hängt damit zusammen, dass ein Fahrzeug bei hoher Geschwindigkeit nur sehr große Kurven fahren kann. Hinzu kommt: Kaum etwas ist so widerstandsfähig wie ein gut verwurzelter Baum. Wenn zwei Autos gegeneinanderfahren, ist der Schaden geringer als bei einem Crash mit einem Baum.

Warum kriegt man beim Aussteigen aus dem Auto »eine gewischt«?

Der Grund dafür ist wahrscheinlich der Sitz, auf dem du gesessen hast. Reibt sich deine Kleidung daran und ist es womöglich auch noch synthetische Kleidung oder etwas aus Wolle, so bist du nachher »ganz schön geladen«. Dagegen hilft es, wenn du beim Aussteigen ein blankes Metallteil des Autos berührst.

Seit wann gibt es Fahrräder?

Die Draisine, Vorläuferin des Fahrrads, rollte im Jahre 1817 erstmals über die holperigen Straßen Mannheims. Karl Friedrich Freiherr Drais von Sauerbronn hatte dieses Gerät aus Holz gebaut. Er gilt als der Erfinder des Fahrrads, obwohl die Draisine eigentlich ein Laufrad war. Wenn man es ganz genau nimmt, war der Freiherr mit seiner Konstruktion auch nicht der Erste: Mehr als 3000 Jahre früher scheint ein solches Fahrzeug bereits bekannt gewesen zu sein. Auf einem Obelisken (einer Steinsäule) aus der Zeit des ägyptischen Pharaos Ramses II. (1303 bis 1213 v. Chr.) ist ein Mann zu sehen, der auf einem waagerechten Balken mit zwei Rädern hockt und damit vermutlich durch das Niltal holperte.

Wer macht die Löcher in die Straße?

Die weichen Gummireifen der Autos hat man zunächst nicht in Verdacht, doch auch sie spielen bei der Entstehung von Schlaglöchern eine Rolle. Die

Ursache für schlechte Straßen ist aber meist der Winter, genauer gesagt der Frost. Wasser sickert durch kleine Risse in die Fahrbahnoberfläche und gefriert dort zu Eis. Weil Eis sich ausdehnt, erweitert es die Risse und beschädigt die Fahrbahndecke. Wenn jetzt Autoreifen über die Straße rollen oder, schlimmer noch, an dieser Stelle bremsen oder beschleunigen, bildet sich nach und nach ein großer Schaden im Asphalt. Der Winter sorgt also dafür, dass der Straßenbau immer etwas zu tun hat.

Warum sind Kanaldeckel rund?

Ganz einfach: Ein rechteckiger Kanaldeckel fällt in das Loch und verkantet sich womöglich darin. Bei einem runden Kanaldeckel kann das nicht passieren. Wie er auch fällt – er kann sich nirgendwo verklemmen.

Seit wann kann man Eisenbahn fahren?

Am 27. September 1825 transportierte der erste maschinell betriebene Eisenbahnzug Kohle zwischen Stockton und Darlington in England. Personen wurden jedoch weiterhin ausschließlich mit Pferdekraft befördert. Die allererste Eisenbahn für den reinen Personentransport fuhr am 15. September 1830 zwischen Liverpool und Manchester. In Deutschland sollte es noch weitere fünf Jahre dauern, bis ein Eisenbahnzug verkehrte: am 7. Dezember 1835 fuhr die erste Lokomotive mit dem stolzen Namen »Adler« zwischen Fürth und Nürnberg.

Stimmt es, dass Lokomotiven früher mit Wasser fuhren?

Ja und nein: Dampflokomotiven wurden von einer Dampfmaschine angetrieben, und ohne Wasser, kein Dampf. Aber Wasser allein genügte nicht.

Denn der Dampf, der die Dampfmaschine antrieb, musste mit Hitze in einem Verbrennungskessel erzeugt werden. Dieser Kessel wurde mit einem Vorrat von Holz oder Kohle befeuert, den die Lokomotive in einem sogenannten Tender mit sich führte. Außer dem Lokomotivführer fuhr deshalb auch ein Heizer mit.

Was war eigentlich das Besondere am Orient-Express?

Der Orient-Express war ursprünglich eine Art Luxushotel auf Schienen: In seinem Speisewagen tafelte man unter Glaskronleuchtern, die Tische waren mit Kristallgläsern, feinem Porzellangeschirr und Silberbesteck gedeckt. Wertvolle Wandteppiche und Ledersessel sorgten für ein stilvolles Ambiente. Die Reiseroute führte 1888 über Paris, München, Wien, Budapest und Bukarest. In der rumänischen Stadt Giurgiu, kurz hinter Bukarest, verließen die Reisenden den Zug und überquerten mit dem Schiff die Donau. Ein anderer Zug brachte sie weiter nach Warna am Schwarzen Meer, über dessen Wogen sie ein Schiff in etwa 15 Stunden weiter bis Konstantinopel (heute Istanbul) beförderte. Eine abenteuerliche Reise!

Wo gehen die meisten Leute in die Luft?

Auf dem Hartsfield-Jackson Atlanta International Airport (USA). Vor der Corona-Pandemie nutzten 100 Millionen Passagiere pro Jahr den Flughafen für ihre Flugreisen. Den zweiten Platz belegte der Beijing Capital International Airport (Peking, China). Auch hier überschritten die Passagierzahlen die 100 Millionen. Überall aus der Welt ging seit Beginn der Viruserkrankung die Zahl der Flugpassagiere um mehr als die Hälfte und mehr zurück.

Wie schnell fliegen Flugzeuge?

Kleine Motorflugzeuge sind mit 150 bis 220 Kilometer pro Stunde unterwegs, große Passagierflugzeuge mit Düsenantrieb schaffen je nach Flughöhe und Wetterlage bis zu 950 Kilometer pro Stunde. Militärische Jets wie der *Tornado* und die amerikanische *F16* bringen es auf etwas mehr als die doppelte Schallgeschwindigkeit. Auch das Überschall-Passagierflugzeug *Concorde* erreichte eine Spitzengeschwindigkeit von über 2400 Kilometer pro Stunde und flog damit doppelt so schnell wie der Schall. Selbst die Reisegeschwindigkeit mit Passagieren betrug immerhin noch 2180 Kilometer pro Stunde. Die Flüge mit der *Concorde* wurden im Jahr 2000 nach einem Unfall bei Paris, bei dem 113 Menschen ums Leben kamen, eingestellt. Doch in Fachkreisen heißt es, dass an einem neuen Überschallflugzeug gearbeitet wird, das bis zu fünfmal schneller als der Schall sein soll.

Wie schnell geht es mit Propeller?

Mit Düsentriebwerken angetriebene Maschinen sind mehrfach schneller als der Schall – doch welche Geschwindigkeit kann eigentlich ein Propellerflugzeug erreichen? Jahrzehntelang blieb der Geschwindigkeitsrekord für propellergetriebene Kolbenmotorflugzeuge ungebrochen: Lyle Shelton (USA) hatte am 21. August 1989 mit einer Maschine des Typs Grumman F9F-2 Bearcat *Rare Bear* (seltener Bär) die Geschwindigkeit von 850,263 Kilometer pro Stunde erreicht – für diese Leistung war dem relativ alten Flugzeug aus dem Baujahr 1946 ein 4000-PS-starker Motor eingebaut worden. Moderne Düsenflugzeuge im Linienverkehr sind nicht unbedingt schneller unterwegs. Im Jahre 2017 gab es eine neue Bestmarke für Propellerflugzeuge: Steven Hinton Jr. war der Pilot einer P-51 Mustang *Vodoo,* die 892,49 Kilometer pro Stunde erreichte.

Seit wann gibt es Hubschrauber?

Im Jahre 1907 wetteiferten gleich zwei flugfähige Modelle miteinander. Im September des genannten Jahres hob sich der von den Brüdern Bréguet konstruierte *Gyroplane Nr. 1* in die Lüfte. Das Fluggerät war eine kreisförmige Konstruktion aus Stahlrohren, hatte vier Rotoren und einen Motor, der etwa 45 PS leistete. Das Fluggerät erhob sich 1,50 Meter in die Höhe. Im November flog der zweite Hubschrauber – eine Konstruktion des Fahrradherstellers Paul Cornu. Die Zwei-Rotoren-Maschine erreichte ungefähr dieselbe Höhe – 1,57 Meter – und blieb sogar eine Minute in der Luft. Zum Vergleich: Im Jahre 2002 stieg ein Hubschrauber des Typs Eurocopter AS 350 B2 *Ecureuil* über Südafrika 12 954 Meter hoch, geflogen von dem Piloten Fred North.

Warum können Luftschiffe explodieren?

Am 6. Mai 1937 explodierte in Lakehurst, USA, der Zeppelin LZ 129 *Hindenburg* – ein furchtbares Unglück, das vielen Menschen das Leben kostete. Dass dieses Luftschiff explodieren konnte, lag an dem Gas, das man damals benutzte, um den Zeppelin in die Luft zu bringen: Wasserstoff. Wenn sich Wasserstoff mit Luft mischt, genügt ein einziger Funke, um das Gasgemisch zur Explosion zu bringen. Heute verwendet man das Edelgas Helium. Es ist nicht brennbar – keine Explosionsgefahr! Zur Zeit der LZ 129 *Hindenburg* waren die USA der einzige Lieferant von Heliumgas – und die hatten ein Exportverbot erlassen, sodass man für das deutsche Luftschiff auf Wasserstoff angewiesen war.

WÖRTER UND NAMEN

Wie ist eigentlich die Sprache entstanden?

Über die Entstehung von Sprache gab es in der Vergangenheit mehrere Theorien, die man mit recht lustigen Namen bezeichnet: Die Aua-Theorie meint, dass sich Sprache aus Ausrufen und Schreien entwickelt hat, zu denen Schmerzenslaute, Ausrufe des Erstaunens und der Freude gehört haben könnten. Noch heute schwingt der freudige Ausruf »Eu!« in dem deutschen Wort »Freude« und dem englischen Wort »joy« mit. Die Sing-Sang-Theorie besagt, dass Sprache aus ursprünglichen Gesängen, zum Beispiel am Lagerfeuer, entstanden sein kann. Und die Hauruck-Theorie reimt sich zusammen: Bei schwerer Arbeit muntern Menschen sich selbst und ihre Gefährten mit Ausrufen auf – der Beginn der Sprache? Und schließlich die letzte Vermutung: Eigentlich begannen Menschen zu sprechen, als sie die Laute der sie umgebenden Natur nachahmten. Die Wahrheit liegt vermutlich, wie so oft, in der Mitte: Teile der Sprache haben sich aus jeder dieser Quellen entwickelt.

Warum sprechen die Menschen unterschiedliche Sprachen?

Die verschiedenen Sprachen sind ein Ergebnis eingeschränkter Fortbewegung. Reisen zu Fuß waren mit großen Strapazen verbunden: Schon ein Gebirge, ein reißender Fluss oder gar ein Meeresarm zwischen zwei Menschengruppen war ein derartiges großes Hindernis, dass sich auch benachbarte Völker jahrhundertelang nur selten trafen. So entwickelten sich ihre Sprachen auseinander: Was für die einen »Wasser« hieß, nannten die anderen »*water*«.

Warum heißt einer Meyer und ein anderer Müller?

In der Vergangenheit hatten nur wenige Leute Familiennamen. In den noch kleinen Orten lebten nur wenige Menschen, die sich beim Vornamen kannten. Hatten allerdings zwei Menschen denselben Vornamen, so musste man sie irgendwie unterscheiden können. So begann man, den Beruf als zweites Kennzeichen zu verwenden: Man sagte Arnulf der Müller und Arnulf der Schmied, und schon wusste man, wer von beiden gemeint war. Heute kann es allerdings sein, dass jemand Müller heißt, obwohl seit Jahrhunderten kein Familienmitglied mehr den Beruf eines Müllers ausgeübt hat. Später kamen Ortsnamen hinzu: Hilmar Odenthaler kam aus einem Ort namens Odenthal. Als aus den Dörfern Städte wurden, kamen Familiennamen fast überall in Gebrauch. Die Namen wurden bald an die Kinder vererbt. In manchen Ländern war es üblich, bei Söhnen eine Nachsilbe an den Namen des Vaters anzuhängen: Der Sohn des Johann hieß Johannson. Auch wurde es gebräuchlich, dass Frauen den Namen ihres Ehemannes annahmen.

Was bedeuten eigentlich die Tagesnamen?

Die Germanen widmeten den **Montag** dem Mond, auf dem nach ihrem Glauben Mani, der Mondriese lebte. Noch ein weiterer Tag in der Woche ist einem Himmelskörper gewidmet: der Sonntag. Es ist der Tag der Sonne.

Die Herkunft des Namens **Dienstag** ist ungewiss; er könnte auf den germanischen Gott Tyr, auch Tiu, Ziu oder Tiwaz genannt, zurückgehen. Besonders einsichtig erscheint das nicht. Eine andere Möglichkeit: In Germanien war der Dienstag der Tag des Gerichtes, das bei den Germanen den Namen Thing trug – der Thingstag sozusagen. Aber auch hier handelt es sich nur um eine Vermutung.

Der **Mittwoch** heißt bei uns Mittwoch, weil er mitten in der Woche liegt. Bei anderen Völkern, besonders bei den Wikingern, die zur See fuhren, ist er der Tag des Windgottes Odin. Vermutlich kann man deshalb in der schwedischen Bezeichnung für den Mittwoch »onsdag« mit etwas Fantasie noch den Namen des Gottes entdecken.

Der **Donnerstag** ist der Tag des Donnergottes Donar, der auch unter dem Namen Thor bekannt ist. Donar war einer der beliebtesten Götter der Germanen, zugleich Schutzpatron, Fruchtbarkeitsgott und Herr über Blitz und Donner. Seine Waffe war der Hammer Mjölnir, welcher der Braut bei Hochzeiten als Fruchtbarkeitssymbol in den Schoß gelegt wurde.

Wer denkt, dass man am **Freitag** früher frei gehabt hat, liegt ganz falsch. Der Freitag ist der Tag von Freya, der Kriegsgöttin der Germanen, welche auch die Aufgabe hatte, gefallene Krieger auszuwählen und in das Walhalla, den germanischen Heldenhimmel, zu führen. Odin war ihr Ehemann.

Klar, am **Samstag** kommt das Sams! Das ist richtig, aber nur bei Papa Taschenbier. Eigentlich stammt der Name des Samstags aus einer anderen Quelle – aber aus welcher? Man weiß es nicht ganz genau. Das Wort Saterdag im Niederländischen und der englische Name Saturday deuten auf den Saturn hin, der als furchtbarer Riese in der Vorzeit herrschte. Andere Sprachforscher vermuten, dass der Samstag ursprünglich mit dem Gott Loki zu tun hatte, die alte Bezeichnung des Tages aber in christlicher Zeit verloren gegangen ist. Einfacher geht es in Skandinavien zu: Das schwedische Wort für den Samstag heißt »lördag« und in Dänemark ist es der »lordag«. Beides kommt von dem Wort für Lauge (lor oder lör). In Skandinavien scheint der Samstag schon immer der Badetag gewesen zu sein. Und schließlich …

Der **Sonntag** verdankt seinen Namen der Sonne, dem wichtigsten Gestirn am Himmel. Die Sonne ist es, welche das Leben der Menschen in besonderer Weise bestimmt. Deshalb bekam dieser Feiertag ihren Namen. Noch ein weiterer Wochentag wurde einem Himmelskörper gewidmet: der Montag.

Was bedeuten die Monatsnamen?

Der römische Gott Janus hat zwei Gesichter. Der Januar hat seinen Namen, weil er mit dem einen Gesicht in die Vergangenheit zum abgelaufenen Jahr schaut und mit dem anderen in die Zukunft zum neuen Jahr. Bei den alten Germanen hieß der Januar Hartung. Das bedeutet so viel wie *Monat des hart gefrorenen Schnees*. Auch die Namen Hartmond, Eismond und Wolfsmond waren in Gebrauch.

Der Monat **Februar** wurde nach dem römischen Reinigungsfest Februa benannt, auf lateinisch bedeutet *februare* »reinigen«. Die Germanen nannten ihn Hornung, Schmelzmond, Taumond oder auch Narrenmond – nicht etwa wegen des Karnevals, sondern weil in diesem Monat früher Fruchtbarkeitsrituale abgehalten wurden, damit die Ernte des nächsten Jahres ertragreich werden sollte.

Der **März** verdankt seinen Namen dem germanischen Kriegsgott Mars, die Römer nannten ihn Martius. Unsere Vorfahren gaben ihm den Namen Lenzmond, weil der Lenz, also der Frühling, sich ankündigte.

Der **April** ist der einzige Monat, über dessen Namensherkunft Zweifel bestehen. Er könnte mit dem lateinischen Wort *aperire* = sich öffnen zusammenhängen, weil sich im April viele Blüten öffnen. Im Mittelalter wurde dieser Monat Ostermond oder auch Launing genannt, wohl wegen des häufig wechselnden Wetters.

Entweder war es die Bergnymphe Maia, die dem Monat **Mai** ihren Namen geliehen hat, oder er wurde von »Jupiter Maius« abgeleitet, was so viel wie Jupiter der Große bedeutet. Beide gelten als Gottheiten des Wachstums. Im germanischen Kalender heißt der Mai »Wonnemond«, weil er der Monat der Frühlingsfreuden ist.

Juno, die Göttin des Lichtes, gab dem hellen Monat **Juni** ihren Namen. Die Germanen pflügten im Juni ihre Äcker und nannten ihn deshalb »Brachet«. In dieser Antwort steckt »brechen«, weil der Boden vom Pflug umgebrochen wurde.

Der Monatsname **Juli** ist ein Geschenk an den römischen Kaiser Julius Cäsar, der im Juli Geburtstag hatte. Weil im Juli die Wiesen gemäht und das Heu geerntet wurden, nannten ihn die alten Germanen »Heuert«.

Der römische Kaiser Augustus starb in diesem Monat, der ihm zu Ehren **August** genannt wurde. Weil der August der Monat der reifen Kornfelder und der Getreideernte ist, wurde er früher auch »Ernting« genannt.

Im römischen Kalender war der **September** der siebente Monat und hatte seinen Namen von der Zahl »septem« – sieben. Im germanische Kalender hatte der September den Namen »Scheiding«, weil er die warme und die kalte Jahreshälfte voneinander schied, also trennte.

Auch der Name **Oktober** stammt von einer Zahl: »Octo« bedeutete bei den Römern acht, denn der Oktober war im römischen Kalender der achte Monat. Der germanische Name des Oktobers lautete »Gilbhart«, weil im Oktober die Blätter der Bäume gelb werden

Auch im Namen des Monats **November** steckt eine Zahl: »Novem« bedeutet neun, denn der November war der neunte Monat das römischen Kalenders. Dieser diesige und dunkle Monat trug im Kalender der alten Germanen die passende Bezeichnung »Nebelung«.

Der **Dezember**, der zehnte Monat im römischen Kalender (*decem* = zehn), hieß bei den alten Germanen »Julmond«, weil er der Monat des Julfestes war, das zwölf Tage dauerte und das germanische Fest der Wintersonnenwende war.

Warum gibt es die Jugendsprache?

Weil es Spaß macht, seine eigene, neue Sprache zu erfinden? Das wäre eine zu einfache Erklärung. Eine wichtige Rolle spielt dabei der Wunsch, sich von den Erwachsen abzugrenzen. Jugendliche müssen irgendwann ein eigenes Leben beginnen und sich von den Eltern und ihrer Familie lösen – ein wichtiges Hilfsmittel dabei ist auch die eigene Sprache. In den besonderen Wörtern findet die jugendliche Lebenshaltung Ausdruck, aber auch das Bedürfnis, etwas Neues, Eigenes zu schaffen. Dass die Erwachsenen da manchmal nicht mitkommen, ist ein wichtiger Teil des Spiels …

Warum heißt das Bockbier nach dem Ziegentier?

Mit einer Ziege hat der Name des Bockbiers nichts zu tun. Es war der niedersächsische Ort Einbeck, der dem Bockbier zu seinem Namen verhalf. Das in Einbeck gebraute Bier fand besonders in Bayern viele Liebhaber, und in der vollmundigen bayerischen Mundart ausgesprochen, klingt Einbeck etwa wie »Oambock« oder »Uombock«. Irgendwann ließ irgendwer die erste Silbe weg, und fertig war das Bockbier, das eigentlich mal ein Einbecker Bier gewesen ist. Übrigens: Verwandt mit dem Bockbier ist die Bockwurst – sie war früher die Wurst, die man zum Bockbier aß.

Warum sagt man zum Klo auch WC oder 00?

Das WC stammt aus dem Englischen und bedeutet *water closet* – Klo mit Wasserspülung. Das englische Wort *closet* geht wiederum auf das gleichlautende altfranzösische Wort *closet* zurück, und das ist die Verkleinerungsform von *clos*, dem Wort für Gehege/abgegrenzter Platz. Blickt man noch tiefer in die Vergangenheit der Sprache, stößt man auf das lateinische Verb *claudere* – es bedeutet »schließen« und ist der Ursprung vieler heutiger Wortbildungen: Klause (der Ort, in dem ein Einsiedler lebt), Klausel (Teil eines Vertrags), Kloster und eben unser Wort für WC: Klosett. Und die beiden Nullen? Die kommen aus dem Fachjargon der Hotellerie vergangener Tage. Als die ersten großen Hotels entstanden, begann man, die Zimmer zu nummerieren. Die Toiletten bekamen dabei die Nummer 00.

WELCHE SPRACHE SPRECHEN KINDER, WENN MAN IHNEN KEINE BEIBRINGT?

In vergangener Zeit machte man furchtbare Experimente mit Kindern, um festzustellen, welche Ursprache Menschen sprechen, die man ganz sich selbst überlässt. Man sperrte Kinder ein, und niemand durfte mit ihnen reden. Ein ägyptischer König ließ zwei Neugeborene in der Einsamkeit bei einem Ziegenhirten aufwachsen, der nicht mit den Kindern reden durfte. Natürlich lernten die Kinder nur eine Sprache – die Sprache der Ziegen, also keine. Heute wissen wir: Das Sprechen und eine Sprache erlernen Kinder nur, wenn man mit ihnen spricht.

Warum heißt der Rosenmontag Rosenmontag?

Mit der Rose hat dieser Tag nichts zu tun. Seinen Namen verdankt er dem Wort »rosen« in der Kölschen Mundart. »Rosen« bedeutet so viel wie »rasen, sich austoben«, was besser zum Karneval passt als zur Blume der Liebe.

Warum heißt die Brille Brille?

Der Halbedelstein Beryll gab der Brille ihren Namen. Im 13. Jahrhundert fertigte man Linsen aus diesem oder auch anderen durchsichtigen Kristallen. Die ersten Augengläser wurden aus Beryll geschliffen, weil man noch kein sauberes und vor allem klares Glas herstellen konnte. Trübungen und vor allem eingeschlossene Luftbläschen im Glas machten eine Nutzung als Sehhilfe unmöglich.

Wann wurde die Brille erfunden, wie wir sie heute kennen?

Bereits der römische Kaiser Nero (37–68 n. Chr.) soll einen Smaragd als eine Art Sonnenbrille verwendet haben. Durch die grünliche Färbung des Edelsteins konnte er ungeblendet auch in grelles Licht schauen. Um das Jahr 1280 fertigte der italienische Augenarzt Alvino Armado für seine Patienten die ersten Augengläser gegen Weitsichtigkeit. Kurzsichtige Patienten mussten noch 100 Jahre warten, bis es auch eine Sehhilfe für ihren Sehfehler gab. Die Linsen wurden als Zwicker vor dem Auge eingeklemmt oder an einem Stiel vor das Auge gehalten. Eine Brille im heutigen Sinne wurde erst im 18. Jahrhundert konstruiert: Der englische Optiker Edward Scarlett baute das erste Brillengestell, das fest auf der Nase saß.

Woher hat Amerika seinen Namen?

Erwähnt wird »America« erstmals im Jahre 1507 auf einer Karte der deutschen Kartografen Matthias Ringmann und Martin Waldseemüller. Die Neue Welt, wie sie damals gerne genannt wurde, ist dort allerdings in einer Weise dargestellt, die mit der tatsächlichen Form der Landmasse nicht viel zu tun hat. Die Karte zeigt nur den Teil Amerikas, den man zu jenem Zeitpunkt erschlossen hatte. Trotzdem ist dieses Dokument die Geburtsurkunde eines Kontinents. Amerika soll übrigens nach dem italienischen Seefahrer Amerigo Vespucci benannt worden sein.

Woher hat der Zwieback seinen Namen?

Die Bezeichnung rührt von der Art seiner Herstellung her: Zwieback ist einfach zweifach – zweifach gebacken nämlich. Dadurch wird er knusprig und weitaus haltbarer als frisches Brot. Um die ganze Welt reiste der Schiffszwieback, der auf den langen Reisen der Segelschiffe der wichtigste Proviant war.

Warum rutscht man ins neue Jahr?

Man wünscht sich einen Guten Rutsch ins neue Jahr und weiß eigentlich nicht, warum. Wieder einmal handelt es sich um einen sprachlichen Irrtum: Im Jiddischen heißt das neue Jahr »schono rosch« – und daraus ist irgendwie der gute Rutsch geworden.

Wird die Sprache der Jäger heute noch gesprochen?

Nicht nur, wenn sich Jäger und Förster zur Jagd versammeln, lebt die Sprache der Jäger noch heute. Wir alle sprechen sie nämlich, und das so gut wie jeden Tag! Viele Redewendungen der Alltagssprache kommen aus dem Waidwerk, wie die Jäger ihren Beruf nennen: Der Treiber klopft auf den Busch wie auch jemand, der einem Vorhaben Nachdruck verleihen will. Nicht nur ein Jäger kann einen Bock schießen. Vögel gehen dem Fallensteller auf den Leim (ein mit einer klebrigen Masse eingestrichenes Stück Holz) wie heute einfältige Menschen einem Betrüger. Manches geht in die Binsen (wie bei der Jagd am Wasser), wir stolpern über (früher auch von Jägern ausgelegte) Fallstricke. Wer zu wild ist, muss sich (wie ein Rehbock) die Hörner abstoßen, mancher wird vielleicht auf der Strecke (die auf dem Boden aufgereihte Jagdbeute) bleiben oder sich (wie ein Jagdhund) in etwas verbeißen oder auf einen Lockvogel hereinfallen.

Warum heißt der Spätsommer auch Altweibersommer?

Wenn der Sommer zu Ende geht, schlüpfen bei schönem Wetter junge Spinnen aus ihren Eiern und lassen sich an ihren Fäden vom Wind davontragen. Weil die dünnen, durch die Luft fliegenden Gespinste früher die Leute an das Spinnrad und die Haare der alten Weiber erinnerten, die es bedienten, bekam der Spätsommer seinen Namen. Heute hieße er also Omas Sommer oder so ähnlich … ach nein, Oma spinnt ja nicht mehr.

Warum heißt das Kölnisch Wasser nach der Stadt Köln?

Im 18. Jahrhundert bot Gianmaria Farina in Köln ein Heil- und Duftwasser an, dessen Rezept er von dem Italiener Giovanni Paolo de Feminis gekauft hatte. Es enthielt neben 80 Prozent Alkohol Zitronengeist, Orangenbitter und Bergamotteöl. Weil das Produkt in Köln hergestellt wurde, nannte man es *Kölnisch Wasser*. Doch schon im Jahr 1822 stellten in Köln 64 Firmen ihre unterschiedlichen Mischungen eines Kölnisch Wassers her – es gab keinen Patent- oder Markenschutz. Um sich von den übrigen Hersteller abzusetzen, nannte Gianmaria Farina dann irgendwann sein Kölnisch Wasser nach seinem Ursprungsort: Weil seine Firma in der Glockengasse 4711 beheimatet war, wählte er den Namen *4711*. Unter diesen vier Zahlen wurde es weltbekannt.

Woher hat das Sandwich seinen Namen?

Manch einer mag vielleicht auf die Idee kommen, Sandwich mit »Sandhexe« zu übersetzen. Doch erstens hat das englische Wort für Hexe ein »t« mehr (*witch*) und zweitens: Was sollte es überhaupt bedeuten? Der Legende nach soll Sir John Montagu, der vierte Earl von Sandwich (1718–1792), ein begeisterter Kartenspieler gewesen sein, der das Spiel nicht einmal für Mahlzeiten unterbrach. Stattdessen ließ er sich von seinem Koch Wurst oder Käse zwischen zwei schräg halbierte Weißbrotscheiben klemmen und aß während des Spiels. Noch heute sind Sandwichs die ideale Nahrung für begeisterte Kartenspieler.

Was bedeutet eigentlich »zwischen den Jahren«?

Die Germanen berechneten das Jahr auf doppelte Weise: Für sie gab es das Sonnenjahr mit 365 Tagen und das Mondjahr, das zwölf Neumonde umfasste. Nur war das Mondjahr etwa elf Tage und zwölf Nächte kürzer als das Sonnenjahr. Diese zwölf Nächte – man nannte sie die zwölf »Rauhnächte« – lagen zwischen den Jahren, also zwischen dem Mondjahr und dem Sonnenjahr. Manche glaubten, diese Zeit sei voller Geheimnisse und von Spukgestalten und Dämonen beherrscht. Man verbrannte Räucherwerk, um die bösen Geister durch den Rauch zu vertreiben. Nichts anderes bedeutet Rauhnacht – »Rauchnacht«.

Warum hat man bei jemandem »einen Stein im Brett«?

Die Redewendung ist schon seit dem 16. Jahrhundert bekannt, denn in einer Sprichwörtersammlung von 1529 kommt sie bereits vor: »Ich hab eyn guten steyn im brette«, heißt es da. Gemeint ist ein Brettspiel, für das man Steine – Spielsteine – benötigte. Einen »guten Stein im Brett« hat jemand, dessen Spielstein gut platziert ist. Wenn man bei jemandem einen Stein im Brett hat, so ist dieser Freund einem wohlgesonnen und eine starke Figur im Spiel des Lebens.

Warum packt man seine sieben Sachen?

Die Redewendung aus dem 17. Jahrhundert ist nicht einfach zu deuten. Es gibt unterschiedliche Theorien darüber, was die sieben Sachen sein könnten. Vielleicht sind die Teile der Rüstung gemeint, je zwei Arm- und Beinstücke, der Brustpanzer, der Helm und die Halsberge, der Kragen. Andere glauben, die sieben Sachen bedeuteten die eigenen zwei Augen, zwei Ohren, zwei Nasenlöcher und der Mund – alles Körperteile, die man in Sicherheit bringen sollte. Eine weitere Möglichkeit: Die Sieben steht einfach für »alles, was du dabei hast« …

Warum wird man gelb vor Neid?

Wer gelb ist, sieht krank aus – im Volksglauben war gelb schon immer die Farbe der Bosheit, der Missgunst und des Todes. Wer starke Neidgefühle entwickelt, fühlt sich ungesund, krank und zurückgesetzt – und das passt zur Farbe Gelb.

Und warum wird man schwarz vor Ärger?

Das hat – passend zur Farbe – einen gruseligen Hintergrund. Wer gestorben ist, verfärbt sich schwarz, und »der schwarze Tod« war eine Umschreibung für eine der schlimmsten Krankheiten aller Zeiten – für die Beulenpest. Wer an ihr erkrankte, war am ganzen Körper mit schwarzen Flecken übersät. Ärgert man sich schwarz, so läuft man Gefahr, sich zu Tode zu ärgern.

»Hallo, Sie!« – woher kommt das Wort Hallo?

Holla! hieß es früher, wenn ein Fuhrmann einen langsameren Kollegen überholen wollte. Daraus soll irgendwann Hallo! geworden sein. Schon möglich. Das wohl meistgebrauchte Wort der Erde könnte aber auch in neuerer Zeit entstanden sein. James Tressider, ein Mitarbeiter des Telefonpioniers Graham Bell, soll 1872 beim ersten aller Telefonate völlig aufgeregt mit dem bis dahin unbekannten Wort »Hallo!« begonnen haben – und wurde so zu seinem Erfinder.

Woher hat Goofys Hund Pluto seinen Namen?

Pluto hat seinen Namen von einem griechischen Gott: Pluto war der Gott der Getreidevorräte und der in der Erde ruhenden Schätze, bis es bei den griechischen Göttern einen Machtwechsel gab: Kronos wurde von Zeus gestürzt, und Pluto musste künftig als Gott der Unterwelt und der Toten dienen. Besonders gefährliche Hunde tragen seither seinen Namen – im Falle von Walt Disneys tapsigen Pluto ist das eher eine Lachnummer.

Woher hat der Bismarck-Hering seinen Namen?

Dieser leckere Fisch hat seinen Namen von dem deutschen Reichskanzler Otto von Bismarck (1815–1898), der einmal bei einem Streitgespräch im deutschen Reichstag (ein Vorläufer des deutschen Bundestags) gesagt hat, dass Hering eine besonders leckere Speise sei. Seither gibt es den Bismarck-Hering. Eher süß, aber nicht weniger lecker ist das Eis, das seinen Namen von Fürst Pückler (1785–1871) erhielt. Im Originalrezept besteht das Eis aus sehr sahnigem Eis in unterschiedlichen Geschmacksrichtungen, aber immer in den Farben Rot, Weiß und Braun. Die Farben mussten stimmen, auch wenn die Eissorten wechselten. So mochte es der Fürst.

Woher hat der Eiffelturm seinen Namen?

Das zur Weltausstellung 1889 fertiggestellte berühmte Wahrzeichen von Paris trägt seinen Namen nach seinem Erbauer Alexandre Gustave Eiffel. Der tatsächliche Vater des Bauwerks aber war der Schweizer Ingenieur Maurice Koechlin, Chefkonstrukteur des *Bureau d'études* der Firma Eiffel. Eigentlich sollte der Turm deshalb Koechlin-Turm heißen, oder nicht? Doch Gustave Eiffel war immerhin derjenige, der die Entwürfe dem Ausstellungskomitee präsentierte und den Bau trotz des regen Widerstands durchsetzte. Die Pariser Bevölkerung lehnte den Turm aus Eisen zunächst ab, doch schon bald wurde er zum international bekannten Symbol der Hauptstadt Paris und der *Grande Nation* Frankreich.

MENSCHEN UND IHRE SITTEN

Woher kommen Osterhase und Weihnachtsbaum? Wer hat die Hochzeit erfunden und wie kommt das Neueste vom Tage in die Zeitung? Fragen, die manche von uns interessieren, aber nur schwer einzuordnen sind. Hier finden sie ihren Platz – und ihre Antworten.

FESTE

Wer hat den Weihnachtsbaum erfunden?

Es waren die Germanen. Weil sie glaubten, dass immergrüne Zweige von guten Geistern beseelt sind, trieben sie ihr Vieh im Winter an frischem Grün vorbei. Vielleicht stand der erste komplette Baum sogar in einem Stall. Vor etwa 500 Jahren kamen dann Weihnachtsbäume allgemein in Gebrauch. Zuerst waren sie kahl, wie die Natur sie erschaffen hatte. Später wurde auch Baumschmuck verwendet. Um das Jahr 1600 sollen erste geschmückte Bäume in den Häusern gestanden haben – Kerzen kannte man noch nicht auf dem Weihnachtsbaum. Schließlich begann der Weihnachtsbaum seinen wirklichen Siegeszug in Europa. Auch die Kerzen kamen in Mode – zunächst eine für jeden Monat. 1866 wurde der erste Weihnachtsbaumständer aus Gusseisen patentiert und 1882 die erste elektrische Beleuchtung für Weihnachtsbäume angeboten. Heute werden jedes Jahr etwa 35 Millionen Weihnachtsbäume verkauft.

Warum bringt der Hase zu Ostern ausgerechnet Eier?

Ob Rührei, Spiegelei oder bunt bemaltes Osterei – Eier schmecken lecker, aber warum isst man sie ausgerechnet zu Ostern? Und warum werden sie mit dem Osterhasen in Zusammenhang gebracht? Hasen legen doch keine Eier … Unsere Vergangenheit ist die Ursache für diesen besonderen Osterbrauch, und im Zusammenhang mit dem Osterfest mischen sich einige Einflüsse. Hase und Ei – beide sind Fruchtbarkeitssymbole. Unsere Vorfahren wussten, dass Hasen bis zu 20 Junge im Jahr haben können. Deshalb war der Hase auch das Symbol der griechischen Liebesgöttin Aphrodite. Eine germanische Frühlings- und Fruchtbarkeitsgöttin soll Ostara geheißen haben – daher, so könnte man vermuten, der Name des Festes. Und dass aus Eiern viele Küken schlüpfen, wusste in der Vergangenheit jedes Kind, denn Bauernhöfe und Hühner gab es überall. Das alles zusammen macht das Osterfest aus – Ostara, Hase, Eier. Oder ist alles nur ein gewaltiger Irrtum? Ernsthafte Sprachforscher sagen, dass der Name des Osterfestes mit der Himmelsrichtung Osten zusammenhängt und nicht mit einer Göttin. Und vielleicht scheuchten die Kinder bei der Suche nach Ostereiern in einer Wiese irgendwann in der Vergangenheit zahlreiche Hasen auf – aber kein einziges Huhn. Wer hatte also die Eier gelegt?

Warum pustet man die Kerzen auf dem Geburtstagskuchen aus?

Der Geburtstagskuchen soll einen Vorfahren in der griechischen Antike gehabt haben: den mit Kerzen bestückten Opferkuchen für die Mondgöttin Artemis. Noch heute wird den Kerzen auf den Kuchen eine besondere Zauberkraft zugeschrieben: Sie können Wünsche erfüllen, glaubt man. Dazu muss das Geburtstagskind die Kerzen – meist sind es genauso viele wie Lebensjahre zu feiern sind – möglichst in einem Atemzug auspusten und dabei an seinen Wunsch denken. Wirklich nur denken, denn wenn der Wunsch ausgesprochen wird, geht der Zauber verloren.

Warum feiert man den Valentinstag?

Namensgeber dieses Festes ist der Heilige Valentinus. Er lebte im Römischen Reich und hatte ein Herz für Verliebte, so die Legende. Wann immer er heiratswillige Paare fand, traute er sie nach christlichem Ritus, was zu jener Zeit jedoch verboten war. Als dies dem römischen Kaiser zu Ohren kam, musste der Heilige Valentin sterben. Noch aus dem Himmel heraus soll er Blinde geheilt und Liebende miteinander verbunden haben. Außerdem ist er der Schutzpatron von Bienenzüchtern und Helfer gegen die Ohnmacht. Ernsthafte Forscher glauben allerdings, dass es den heiligen Valentinus nicht gegeben hat, dass vielleicht die Lebensgeschichten verschiedener Personen miteinander vermischt wurden oder dass der Heilige und seine Legende eine vollständige Erfindung sind. Kein Grund, den Valentinstag nicht zu begehen, denn er ist ja schließlich ein Festtag der Liebe.

Warum heiratet man eigentlich?

Wenn zwei Menschen heiraten, bedeutet dies: »Wir gehören zusammen!« Das Paar will zusammenleben, sich gegenseitig helfen und für einander Verantwortung übernehmen. Vielleicht wollen sie auch eine Familie gründen und Kinder haben. Es gibt heutzutage aber auch viele Paare, die ein Leben gemeinsam verbringen und nicht heiraten.

Woher kommt Halloween?

Im Ursprung ist Halloween ein sehr altes Fest. Es soll aus Irland stammen und auf die keltische Kultur zurückgehen. Halloween wird am 31. Oktober gefeiert, also am Abend vor dem Fest Allerheiligen am 1. November. Von diesem Termin stammt auch der Name Halloween: Er geht auf das englische *All Hallow's Evening* zurück, übersetzt *der Abend vor Allerheiligen*. In Irland feierten die Kelten dieses Fest seit vielen hundert Jahren. Sie glaubten, an diesem Abend kämen die Toten auf die Erde zurück, um die Lebenden zu bestrafen. Wie schützt man sich am besten vor wandelnden Leichen und Untoten? Man verkleidet sich selbst als Gruselgestalt und wird auf diese Weise nicht als Lebender erkannt. Je schrecklicher das Halloweenkostüm, desto besser der Schutz. Klar, dass eine solche Verkleidung besonders Kindern Spaß macht, auch, weil sie dann als Hexen und Geister verkleidet von Haustür zu Haustür gehen und »Süßes oder Saures!« verlangen und Süßigkeiten einsammeln können. Wer nichts für die Kinder übrig hat, dem spielen sie einen Streich. So nehmen sie den echten Geistern die Arbeit ab – ob es echte Geister wirklich gibt?

Schützt Knoblauch vor Vampiren?

Knoblauch soll nicht nur gesund sein, sondern auch über gewisse magische Kräfte verfügen. Wer Knoblauchzehen oder -knollen mit sich trägt, bei dem haben Vampire und andere Wesen der Finsternis keine Chance. Auch vor bösen Flüchen sind Menschen mit Knoblauch geschützt – behauptet jedenfalls der Dracula-Autor Bram Stoker. Wer es glauben will, soll es glauben. Eine tatsächliche Wirkung von Knoblauch ist die folgende: Regelmäßiger Verzehr hilft, den Blutdruck zu senken …

ZU GAST IM LOKAL

Stimmt es, dass man mit seinem Besteck etwas mitteilen kann?

Dass Messer, Gabeln und Löffel mit jemandem kommunizieren können, hört sich im ersten Moment unglaubwürdig an. Sie erzählen auch keine Märchen, sondern geben dem bedienenden Personal wichtige Informationen. Wenn man das Besteck leicht gekreuzt auf den Teller legt, wobei der Gabelrücken nach oben zeigen sollte, signalisiert man den Servicekräften, dass der Gast gerade eine Pause beim Essen machen möchte. Werden Messer und Gabel parallel nebeneinander auf dem Teller platziert, bedeutet das: »Fertig! Abräumen!«

Darf man Kartoffeln mit dem Messer schneiden?

Dass man Kartoffeln nicht mit dem Messer schneiden darf, gehört eindeutig zu den veralteten Benimmregeln, auch wenn das noch nicht überall angekommen ist. Es gibt mittlerweile keine Messer aus einfachem Eisen mehr, die beim Schneiden von Kartoffeln dunkel anlaufen würden. Aus diesem Grund ist es heute völlig in Ordnung, Salzkartoffeln oder eine Folienkartoffel mit dem Messer zu zerteilen.

Warum gibt es besondere Eierlöffel?

Wer versucht, ein Frühstücksei mit einem Silberlöffel zu essen, wird eine Enttäuschung erleben. Der Löffel läuft schwarz an, und es riecht nach faulen Eiern – keine appetitliche Angelegenheit. Die Ursache sind Schwefelverbindungen im Ei, die mit dem Silber des Löffels eine Verbindung eingehen. Früher verwendete man Löffel aus Knochen oder Elfenbein, später kamen Plastiklöffel auf. Moderne Löffel aus Metall sind allerdings aus Stahl und verändern sich nicht beim Eieressen. Ein Löffel eigens für Eier ist deshalb überflüssig. Auch dem Frühstücksei darf man übrigens mit dem Messer zu Leibe rücken und es köpfen – nicht allzu schwungvoll, denn sonst erschreckt man die übrigen Personen am Tisch.

Warum essen die Chinesen mit Stäbchen?

Messer gehören in die Küche – jedenfalls in China. Das Messer gilt als grobes Werkzeug und hat auf dem Esstisch nichts zu suchen. Weil alle Speisen so schön zerkleinert und für das Essen vorbereitet werden, ist es auch kein Problem, die Nahrung mit zwei einfachen Stäbchen einzunehmen.

Bringt es Unglück, wenn man Salz verstreut?

Heute ist es ein Aberglaube, früher war es harte Realität: Salz war über viele Jahrhunderte ein knappes, sehr teures und kostbares Gut. Wenn man es verschwendete, verursachte dies große Kosten, denn es musste ja wieder beschafft werden. Heute ist Salz überall und preiswert zu haben – nutzlos verstreuen sollte man es dennoch nicht. Um das Salz rankten sich in der Vergangenheit viele abergläubische Vorstellungen: Das Salz im Haushalt durfte niemals ausgehen, sonst drohte ein Unglück. Wer sich vor bösen Mächten schützen wollte, warf eine Prise Salz mit der rechten Hand über die linke Schulter. Das sollte das vor hinten heranschleichende Böse abwehren …

KLEIDUNG

Warum knöpften Männer ihre Kleidungsstücke andersherum als Frauen?

Ursprünglich waren die Knöpfe der Kleider von Männern und Frauen über lange Zeit hinweg gleich. Sie waren so geknöpft, dass sie mit der rechten Hand leicht geöffnet und geschlossen werden konnten. Dann, etwa in der Mitte des 19. Jahrhunderts, kamen Schneider auf die Idee, Frauenkleider andersherum zu knöpfen, weil dies die Arbeit beim Ankleiden erleichterte. Die Damen der feinen Gesellschaft ließen sich damals von ihren Bediensteten ankleiden, und diese fleißigen Helfer konnten die Kleidungsstücke besser öffnen und schließen, wenn die Knopfleiste auf der anderen Seite saß.

Seit wann tragen Frauen Hosen?

Kaum zu glauben, Hosen für Frauen sind noch sehr junge Kleidungsstücke. Über viele Jahrhunderte verboten Religion, Sitte und Anstand es den Frauen, auch nur Teile ihres Körpers zu zeigen, und besonders was unter der Gürtellinie war, musste unter langen Röcken verborgen werden. Sogar was Frauen unter diesen Röcken zu tragen hatten, wurde ihnen mancherorts vorgeschrieben. Erst in den 1960er-Jahren rebellierten junge Frauen gegen dieses Verbot und setzen durch, was heute selbstverständlich ist: Gleichgültig, ob Mann oder Frau – jeder oder jede kann tragen, was er oder sie will.

Seit wann trägt man Jeans?

Levi Strauss, ein in die USA eingewanderter Deutscher aus Franken, kam auf die Idee, aus robustem Stoff Hosen für die Goldgräber und Minenarbeiter zu fertigen. Er gebrauchte dafür Stoffballen und Zeltplanen, die in seinem Laden lagerten. Der erste Kunde war von den geradezu unverwüstlichen Hosen so begeistert, dass er durch die ganze Stadt zog und jedem von seinen wunderbaren Beinkleidern erzählte. Die schwachen Nähte verstärkte Levi später nach der Idee des Schneiders Jacob Davis mit Nieten. 1873 meldete Levi Strauss die Nietenhose zum Patent an – die Geburtsstunde der Jeans.

Woher kommt das Wort Jeans?

Das Wort hängt mit der Stadt Genua zusammen und ist älter als die Hose. Die italienische Hafenstadt – im Französischen übrigens »Gênes« genannt – war Produktionsstätte des festen Baumwollstoffs, aus dem früher Matrosenkleidung und Segeltücher produziert wurde. Man nannte den Stoff schlichtweg wie seine Stadt. Im alltäglichen Sprachgebrauch verformte sich das Wort schließlich: Aus »Gênes« wurde die heutige Bezeichnung »Jeans«. Erstmals findet das Wort im Jahre 1567 Erwähnung. Damals war es aber nur die Bezeichnung für den Stoff – die berühmte Hose gab es ja noch gar nicht.

Warum hängt man in der Jogginghose ab?

Ursprünglich war die Jogginghose als Sportbekleidung gedacht und ist erst etwa einhundert Jahre alt. Erfunden haben soll sie in den 1920er-Jahren der Franzose Émile Camuset, der auch der Gründer der noch heute bekannten Sportbekleidungsfirma *Le Coq Sportif* gewesen ist. Die ersten Trainingshosen dienten nicht zum Abhängen auf dem Sofa, sondern sollten Hochleistungssportlern durch den verwendeten flexiblen Jerseystoff die Möglichkeit bieten, durch größere Beweglichkeit ihre Leistungen zu verbessern. Beweglichkeit kann allerdings auch für mehr Bequemlichkeit sorgen: Über 80 Prozent joggen gar nicht, wenn sie eine Jogginghose tragen. Außerdem wurde der Trainingsanzug durch die Hip-Hop-Szene und die Popmusik zur alltäglichen Freizeitmode, unter anderem auch besonders in den randständigen Stadtvierteln, was dem guten Ruf der Jogginghose als Trendbekleidung schadete …

Wer hat das T-Shirt erfunden?

Eigentlich war das T-Shirt früher ein einfaches Unterhemd, dass unter anderer Oberbekleidung getragen wurde. Wer es letztlich erfunden hat, liegt im Dunkel der Geschichte. Berühmt, populär und weltweit beliebt wurde dieses ganz besondere Unterhemd durch zwei großartige Schauspieler: Marlon Brando trug in dem Spielfilm »Endstation Sehnsucht« aus dem Jahr 1951 ein nasses und zerrissenen T-Shirt, als er seiner Stella eine Liebeserklärung machte, und James Dean stellte 1955 in dem Film »… denn sie wissen nicht, was sie tun«, bekleidet mit einem T-Shirt, einen ebenso rebellischen wie attraktiven jungen Mann dar. Beide Filme wurden ausgesprochene Kassenschlager, das einfache Unterhemd stieg zum T-Shirt und damit zur Ikone der jungen Mode auf.

Bibliografische Information der Deutschen Nationalbibliothek
Die Deutsche Nationalbibliothek verzeichnet diese Publikation in der Deutschen Nationalbibliografie. Detaillierte bibliografische Daten sind im Internet über http://dnb.d-nb.de abrufbar.

Für Fragen und Anregungen
info@rivaverlag.de

Wichtiger Hinweis
Ausschließlich zum Zweck der besseren Lesbarkeit wurde auf eine genderspezifische Schreibweise sowie eine Mehrfachbezeichnung verzichtet. Alle personenbezogenen Bezeichnungen sind somit geschlechtsneutral zu verstehen.

Originalausgabe
1. Auflage 2021

Türkenstraße 89
80799 München
Tel.: 089 651285-0
Fax: 089 652096

Umschlaggestaltung: Tobias Prießner
Umschlagabbildung: shutterstock/Jolygon
Satz: Carsten Klein, Torgau
Druck: CPI books GmbH, Leck
Printed in Germany

ISBN Print 978-3-7423-1811-4
ISBN E-Book (PDF) 978-3-7453-1515-8
ISBN E-Book (EPUB, Mobi) 978-3-7453-1516-5

Wir produzieren nachhaltig
www.m-vg.de

Weitere Informationen zum Verlag finden Sie unter
www.rivaverlag.de
Beachten Sie auch unsere weiteren Verlage unter www.m-vg.de